广东劳动体制改革四十年丛书

广东社会保障制度改革40年

陈斯毅　主编

中山大学出版社
SUN YAT-SEN UNIVERSITY PRESS
·广州·

版权所有　翻印必究

图书在版编目（CIP）数据

广东社会保障制度改革 40 年/陈斯毅主编. —广州：中山大学出版社，2019.6
（广东劳动体制改革四十年丛书）
ISBN 978 - 7 - 306 - 06579 - 7

Ⅰ. ①广… Ⅱ. ①陈… Ⅲ. ①社会保障制度—体制改革—研究—广东 Ⅳ. ①D632.1

中国版本图书馆 CIP 数据核字（2019）第 027657 号

出 版 人：	王天琪
策划编辑：	吕肖剑
责任编辑：	周明恩
封面设计：	刘　犇
责任校对：	姜星宇
责任技编：	何雅涛
出版发行：	中山大学出版社
电　　话：	编辑部 020 - 84110771，84113349，84111997，84110779
	发行部 020 - 84111998，84111981，84111160
地　　址：	广州市新港西路 135 号
邮　　编：	510275　传　真：020 - 84036565
网　　址：	http://www.zsup.com.cn　E-mail：zdcbs@mail.sysu.edu.cn
印 刷 者：	广州家联印刷有限公司
规　　格：	787mm×1092mm　1/16　17.5 印张　325 千字
版次印次：	2019 年 6 月第 1 版　2019 年 6 月第 1 次印刷
定　　价：	58.00 元

如发现本书因印装质量影响阅读，请与出版社发行部联系调换

———— 谨以此书 ————

向中华人民共和国成立七十周年献礼!

《广东社会保障制度改革 40 年》编委会

编审委员会

主　任：阙广长　周林生

副主任：陈斯毅　张端成

成　员：阙广长　周林生　陈斯毅　张端成　彭　澎
　　　　丁三保　罗明忠　戴由武　方国能　孙　静
　　　　易东峰　齐　暄

编写委员会

主　编：陈斯毅（兼）

副主编：戴由武

成　员：陈斯毅　戴由武　彭　澎　丁三保　易东峰
　　　　齐　暄　张　燕　孙朋朋　周胜兰

序 一

2018年是我国改革开放40周年。四十年风雨兼程、沧海桑田，四十载波澜壮阔、激情澎湃。40年来，中国改革开放创造了无数历史奇迹，开辟了独具中国特色社会主义的发展道路。40年来，广东作为改革开放的排头兵、先行地、实验区，探索创造了许多经验、模式，经济建设和社会发展取得了辉煌的成就，社会保障事业也在其中书写了浓墨重彩的一笔。

40年发展变迁，岁月峥嵘。早在20世纪80年代初，为适应经济转型和国有企业改革的需要，广东开始摸着石头过河，在全国率先开展企业劳动合同制工人养老保险制度改革试点，拉开了广东社会保障制度改革大幕。40年来，广东社会保障制度改革大致经历了四个发展阶段。在每个发展阶段，广东社保人都敢为天下先，勇于担当，积极探索，创造了许多经验，推动了广东社会保障事业翻开新的篇章，建立健全了城乡一体、覆盖全民的社会保险体系。经过40年的发展，广东社会保障改革不断创新制度，改革体制，完善机制，扩大覆盖，一路攻坚克难，不断前行，在为国家社会保障综合改革探路的同时，也在发展中逐步从相互分割、相互封闭的板块结构进入相互协调、相互衔接的科学完善的发展轨道。

在改革开放40周年之际，广东省体制改革研究会组织专家和实际工作者撰写了《广东社会保障制度改革40年》一书，系统回顾了广东社会保障改革历程，全面展现了40年来广东社会保障事业发生的历史巨变，以及取得的辉煌成就和重要经验。全书以时间变化为轴，以社会保障制度改革为核心，以出台的改革政策为主要内容，分为社会保障管理体制改革、养老保险制度改革、医疗保险制度改革、工伤保险制度改革、失业保险制度改革、生育保险制度改革、社会救济和社会福利制度改革、社会保障的监管与服务、社会保障制度改革启示与展望等十章，具体阐述了改革的进程和政策演变历程，内容丰富，资料翔实，语言通俗，脉络清晰。透过全书，不难发现，广东社会保障制度改革40年所取得的成就，是广东改革开放宏大篇章的一个缩影，是敢为人先、务实进取、开放兼容、敬业奉献的广东精神的生动体现。广东的社会保障制度改革，是在历届人社部和省委、省政府统一部署和指导下，全省人社部门和社保人用自己的智慧和辛劳工作，谱写的精彩长卷。

　　本书既是对广东社会保障制度改革发展史的一次深入挖掘和系统整理，又是推进社会保障事业发展、传承改革开放精神的有益实践，对启迪当今、激励后人、继往开来、再创辉煌有着深远的意义。

　　当前，我国社会主义建设进入新时代，广东又一次站在时代前沿，迎来重大的改革开放发展机遇。党的十九大提出要"按照兜底线、织密网、建机制的要求，全面建成覆盖全民、城乡统筹、权责清晰、保障适度、可持续的多层次社会保障体系"，习近平总书记2018年10月视察广东时提出"深化改革开放""推动高质量发展""提高发展平衡性和协调性"和"加强党的领导和党的建设"四个方面的要求，为我们进一步做好社会保障工作指明了方向。广东将按照习近平总书记关于改革开放再出发的要求，传承弘扬老一辈改革开放先行者敢为人先的勇气和精神，站在更高的起点上，继续大力推进改革开放，推动广东社会保障事业取得新的更大发展，努力创造出无愧于新时代的新经验。

　　"书以载道，文以化人。"我们高兴地看到，在改革开放40年之际，经过大家共同努力，《广东社会保障制度改革40年》终于付梓了。我们希望通过这本书，认真总结宝贵经验，凝聚更强的改革正能量，搭建社会各界了解广东社会保障的桥梁，传递社会保障事业生生不息的薪火，为推动广东社会保障制度改革取得更大成就，做出应有的贡献。我们相信，随着该书的推广使用，更多的劳动者将从中了解社会保障制度改革探索的脉络，了解社会保障制度改革的重大成就和意义，从而支持和拥护社会保障制度改革，为全面建成小康社会做出更大贡献。

阙广长
广东省人力资源和社会保障厅副厅长
2018年12月9日

序　二

2018年，中国迎来改革开放40周年。经过40年的改革探索，我国建立起覆盖城乡居民的多层次社会保障体系。特别是党的十八大以来，广东省社会保障体系建设取得举世瞩目的成就，实现了从城镇职工的"单位保障"到城乡居民的"社会保障"，建立起世界上覆盖面最广的多层次社会保障安全网，实现了社会保障制度真正意义上的统一，受到广大人民群众的高度赞扬和世界各国的广泛关注。

改革开放40年来，广东按照党中央的部署，逐步深化以养老、失业、医疗、工伤和生育保险为主要内容的社会保障制度改革，以"保基本、兜底线、促公平"为重点，不断加大社会保障事业经费投入，逐步建立健全覆盖城乡的社会保障体系，社会保险规模日益壮大，社会保险基金收入和累计节余稳居全国首位，覆盖城乡的社会保障制度不断完善，城镇职工和城乡居民参保人数和受惠群体持续增加，社会保障待遇水平稳步提高，社会保障服务水平不断提高，社会保障事业不断取得新的重大突破。

在改革开放40周年这一重要的时间节点上，习近平总书记在深圳参观"大潮起珠江——广东改革开放40周年展览"时强调："我们要不忘改革开放初心，认真总结改革开放40年成功经验，提升改革开放质量和水平。要坚持以人民为中心，把为人民谋幸福作为检验改革成效的标准，让改革开放成果更好惠及广大人民群众。"社会保障制度改革就是一项惠及人民群众的伟大事业，它称得上是一项取得了最广泛的改革共识、受惠人民群众不断扩展的伟大制度革命，是一项人民群众由此不断提升改革开放所带来的获得感、幸福感的巨大社会变革。这项事业的重大政治、经济和社会意义还有待我们今后加以深入研究和认识。

广东社会保险学会委托我会组织专家撰写《广东社会保障制度改革40年》一书，具有十分重大的意义。首先，我们通过撰写和公开出版《广东社会保障制度改革40年》，系统梳理了改革开放以来我省社会保障制度改革发展历程，全面总结了社会保障制度改革实践和经验，帮助广大读者了解广东40年来社会保障制度改革政策演变和发展成就，对扩大社会保障事业的宣传，推动进一步全面深化改革，完善广东省社会保障制度具有重要的现实意义。其次，我们撰写的《广东社会保障制度改革40年》一书，对改革开放40年来广东社保事业建设做出了比较全面而客观的叙述，实事求是地剖析了广东社会保障制度改革面临的问题与挑战，并对广东社会保障的未来发展提出对策建议。这将为指导今后进一步全面深化社会保障制度改革提供有益的借鉴。

此外，我们非常重视社会保障制度改革过程中的"基层创新"，特意在书中选介了广东部分市县推动社会保障制度改革的经验做法。书中还对广东社会保障制度改革做了比较详尽的描述，援引了大量记录发展过程的权威数据。这对研究广东社会保障制度建设也具有重要的史料参考价值。

党的十九大以来，中国特色社会主义进入新时代，社会保障事业也进入了新的发展阶段。党的十九大报告抓住当前社会保障领域中的关键问题，明确提出"按照兜底线、织密网、建机制的要求，全面建成覆盖全民、城乡统筹、权责清晰、保障适度、可持续的多层次社会保障体系"。这是党中央对我国未来社会保障体系建设提出的总体要求。我们要全面正确理解和把握十九大报告的精神，坚持以人民为中心，继续全面深化社会保障制度改革，为满足人民群众多样化、多层次的社会保障需求，为全面建成小康社会、实现"两个一百年"的中国梦做出新的更大贡献！

周林生

中国经济体制改革研究会副会长

广东省体制改革研究会会长

2018年12月5日

目 录

第一章 概 述 ·· 1
 第一节 广东启动社会保障制度改革的背景 ···························· 2
 第二节 广东建立社会保障制度的探索历程 ···························· 7
 第三节 广东社会保障制度改革目标和体系框架 ····················· 10
 第四节 社会保障制度改革的主要成就 ································ 18

第二章 社会保障管理体制改革 ·· 22
 第一节 广东省社会保障管理体制的沿革 ····························· 22
 第二节 广东省社会保障改革协调机构 ································ 25
 第三节 广东省社会保障行政管理机构 ································ 27
 第四节 社会保险监督机构 ·· 30
 第五节 社会保险经办机构 ·· 33
 第六节 社会保险相关机构 ·· 35

第三章 养老保险制度改革 ·· 36
 第一节 广东省养老保险制度改革历程 ································ 36
 第二节 企业职工养老保险制度改革 ··································· 43
 第三节 机关事业单位养老保险制度改革 ····························· 58
 第四节 探索建立城乡居民养老保险制度 ····························· 62
 第五节 补充养老保险制度 ·· 68
 第六节 养老保险关系的转移衔接 ····································· 73

第四章 医疗保险制度改革 ·· 80
 第一节 广东医疗保险制度改革背景和进程 ·························· 80
 第二节 广东构建基本医疗保险制度框架的探索实践 ·············· 84
 第三节 建立多层次医疗保险制度的探索实践 ······················· 93
 第四节 医疗保险制度改革的成就与建议 ····························· 101

第五章 工伤保险制度改革 ………………………………………… 108
第一节 工伤保险制度改革发展历程 …………………………… 108
第二节 广东省工伤保险制度改革的主要内容 ………………… 114
第三节 工伤保险制度改革的成果 ……………………………… 123

第六章 失业保险制度改革 ………………………………………… 125
第一节 广东省失业保险制度改革历程 ………………………… 125
第二节 广东省失业保险制度的改革内容 ……………………… 132
第三节 广东省失业保险制度改革的成效 ……………………… 143

第七章 生育保险制度改革 ………………………………………… 147
第一节 广东省生育保险制度改革历程 ………………………… 147
第二节 生育保险制度改革的主要内容和政策措施 …………… 152
第三节 生育保险制度改革取得的成就 ………………………… 159

第八章 社会救济和社会福利制度改革 …………………………… 163
第一节 社会救济和社会福利制度改革的基本情况 …………… 163
第二节 社会救济制度的建立和完善 …………………………… 169
第三节 社会福利制度的建立和完善 …………………………… 179
第四节 社会优抚安置等其他制度改革的基本情况 …………… 186

第九章 社会保障的监管与服务 …………………………………… 190
第一节 广东社会保险基金的征缴及管理 ……………………… 190
第二节 社会保险基金监督管理 ………………………………… 202
第三节 社保经办服务管理标准化建设 ………………………… 207
第四节 社保业务信息及档案标准化建设 ……………………… 210
第五节 创新社保服务管理 ……………………………………… 214
第六节 退休人员社会化管理服务 ……………………………… 220
第七节 存在的问题及解决途径 ………………………………… 224

第十章 社会保障制度改革启示与展望 …………………………… 228
第一节 广东省社会保障发展的经验启示 ……………………… 228
第二节 完善社会保障制度面临的挑战和机遇 ………………… 231

第三节　进一步完善社会保障制度的展望……………………………… 234

广东社会保障制度改革40年大事记 ……………………………… 238

参考文献 ……………………………………………………………… 258

后　　记 ……………………………………………………………… 260

第一章　概　　述

社会保障是现代国家一项重要的社会基本制度，是保障人民生活、调节社会分配、促进社会公平正义和实现国家长治久安的一项重要制度。从1978年12月召开的党的十一届三中全会到2018年，我国改革开放走过了40年光辉历程。广东省社会保障制度在40年改革开放过程中，坚持从实际出发，借鉴国际经验，针对传统劳动保险制度的弊端，采取有效措施，逐步推进改革。经过多年的积极探索，取得了举世瞩目的辉煌成就，至2018年，广东已基本建立起适合国情、覆盖全民的社会保障体系，实现了改革的预期目标，保障水平总体位居全国前列。

广东是中国改革开放的排头兵、先行地、实验区。广东的社会保障制度改革，是伴随着改革开放的进程逐步推进的。1979年7月，中央下发"50号文件"（即《中共中央国务院批转广东省委、福建省委关于对外经济活动实行特殊政策和灵活措施的两个报告》），要求广东"抓住当前有利的国际形势，先走一步，把经济尽快搞上去"。党中央、国务院还批准广东在劳动工资保险制度方面，可以实行特殊政策和灵活措施。"特区要统筹建立职工年老退休和社会保险制度。"为了适应广东"先走一步"，实行对外开放、对内搞活的需要，广东率先于1983年拉开劳动保险制度改革的序幕，对劳动合同制工人实行社会劳动保险。1984年，省政府先后印发了《批转省劳动局〈关于在城镇集体经济组织中建立退休制度统筹退休基金的报告〉的通知》《广东省全民所有制单位退休基金统筹试行办法》等文件，对计划经济条件下形成的企业劳动保险制度进行改革探索。随着改革开放的不断深入和社会主义市场经济体制的确立，广东按照发展社会主义市场经济的要求，不断确立和调整社会保障制度改革的总体思路、目标和原则，目前基本形成了社会保障体系框架。从总体上看，"社会保障制度建设在党和国家事业发展总体布局中的角色不断转变，逐步从国有企业改革的配套措施、社会主义市场经济的重要支柱，发展为国家的一项重要社会经济制度"[1]。期间，关于社会保障的提法也不断变化，从劳动保险、社会保险到社会保

---

[1]《党的十九大报告辅导读本》，人民出版社2017年版，第343页。

障制度，其内涵得到不断发展和充实完善。劳动保险主要是指依据我国颁布的《中华人民共和国劳动保险条例》（以下简称《条例》）规定的实施范围，对国营企业职工以及部分集体企业职工实行养老、工伤、疾病、生育、遗属等保险项目，构筑我国劳动保险制度的基本框架。社会保险制度是在劳动保险的基础上，为了适应我国实行改革开放政策、建立多种经济成分并存的经济制度和发展市场经济的需要，把实施范围逐步扩大到城乡劳动者，并实现社会统筹，成为我国社会保障制度的核心内容。社会保障是针对社会劳动者在遇到失业、年老、疾病、工伤、生育和生活贫困等风险时所提供的社会安全保障。目前我国的社会保障制度是以社会保险为核心，包括社会救济、社会福利、社会优抚、住房保障和慈善商业保险等项目组成社会保障制度体系。本书所讲的社会保障制度改革，主要是介绍以社会保险制度为主要内容的改革。本章扼要介绍广东启动社会保险制度改革的历史背景、改革发展的主要阶段，阐述改革目标、原则演变过程以及最终形成社会保障制度体系框架的情况，充分肯定社会保障制度改革取得的成就及其在经济社会发展中的重要作用，以便让读者对40年来的广东社会保障制度改革有一个比较全面的认识。

第一节　广东启动社会保障制度改革的背景

胡晓义主编的《社会保障概论》一书曾提出，我国社会保障制度建设大体上可以分为3个发展阶段：一是以劳动保险为主的社会保障建立阶段；二是以社会保险为重点的社会保障制度改革与探索阶段；三是以统筹城乡为目标的社会保障制度全面发展和制度创新阶段。按照上述3个阶段的划分，第一阶段实际上是中华人民共和国成立后至改革开放前这段时间，主要关注《条例》的实施情况，也就是广东启动劳动保险制度改革的大背景。

我国劳动保险制度的建立，以1951年2月政务院颁布的《条例》为标志。新中国成立后，面对旧中国遗留下来的经济萧条、通货膨胀、工人失业等严重的社会问题，我国开始创建劳动保险制度。《条例》明确规定职工在疾病、伤残、死亡、生育以及养老等方面，可以享有保险待遇。可以说，除失业保险外，《条例》对养老、工伤、疾病、生育、遗属等保险项目都做出了具体规定，初步构筑了我国社会保险制度的基本框架。实施范围是，在有工人、职员100人以上的国营企业，公私合营、合作经营的工厂、矿场及附属单位和铁路、航运、邮电三个产业的企业、附属单位中实行。暂不实行《条例》的企业，可采取由企业行政或资方与工会协商，签订集体合同的形式，规定适当的保险待遇。

1953年1月，政务院根据当时国民经济恢复发展情况，对《条例》进行了修订。修订的主要内容：一是扩大保险范围。把实施范围扩大到一般工厂、厂矿和交通行业的基本建设单位、国营建筑公司等。二是明确规定劳动保险金的缴纳和保管办法。即企业应按全部职工工资总额的3%向全国总工会指定的国家银行缴纳劳动保险金，其中，30%存入全国总工会户内；70%存入该企业工会基层委员会户内，作为劳动保险金，为支付员工按照《条例》应得的保险费用。三是提高了部分劳动保险项目的待遇水平。如退休费替代率由原来的35%～60%提高到60%～80%，因公死亡丧葬费由2个月的企业平均工资提高到3个月等。四是规定合作社经营的工厂、矿场及其附属单位按照国营办法，实施劳动保险待遇。五是具体规定了职工因工伤残、疾病、非因工负伤、死亡、养老、生育等方面的待遇。至1956年，在国民经济进一步好转的情况下，企业劳动保险的实施范围扩大到13个产业部门共2300多万职工，社会劳动保险覆盖了当时各类企业职工的94%。[①]

从1953—1966年的10多年间，广东的劳动保险制度与全国一样，随着国民经济的逐步恢复发展，劳动保险制度得到不断调整充实，主要标志是，在1957年6月召开的全国一届人大四次会议和同年9月召开的党的八届三中全会上，周恩来总理多次指出劳动保险制度存在的问题，并提出了若干修改建议。此后，劳动部会同中华全国总工会等有关部门陆续对劳动保险制度和办法进行了一些调整，并通过颁发文件形式，做出以下重要规定：一是统一退休制度。经全国人大常委会批准，国务院于1958年3月颁发《关于工人、职员退休处理的暂行规定》，统一了全国国营企业、国家机关、事业单位职工的退休制度。二是统一退职规定。1958年以前，我国企业和国家机关实行两种不同的退职办法，由于某些不合理的规定，职工意见比较大。根据周恩来总理的指示，劳动部代国务院起草了《关于工人、职员退职处理的暂行规定》，经全国人大常委会原则批准，国务院于1958年3月公布实施。该规定统一了企业和机关事业单位职工的退职办法，适当放宽了退职条件，提高了退职待遇标准，从而解决了职工之间的一些矛盾，促进了社会稳定。三是规定职业病范围和职业病患者处理办法。1957年2月，卫生部发布《职业病范围和职业病患者处理办法的通知》，规定确认的职业

[①] 宋晓梧、张中俊等：《中国社会保障制度建设20年》。

病有 14 种。确认为患有职业病的职工,应发给职业病证明书,并享受《劳动保险条例》中有关职业病的保险待遇。四是规定职工病伤、生育假期的办法。1957 年 2 月,卫生部和全国总工会印发《批准工人、职员病、伤、生育假期试行办法(草案)》,规定企业职工发生病伤、生育时可享受的待遇和假期。五是调整学徒的保险待遇。1958 年 2 月,国务院发布《关于国营、公私合营、合作经营、个体营业的企业和事业单位的学徒学习期限和生活补贴的暂行规定》,把学徒的工资制改为生活补贴制,并对学徒的保险待遇相应做了调整。六是规定被精简职工的保险待遇。1959—1961 年,我国国民经济出现严重困难局面,中央决定对国民经济进行调整,其中一项就是精简职工人数。为了保障处理被精简职工的生活,国务院于 1962 年 6 月发布了《关于精简职工安置办法的若干规定》,明确规定凡精简下来的老弱病残职工,符合退休条件的,按退休安置;全部或大部分丧失劳动能力,不符合退休条件的按退职处理,其中家庭生活有依靠的,发给退职补助费;家庭生活无依靠的,由当地民政部门按月发给救济费。七是改进医疗制度。中华人民共和国成立初期,我国实行的企业职工劳保医疗制度和国家机关工作人员实行的公费医疗制度,不仅不完善,而且存在严重浪费现象。1965 年 12 月,卫生部和财政部发出《关于改进公费医疗管理问题的通知》,对国家机关工作人员的医疗制度做了适当改进,规定看病要收取挂号费,营养滋补药品除了经医院领导批准外,一律实行自费。1966 年 4 月,劳动部和全国总工会联合发出《关于改进企业职工劳保医疗制度几个问题的通知》,对企业职工的劳保医疗制度也做了适当改进。规定职工患病和非因工负伤,在指定医院或企业附属医院医疗时,其所需的挂号费和出诊费由本人自付等,杜绝了一些浪费现象。八是将城镇集体企业职工逐步纳入劳动保险范围。随着城镇集体经济的发展,不少集体企业申请参加劳动保险。在这种情况下,二轻部和中华全国手工业合作总社印发《关于轻工、手工业集体所有制企业职工、社员退职暂行办法》,规定由市县统一筹集劳动保险经费,对退休、退职的员工按照略低于国营企业的标准,发给退休、退职补助费。

在中华人民共和国成立后的 10 多年间,广东在恢复发展国民经济的同时,按照《条例》规定,采取各项积极政策措施,基本建立起包括养老、疾病、工伤、死亡、生育等主要保险项目在内的劳动保险制度,受到广大职工的支持和拥护。劳动保险制度的建立,对恢复发展国民经济,保障人民基本生活和巩固新生政权起到了重要作用。但是由于受经济发展不平衡、发展水平低等各种因素影响，一些劳动保险政策没有真正得到落实，有些问题还没有来得及改进和完善。

在1966年9月至1976年10月的"文化大革命"期间，我国劳动保险制度受到严重冲击和破坏。广东的情况与全国一样，中华人民共和国成立初期建立的社会保障法律法规和制度被废止，劳动保险机构被撤销，退休费用的社会统筹被取消，此后逐步形成了企业自保的格局，导致社会保障事业严重倒退，无法适应改革开放新形势下经济发展的需要。主要表现为：

第一，由于受极"左"思潮的影响，不少企业生产受到很大干扰，无力缴纳劳动保险金；有的受无政府思潮影响，不缴纳保险金。在这种情况下，财政部于1969年2月发出《关于国营企业财务工作中几项制度的改革意见（草案）》，明确规定国营企业一律停止提取劳动保险金，退休职工、长期病休者的工资和其他劳保开支，改在企业营业外开支。这个文件的印发，使全国社会劳动保险变成了企业保险，职工的退休养老、疾病、工伤和生育等费用，全部改为由企业单独负担，使我国劳动保险制度遭到严重破坏。

第二，劳动保险管理机构被撤销。"文化大革命"以前，我国从中央到地方都有比较健全的劳动保险管理机构，并配备了专职人员。中华全国总工会是全国劳动保险事业的最高领导机构，劳动部是全国劳动保险工作的最高监督机构。劳动保险金一部分由企业支付，一部分由中华全国总工会统筹。"文化大革命"开始后，劳动保险工作受到严重干扰，管理企业职工劳动保险业务的工会组织被破坏，管理国家机关工作人员劳动保险的业务部门被撤销，加上财政部的文件印发后，劳动保险工作处于无人管理的停顿状态，于是出现了严重的企业负担不均、畸轻畸重的现象，严重影响企业的发展。针对上述情况，1969年，广东省革命委员会曾发出〔1969〕142号文件，明确提出劳动保险工作划归劳动部门管理。但是，由于没有编制，大部分地区、市县劳动部门没有配备专职人员，致使劳动保险工作实际上处于无人管理状态，同时也失去了它原来的社会统筹调剂功能，社会劳动保险真正变成了"企业保险"。这种做法整整延续了10年，结果由于各项保险金由企业单独支付，退休人数多的企业负担很重；而新建扩建企业一般新职工多，开支少，造成企业负担畸轻畸重，一些退休职工多或经营不善的企业，各项社会保险待遇支持入不敷出，包袱沉重。

第三，恢复发展劳动保险。1974年，邓小平同志整顿经济，恢复发展生产。在这种新情况下，为了恢复一度被中断的劳动保险工作，原广东省劳动局革命委员会印发《关于当前劳动保险工作的几点意见》（粤劳革〔1974〕389号），对恢复发展劳动保险工作做出部署：一是恢复发展劳动保险工作。对原已实行劳动保险条例的企业，要重新进行劳保卡的审查登记；对一些符合实施条件的新建、扩建企业，经审批可实施劳动保险条例，使新增职工与老职工一样得到劳动保险享受。一部分符合条件而尚未实施劳动保险条例的企业，要根据实际情况有计划、有步骤地加以实施。凡职工人数在100人以上的国营工业、基建、交通企业，生产正常、管理健全的，均应申请实施《劳动保险条例》；职工人数在100人以下的企业，经济条件允许的，也可参照劳动保险条例执行。集体所有制企业（含二轻系统企业）可由主管部门根据企业经济负担能力，参照条例报当地劳动部门批准执行。二是明确国营商业、供销系统企业职工要恢复实施劳动保险条例，统一解决企业职工劳保待遇问题。而且商业系统企业不受人数在100人以上、是否建立工会的条件限制。三是规定对于劳保医疗费超支的企业，可从职工福利基金中适当调剂解决。对退休职工较多的企业，可以根据财政部门意见，经主管部门批准，继续提取退休职工的医疗费，以解决退休人员的医疗问题，减少企业医疗费负担。四是要求加强劳动保险管理工作。各级劳动部门要配备专管干部和（或）指定人员负责劳动保险工作。干部力量不足的，应积极请示党委给予解决编制问题。但是由于受极"左"思潮的干扰，以上政策实际上无法落实。

　　从中华人民共和国成立后至"文化大革命"结束这一历史时期，我国在计划经济体制下通过立法建立起来的劳动保险制度，虽然对保障职工基本生活、促进经济发展和社会稳定起到了一定作用，但是这一制度毕竟是高度集中统一的计划经济体制条件下的产物，同时又受到"文化大革命"的严重冲击，实施范围窄，社会统筹功能被取消，企业负担畸轻畸重情况严重，无法适应经济社会发展需要。主要的弊端是：

　　一是劳动保险的覆盖面窄，社会化程度低。主要局限于国有企业和部分集体所有制企业中的正式职工，没有覆盖全社会从业人员。特别是随着改革开放的深入发展，广东率先出现多种经济成分、多种就业形式并存的状况后，社会劳动保险没有覆盖全社会从业人员，既无法适应社会主义市场经济发展需要，也不适应推行多种用工形式的要求。

　　二是社会劳动保险变成企业保险，缺乏社会共济功能。由于受"文化大革命"的冲击，社会劳动保险变成了企业自保，国家丧失了社会劳动保险费用的社会统筹和调剂的功能。一些垄断企业或效益好的企业可以利用企业自保的旧机制过高提取各种劳动保险费,从而提高本企业职工的各种社会劳动保险待遇水平,而一些困难或亏损企业则无法提取劳动保险金,无法保证职工各项基本的保险待遇。而且新老企业之间的劳动保险金无法调剂使用,造成其负担也畸轻畸重,无法解决,影响到企业的正常生产和发展。

三是劳动保险项目不齐全。国际劳工组织1952年通过的《社会保障最低标准公约》规定的社会保障项目有9项。1958年,我国宣布彻底消灭失业人口后,在传统的社会保险项目中,一直没有失业保险。这种情况,使大量的国有企业逐步积累了大量的富余人员,无法分流到社会,造成沉重的负担。

四是保险资金来源渠道单一,企业负担过重。企业办保险的结果是,企业独自负担全部的报销费用,国家不出钱,劳动者个人也不缴费,企业独自负担沉重。据统计,全国全民所有制单位开支的各项保险福利费用从1952年的9.52亿元上升至1985年的266.80亿元,相当于工资总额的比例由14.0%上升至25.1%,其中,广东1985年各项保险福利费用支出16.96亿元,相当于工资总额的24.1%。保险费用全部由企业负担,无形中挤占了企业生产资金,使生产力受到严重束缚。

可见,中华人民共和国成立初期建立起来的社会劳动保险制度对稳定职工生活、促进社会稳定起到了积极作用。但是,后来在十年"文革"期间,我国基本建立起来的劳动保险制度遭到了严重的冲击和破坏,劳动保险逐步变成企业保险,使劳动保险的原有的统筹调剂、社会共济功能难以发挥作用,企业负担畸轻畸重,显露出明显的弊端。党的十一届三中全会确定实行改革开放的方针政策,党和国家工作重心转移到经济建设上来后,企业自保的劳动保险制度弊端日益明显,这种单一的、缺乏社会共济功能的社会劳动保险制度,无法适应广东"先走一步",对外开放,对内搞活企业、搞活经济的需要,无法体现社会主义制度的优越性,已经到了非改不可的地步,必须进行改革。

第二节　广东建立社会保障制度的探索历程

"文化大革命"结束后,经过两年多短暂时间的调整过渡,1978年党中央隆重召开十一届三中全会,会议坚持解放思想、实事求是的思想路线,坚持"拨乱反正",确定了实行改革开放的方针政策,允许广东实行特殊政策、灵活措施，率先实行对外开放。从1983年开始，广东率先正式拉开了社会保障制度改革的帷幕，逐步推进社会保险制度改革探索。1984年，党的十二届三中全会通过《中共中央关于经济体制改革的决定》，开始启动以搞活国有企业为中心环节的经济体制改革。在计划经济条件下形成的劳动保险制度与改革开放、搞活国有企业、发展多种所有制经济的要求不相适应，弊端日益明显，主要是覆盖范围小、社会化程度低、保障层次单一、社会共济性差，不适应经济改革和社会稳定发展需要的矛盾更加突出，必须进行改革。于是，根据《决定》关于把改革社会保险制度作为国有企业改革的配套措施提上重要议程的部署要求，广东率先大力推进社会保险制度改革。40年来，改革大体上经历了从试点探索、重点突破、全面推进到全面深化的过程。按照改革重要节点来划分，40年来，广东社会保险制度改革大体上可分为4个阶段：

第一阶段（1978—1992年），主要是对劳动保险制度进行改革调整，探索建立以社会统筹为特征的社会保障制度。1980年，广东在实行劳动合同制的同时，率先进行了合同制职工社会养老保险改革试点，1983年全面铺开。1984年，广东省政府先后印发了《批转省劳动局〈关于在城镇集体经济组织中建立退休制度统筹退休基金的报告〉的通知》《广东省全民所有制单位退休基金统筹试行办法》，对计划经济条件下形成的企业劳动保险制度进行改革探索。1986年贯彻国务院4项规定，对劳动合同制工人实行社会保险，积极推进企业固定职工退休费用社会统筹、临时工养老保险、企业固定职工个人缴纳养老保险费、国有企业职工失业保险、企业职工工伤保险等6项社会保险制度改革。重点是推进企业职工基本养老保险社会统筹改革探索。

第二阶段（1992—2002年），是广东社会保障制度改革全面推进并取得突破性进展的时期，全省基本建立起以企业职工社会保险为重点的社会保障制度。党的十四大报告确立了社会主义市场经济的改革目标，第一次明确把社会保障制度改革作为经济体制改革的五大环节之一。十四届三中全会《中共中央关于建立社会主义市场经济体制若干问题的决定》明确提出：养老、医疗保险制度改革实行"社会统筹和个人账户相结合"模式。这是我国社会保险制度改革具有里程碑意义的重大突破。此后，广东逐步确立了政事分开的社会保险管理体制。1992年，将"省社会保险制度改革领导小组"改为"省社会保险委员会"，统筹协调全省社会保险改革工作。同时，成立广东省社会保险事业局，统一管理企业、机关事业单位和农村的养老、失业、医疗、工伤及女职工生育等各项社会保险。1995年11月，又将社会保险事业局更名为社会保险管理局，赋予行政管理职能。到1996年年底，全省21个地级市和123个县级行政区基本上组建起社会保险管理局。1999年，全省按照政事分开的原则进行机构改革，组建了省劳动和社会保障厅，负责社会保险的行政管理工作，同时在原省社会保险管理局的基础上设立省社会保险基金管理局，负责指导协调全省社会保险经办工作，并具体经办省直单位社会保险业务，初步建立了政事分开、统一管理、分级负责的社会保险管理体系，出台了一系列社会保险法规和政策。1998年以来，广东省人大和省政府相继颁布了《广东省社会养老保险条例》及实施细则、《广东省工伤保险条例》《广东省失业保险条例》《广东省社会保险基金监督条例》《广东省社会保险费征缴办法》和医疗保险的相关政策规定，初步形成了社会保险法规政策体系。全面推进养老、医疗、失业、工伤和生育保险制度改革，社会保险覆盖面不断扩大。自1998年以来，为了加强社会保险基金的管理，广东省先后实行了社会保险基金收支两条线，并对财政专户、社保基金收入户实行财政、社保双印鉴管理制度，使社会保险费实现了地税机关征收、财政专户管理、社保机构审核、金融机构代发，四方既分开运行，又相互制约的管理机制，保证了基金的安全。同时，广东省通过建立专门监管机制、政府审计监督机制、社会监督机制，加强对社保基金的监管。

第三阶段（2002—2012年），是广东社会保障制度改革开始进入创建城乡统筹社会保障制度的新阶段。其主要标志是，党的十六大召开后，党中央提出坚持以人为本的科学发展观，统筹城乡发展，把建立覆盖城乡居民的社会保障体系作为构建和谐社会的重要内容和全面建设小康社会的重要指标。社会保障制度建设被提升到前所未有的战略高度，发展为国家的一项重要的社会经济制度。中央确定，在2012年前，初步建立具有中国特色的社会保障制度框架。按照中央的统一部署，广东积极开展新型农村社会养老保险试点，全面开展新型农村合作医疗制度改革，将农民工纳入城镇社会保险范围，对被征地农民做出社会保障安排，全面建立农村最低生活保障制度。同时，还建立了城镇居民基本医疗保险和基本养老保险制度，实现了基本社会保障对国民的制度全覆盖。

截至2010年年底，广东省城镇职工养老保险参保人数（含离退休人员）共3215万人，参加失业保险人数1650万人，城乡居民基本医疗保险参保人数8926万人，参加工伤保险人数2656万人，参加生育保险人数2038万人。

第四阶段（2012年至今），是广东城乡一体化的社会保障制度改革进入全面深化和逐步完善的新阶段。主要标志是，党的十八大以来，以习近平同志为核心的党中央坚持以人民为中心的发展思想，提出全面推进社会保障体系建设、基本建立覆盖城乡居民的社会保障体系。党的十九大报告提出要全面建成多层次社会保障体系。进一步明确确立社会保障制度改革发展新的战略目标。广东积极推进以城乡居民社会保险统筹、全面建成多层次社会保障体系为目标的全面深化改革。在"十二五"规划中明确提出，社会保障制度改革的目标是：至2020年基本建成覆盖全民、城乡统筹、权责清晰、保障适度、可持续的多层次社会保障体系，保障水平稳步提高。改革的主要任务是：探索建立覆盖城乡居民的养老、医疗和生育保险制度，完善工伤和失业保险制度，逐步提高保险层次、加强基金管理、建立多层次的社会保障体系等。在"十三五"规划中，坚持以保基本、兜底线、促公平、可持续为准则，加快建立健全更加公平、可持续的社会保障制度。据统计，截至2017年年底，全省参加城镇职工基本养老保险5287万人，城镇职工医疗保险3963万人，失业保险3164万人，工伤保险3402万人，生育保险3301万人，分别比2010年增加2411万人、963万人、1514万人、744万人、1262万人。2017年城镇职工五大社会保险项目参保规模共达19116万人次，比2010年多6895万人次。与此同时，城乡居民社会保险快速发展。全省新型农村和城镇居民社会养老保险第四批试点在2012年7月1日全面正式启动后，广东新农保和城镇居民居保实现了制度全覆盖，60岁以上居民不用缴费，每月可领取基础养老金。2017年农村和城镇居民社会养老保险参保2587万人，比2010年增加2078万人；城乡居民基本医疗保险参保人数6402万人，比2010年增加4359万人。

第三节　广东社会保障制度改革目标和体系框架

经过40年的改革发展，目前广东基本形成了覆盖城乡居民、以社会保险为核心，包括社会救助、社会福利、社会优抚、住房保障、商业保险六大部分25个子项目的比较完整的社会保障体系。广东的社会保障制度改革是逐步推进、逐步深化到全面建立的，改革的思路和目标也有3次比较大的调整和演变，最终形成具有中国特色的社会保障体系框架。

一、改革的目标

在建设中国特色社会保障制度进程中，我国设定的社会保障制度改革的主要目标有两个：第一个目标，十四届三中全会《决定》所确定的社会保障制度改革的目标，是以社会保险制度改革为重点，到20世纪末基本建立起资金来源多渠道、保障方式多层次、权利和义务相对应、管理和服务社会化的社会保障体系。中间的提法有些变化，如在20世纪末，为了适应国企改革和建设社会主义市场经济的需要，中央提出完善我国社会保障体系的总目标是"建立独立于企业事业单位之外、资金来源多元化、保障制度规范化、管理服务社会化的社会保障体系"。尽管提法稍有变化，但重点还是企业职工的社会保险。

第二个目标，进入21世纪后，党的十六大报告提出"我国社会保障制度改革和发展的总目标是建立覆盖城乡居民的社会保障体系。即通过建立中国特色、全民共享的社会保障制度及与之相适应的运行机制和管理体制，实现保障对象全民化、保障方式多样化、筹资渠道多元化、管理服务社会化，为全面实现小康社会提供和谐、稳定的保障网"。党的十八大报告提出，全面推进社会保障体系建设，覆盖城乡居民的社会保障体系基本建立。党的十八届五中全会通过的《中共中央关于制定国民经济和社会发展第十三个五年规划的建议》进一步明确提出，要建立更加公平、更可持续的社会保障制度。广东省在"十二五"规划中明确提出，社会保障制度改革的目标是：至2020年基本建成覆盖全民、城乡统筹、权责清晰、保障适度、可持续的多层次社会保障体系，保障水平稳步提高。这与党的十八届三中全会《决定》提出的目标相一致。党的十九大对社会保障制度改革目标进一步做出了更加明确具体的阐述，即全面建成多层次社会保障体系。

按照中央确定的改革目标，广东社会保险制度改革思路和遵循的原则，也有一个逐步演变发展的过程。

二、改革的总体思路和原则

从总体上来看，广东省社会保障制度改革的思路，也有两次大的调整和变化。

首先，依据党的十四届三中全会《决定》提出的改革目标，从我国社会主义初级阶段的生产力水平和各方面的承受能力出发，特别是从企业经营状况出发，坚持"低水平，广覆盖，多层次，三方分担，统账结合"的基本思路，逐步推进广东社会保障制度改革。

1. 必须坚持低水平的思路

由于历史和现实的原因，广东各地区的经济发展水平很不均衡，并且不是能够在短时期内可以改变的。这是社会保障制度改革中必须尊重的客观事实。由于社会保障需求具有刚性增长的特征，在实践中表现为项目待遇水平只能上、不能下，从而使保障支出可能会不断膨胀，保障总水平可能会越来越高。因此，为了保证社会保障事业的可持续发展，改革必须坚持保障水平与经济发展水平相一致的低水平原则。

2. 必须坚持"广覆盖"的思路

建立社会保障制度，必须坚持以人民利益为重，根据大数法则，不断扩大社会保险覆盖面，增强互济保障功能。只有不断扩大覆盖面，才能使社会保险成为广大城乡劳动者的基本保障，并能为劳动力的合理流动、劳动资源的合理配置提供必要条件。改革的目的是为了实现更好的社会互济和社会公平。而实现社会互济功能，又取决于现实的经济发展水平、各方面的承受能力和社会保障覆盖面。因此，不断扩大社会保障的覆盖面，实现广覆盖，是增强保障功能、实现社会公平的必然要求。

3. 必须坚持"多层次"的思路

在开展社会基本保险的同时，还要办好补充保险、商业保险、个人储蓄性保险以及社会救助等多项社会保障事业。这样既能体现公平又能体现效率；既能把国家和用人单位过重的负担降下来，又可以满足不同企业、不同行业、不同人群多层次的社会保障需求。广东省社会保险制度改革从企业职工养老保险制度改革取得突破后，随着经济体制改革的深入推进，各种所有制企业大量出现，劳动用工形式也越来越灵活，不同所有制企业之间、企业与机关事业单位之间人员流动日益频繁，为了适应多种经济成分、多种用工形式并存的需要，广东坚持在把社会基本养老保险覆盖面逐步扩大到所有企事业单位和从业人员的同时，根据社会需要，积极探索建立企业年金、职业年金制度、商业保险、个人储蓄性保险等多层次的社会保障体系，为经济体制改革创造良好的外部环境。

在这个阶段，改革遵循的基本原则：

一是坚持社会保障水平与社会主义初级阶段生产力发展水平相适应的原则。在进行社会保障制度改革时，明确其保障水平必须与社会主义初级阶段的生产力水平相适应，使国家和单位的负担能维持在一个适当的水平。否则，就无法保证企业乃至整个国民经济有充分的活力和竞争力，也不可能保持经济的持续发展。因此，国家强制实施的基本社会保障项目，只能保障最基本的社会保障需求。

二是坚持社会公平与市场效率相结合的原则。我国的社会主义性质又决定了社会保障制度改革必须体现公平。但是，我国仍然是一个经济欠发达的社会主义国家，没有效率优先就不可能使我国经济在不太长的时期内有较大的发展。这是我们建立和完善社会保障制度必须考虑的。因此，在社会保险项目和统筹基金的设计上，实现社会统筹和个人账户相结合的办法，社会统筹部分体现公平，个人缴费部分体现效率。由国家保底的项目，主要体现公平原则。

三是坚持权利与义务相统一的原则。实行权利与义务相统一的原则，是借鉴国际经验、总结我国计划经济体制条件下实行的"高工资、低福利"制度的教训而提出的一项基本原则，目的是调动多方积极性，增强劳动者个人在社会保障方面的责任感、参与感，尽个人缴费义务，享有社会保障的权利。

四是坚持行政管理职能与业务经办职能相分离原则。社会保障作为一个国家的基本社会制度，在基本制度模式、基本政策和基金运营、监督等方面，要坚持做到政事分开，职责分清。政府行政部门的主要职责是统一制定政策、制度和标准，加强指导实施，不直接管理社会保险基金的收缴和运营。社会保险基金的管理与运营应当由社会保险机构依法经办，同时接受政府和社会监督，从而形成有效的制约机制，以保证社会保险基金的安全和有效运营。

其次，依据党的十六大报告精神，在完善城镇职工各项社会保险制度基础上，广东探索逐步建立覆盖城乡居民的社会保障制度。实现保障对象全民化、保障方式多样化、筹资渠道多元化、管理服务社会化，为全面实现小康社会提供和谐、稳定的保障网。特别是党的十八大以来，注重坚持全覆盖、保基本、多层次、可持续发展的方针，体现社会公平。这期间，不同险种、不同对象的改革思路也有具体的调整和变化。

根据新的改革思路，这个时期，广东提出改革应遵循的主要原则：

一是坚持共济性原则。这是建立和实行社会保障制度应当遵循的基本原则之一；是对社会高收入群体与低收入群体之间收入分配的再调整；是国际上社会保障制度建设和资金筹集与使用过程中应当遵循的基本原则；

是不同层次、不同阶层的人在同一社会制度下，获得基本生活保障的一种协调机制。共济性原则还表现在不论富人或者穷人，在遭遇困难时，都能获得一定的社会物质帮助，如在失业、年老、疾病时，获得社会物质帮助。

二是坚持强制性原则。建立基本社会保障制度，一般采取坚持以国家信誉做担保的形式，通过国家立法以及政策法规形式强制执行，才能实现社会保障的基本目标。对一些补充性的保险制度，有时也采取自愿选择的方式。

三是坚持公平性原则。这是建立社会保障制度应当遵循的基本原则，是社会保障制度的核心价值观念。公平性主要体现在：保障范围广泛，不分贫富、性别、地位、民族、职业等，均纳入保障范围。

四是坚持多样性、多层次原则。根据社会经济发展水平的不同，以及社会保障对象的广泛性、影响和制约社会保障制度建立因素的复杂性，社会保障制度的建设一般应当坚持灵活多样的方式。首先是保障制度模式和保险项目的多样化；其次是缴费水平和待遇水平的多层次性。即建立社会保障制度时，应根据不同地区、不同对象而采取的灵活措施。

三、广东社会保障体系的基本框架

社会保障是以政府为责任主体，依据法律规定，通过国民收入再分配，对暂时或永久失去劳动能力以及生活困难的国民给予物质帮助，保障其基本生活的一项社会制度。

我国的社会保障体系包括社会保险、社会福利、优抚安置、社会救助和住房保障等。党的十四届三中全会通过的《中共中央关于建立社会主义市场经济体制若干问题的决定》，在总结了前段时间改革经验基础上，明确指出："建立多层次的社会保障体系，对于深化企业和事业单位改革，保持社会稳定，顺利建立社会主义市场经济体制具有重大意义。社会保障体系包括社会保险、社会救济、社会福利、优抚安置和社会互助、个人储蓄积累保障。"按照十四届三中全会《决定》的部署，广东经过多年不断改革探索，目前已基本形成一个多层次的具有中国特色的社会保障体系框架。这个体系大体上由三大层次构成。

（一）第一层次——社会保险

社会保险是以国家为责任主体，对有工资收入的劳动者在暂时或永久丧失劳动能力，或虽有劳动能力而无力工作亦即丧失生活来源的情况下，通过立法手段，运用社会力量，给这些劳动者以一定程度的收入损失补偿，使之能不低于基本生活水平，从而保证劳动力再生产和扩大再生产的正常进行，保证社会安定的一种基本的社会制度。

社会保险在社会保障体系中居于核心地位。其内容主要包括养老、医疗、失业、工伤、生育保险5个项目。社会保险的目的是保障被给付者的基本生活需要，属于基本性的社会保障；社会保险的对象是法定范围内的社会劳动者；社会保险的基本特征是补偿劳动者的收入损失；社会保险的资金主要来源于用人单位、劳动者依法缴费及国家资助和社会募集。社会保险的一个显著特点是，它是一种强制性缴费的社会保障。参保人首先必须尽到缴纳保险费的义务，才能享有收入补偿的权利。本书第三至第七章将予以具体介绍。

1. 养老保险

养老保险，是指劳动者在达到国家规定的解除劳动义务的劳动年龄界限，或因年老丧失劳动能力的情况下，能够依法获得经济收入、物质帮助和相关服务的社会保险制度。养老保险就其保险范围、保险水平、保险方式的不同，又可分为基本养老保险（包括城镇职工养老保险、城乡居民养老保险）、补充养老保险（包括企业年金、职业年金）和个人储蓄性养老保险。国际上通常分别称其为养老保险的第一支柱、第二支柱和第三支柱。

基本养老保险是社会保险的主要险种之一，是社会保险制度的重要组成部分，属于社会保障体系的范畴。基本养老保险具有社会保险的强制性、互济性和普遍性等共同特征，也具有自身特征。一是保障水平的适度性。一般来说，养老保险的整体水平要高于贫困救济线和失业保险金的水平，但低于社会平均工资和个人在职时的收入水平。二是享受待遇的长期性。参加养老保险的人员一旦达到享受待遇的条件或取得享受待遇的资格，就可以长期享受待遇直至死亡。三是与家庭养老的关联性。养老保险的产生和发展，逐步取代了传统家庭养老的部分甚至大部分功能，但在现实生活中，它并不能完全替代家庭养老，前者需要后者作为有益补充。

2. 医疗保险

医疗保险有广义和狭义之分。广义的医疗保险指劳动者患病后，由国家和社会给予假期和收入补偿，提供医疗服务的制度。收入补偿金额为其工资的一定比例，以保证其基本生活需要和正常的营养摄取。医疗服务指免费或报销医疗费的一定比例。疾病期间的工资补偿不是无期限的，超过一定期限则由其他办法救助，社会保险不再支付。狭义的医疗保险则指仅针对疾病诊治所发生的医疗费用的保险。

3. 失业保险

失业保险指对那些由于非本人原因暂时失去工作的劳动者给予物质补偿的制度。在现代市场经济条件下，失业不可避免。为了使失业者及其家庭能维持生活，维持劳动力再生产，满足社会经济发展的需要，维持社会安定，建立失业保险是非常必要的。失业者享受待遇是有条件的，通常失业前必须工作过或缴纳过一定时期的保险费，失业后立即到职业介绍机构登记，并有求职或劳动意愿等。领取失业保险金有一定期限，超过期限，就失去了领取的资格，否则不利于失业人员再就业。若到期仍未找到工作，则改领社会救济金，救济金的水平要低于失业保险金。

4. 工伤保险

工伤保险指劳动者因工负伤或因患职业病时，或永久失去劳动能力乃至死亡，从国家和社会获得补偿的制度。工伤不管出于什么原因，不管责任在个人还是用人单位，负伤者均有权享受工伤保险待遇，即"无过失补偿原则"。同时，工伤保险不实行个人缴费，资金都来自用人单位，政府只在特殊情况下给予资助。这样规定的目的，是促使企业改善生产条件，加强职业安全管理。

5. 生育保险

生育保险是对女性劳动者因妊娠、分娩中止劳动而暂时失去收入来源时，由国家或社会给予医疗保健服务和物质帮助的制度，是保护妇女劳动者的社会保险。近年来，我国在部分城市试行医疗保险和生育保险合并实施，并逐步扩大试点范围。

（二）第二层次——由国家财政支撑的社会保障项目

由国家财政支撑的社会保障项目，主要有社会救济（含城镇居民最低生活保障和农村"五保"）、优抚安置、社会福利、社会互助和住房保障5个项目。

1. 社会福利

社会福利是指政府和社会组织通过建立文化、教育、卫生等设施，免费或优惠提供服务，以及通过实物发放、货币补贴等形式，向全体社会成员或特定人群给予帮助，以保证和改善其物质文化生活的制度。

社会福利是社会保障的最高层次，是实现社会保障的最高纲领和目标。

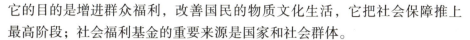

它的目的是增进群众福利，改善国民的物质文化生活，它把社会保障推上最高阶段；社会福利基金的重要来源是国家和社会群体。

2. 社会救助

社会救助是依据法律规定，政府和社会对因自然灾害或其他原因而无法维持最低生活水平和低收入的个人或家庭给予帮助，满足其生存需要的制度。

社会救助属于社会保障体系的最低层次，是实现社会保障农民工生活的最低纲领和目标。社会救助的目的是保障被救助者的最低生活需要；对象主要是失业者、遭到不幸者；基本特征是扶贫；基金来源主要是国家及社会群体。

3. 社会优抚安置

社会优抚安置是社会保障的特殊构成部分，属于特殊阶层的社会保障，是实现社会保障的特殊纲领。社会优抚安置的目的是优待和抚恤；对象是军人及其家属；基本特征是对军人及其家属的优待；基金来源是国家财政拨款。

上述工作主要由民政部门承担，本书将在第八章中做简要介绍。

（三）第三层次——商业保险和职工补充保险

按照自愿原则，以营利为目的的商业保险和职工补充保险具体包括个人投保、企业投保和互助性保险3种。它适应了社会保障多层次的需要。必须注意的是，有些险种（如养老、医疗保险），国家政策规定企业可以建立企业年金制度，即企业补充保险。这是根据国家政策，采取企业自愿和政策引导相结合的办法实施的。其内容在本书相关项目的改革中将相应介绍。

社会保障之所以受到世界各国的重视，成为各国政府的基本施策方针，是因为它具有其他制度无法相比的独特功能。概括起来，它的作用体现在4个方面：①人民生活的安全网。保障人民群众在年老、失业、患病、工伤、生育时的基本收入和基本医疗不受影响，无收入、低收入以及遭受各种意外灾害的人民群众有生活来源，满足他们的基本生存需求。②经济发展的助推器。完善的社会保障制度，既有利于提高劳动者自身素质，促进劳动力的有序流动，一定程度上激发我国经济的活力，推动经济更快地发展；又可以避免社会消费的过度膨胀，引导消费结构更为合理，平衡社会供需的总量，有利于防止经济发展出现波动，实现更好地发展。③社会矛盾的调节器。社会保障制度具有收入再分配的功能，调节中高收入群体的部分收入,提高最低收入群体的保障标准,适当缩小不同社会成员之间的收入差距。④社会政治的稳定剂。完善的社会保障制度,能为劳动者建立各种风险保障措施,帮助他们消除和抵御各种市场风险,避免因生活缺乏基本保障而引发一系列的矛盾,从而维护社会的稳定。

经过40年的改革开放,目前广东基本建立起全覆盖、多层次、较成熟、可持续发展和比较完善的社会保障制度和体系框架,为全面建成小康社会、实现中华民族伟大复兴奠定了坚实的社会保障基础。但是由于人口众多,经济发展不平衡,经济体制和经济结构正处于重大调整过程中,现行的社会保障制度还存在发展不充分、不平衡、不完善等问题,有待今后通过全面深化改革进一步完善。

第四节 社会保障制度改革的主要成就

社会保障是民生的安全网、社会的稳定器。经过40年的长期努力,至2017年,广东基本形成社会保险、社会救助、社会福利和社会慈善事业相衔接的社会保障制度和体系框架,为决胜全面建成小康社会,实现中华民族伟大复兴的中国梦奠定了坚实的基础。特别是"十二五"以来,广东深入贯彻落实党的十八大和十八届三中全会精神,以保基本、兜底线、促公平为重点,不断加大社会保障事业经费投入,社会保障覆盖范围不断扩大,社会保险筹资规模日益壮大,各项社会保险参保人员的待遇水平不断提高,社会保障管理服务社会化水平不断提高,社会保障事业取得重大成就。

一、社会保障基本实现制度全覆盖

广东省社会保障制度覆盖范围从改革初期的"三资企业"、国有企业向各种所有制企事业单位,从正式职工向灵活就业人员,从城镇居民向农村居民扩展,目前制度规定的各项社会保障覆盖人数不断扩大。至2017年年底,广东省全面建立了城镇居民养老保险、城乡居民大病保险、疾病应急救助、临时救助等制度,涵盖各类群体、针对各类基本需求的社会保障制度体系基本形成。在城乡居民养老保险方面,2012年7月,全省新型农村和城镇居民基本养老保险第四批试点全面启动,60岁以上居民不用缴费,每月可领取基础养老金。2013年,广东省在全国率先印发《广东省城乡居民社会养老保险实施办法》,整合新型农村社会养老保险、城镇居民社会养老保险两项制度，在全省建立统一的城乡居民社会养老保险制度。2014年年初，国务院做出在全国范围内建立统一的城乡居民基本养老保险制度的部署后，省政府为了保持与全国政策的一致性，再次修订发布《广东省城乡居民基本养老保险实施办法》，进一步完善城乡居民基本养老保险制度。2015年，广东基本实现了新型农村社会养老保险（简称"新农保"）和城镇居民社会养老保险（简称"城居保"）两项制度的全覆盖。

在医疗保险方面，广东率先于2012年整合城镇居民基本医疗保险和新型农村合作医疗制度，全面实现城乡居民基本医疗保险社会统筹，探索建立了特大疾病保险制度，实现城乡居民医保公共服务均等化。这项改革受惠人数之多、发展速度之快，创造出了人类历史的奇迹。它使我国两项主要的保险制度从面向职业劳动者转为面向城乡全体居民。这对缩小城乡差别、促进协同发展具有十分重要的意义。据统计，2017年，广东农村和城镇居民社会养老保险参保2587万人，比2010年增加2078万人。广东城乡居民基本医疗保险参保人数6402万人，比2010年增加4359万人。参加生育保险人数为3301万人，比2010年增加1262万人。

城市低保实现了应保尽保。至2017年，全省城乡低保对象共168万人，城乡居民低保月人均标准分别为685元、585元，比2016年提高125元、115元，基本生活全部得到保障。

特殊群体社会保障问题基本得到解决。"十二五"时期，广东采取各种措施，积极解决早期离开国企人员、离开机关事业单位人员、下乡知青等群体的养老保障问题；妥善解决了105万名困难企业退休人员参加医保和2.5万名国有企业"老工伤"人员待遇保障问题。

二、社会保险筹资规模居全国首位

随着社会保险覆盖面不断扩大、覆盖城乡的社会保险体系建设不断推进，社会保险费征缴收入稳步增加，各险种基金收入规模迅速扩大，支出、结余均保持较快增长，收入大于支出，累计结余稳居全国首位，支撑能力显著增强。据统计，2017年，全省五项社会保险基金（含居民养老、居民医疗）的总收入从1992年的184亿元增加到2017年的5899亿元，总支出从1992年的151亿元增加到2017年的3935亿元，滚存结余13349亿元。保障了各项社会保险基金支付的可持续性。

三、国家财政对社会保障的补贴水平逐步提高

随着地方财政收入的不断增长和财政支出结构的不断调整，广东社会保障领域的财政资金投入逐年增加。主要表现在：一是财政对社会保障的支持力度逐年加大。二是各级政府加大对城乡低保、城乡居民基本医疗保险和城乡居民养老保险的投入。政府财政全额资助低保对象、丧失劳动力残疾人、低收入家庭60岁及以上老年人、未成年人、"五保户"等特殊群体参加居民医保，补助标准从2011年的200元提高到2015年的380元。

四、社会保障待遇水平逐步提高

2017年，广东享受城镇职工基本养老金人数、城乡居民基本养老金人数分别为569万人、958万人，比2010年增加229万人、802万人；享受城镇职工基本医疗保险待遇人次数、享受城乡居民基本医疗保险待遇人次数分别为15947万人次、7339万人次，比2010年增加8773万人次、4995万人次；领取失业保险待遇人数、享受工伤保险待遇人数、享受生育保险待遇人数分别为44万人、15万人、170万人，比2010年增加24万人、0.2万人、145万人。

随着社保基金征缴标准提高、政府财政投入持续增加，广东社会保障待遇水平稳步提高。2017年基本养老金年度调整后，广东企业退休人员月人均养老金提高至2704元，比2010年增加1007元。职工医保、城镇居民医保政策范围内住院费用报销比例比2010年平均提高10多个百分点。城乡居保基础养老金标准逐年提升，2017年1月提高至120元，比2010年增加65元，全省958万城乡老年居民受益。2017年全省城市居民最低生活保障人均支出5373元，是2010年的2.7倍；农村居民最低生活保障人均支出2562元，是2010年的2.9倍；"五保户"供养人均支出7186元，是2010年的2.9倍。

五、社会保障管理服务水平不断提高

广东省社会保障公共服务水平不断提高。其主要标志是，率先实现了养老保险经办业务规程和信息应用系统的"六统一"，建立了一支队伍，养

老保险统筹层次不断提高。2010年,全省按照统一基本养老保险制度和政策、统一缴费基数和比例、统一养老金计发办法和统筹项目、统一管理和调度使用基金、统一编制和实施基金预算、统一经办业务规程和信息应用系统的"六统一"标准,比全国提前6年建立了基本养老保险省级统筹制度。此后,按照国家的统一政策,进一步完善。全面实现社保联网,参保人员社保关系转移顺畅;居民医保实现城乡统筹,职工养老保险和居民养老保险实现顺畅衔接;全省社保实现联网,参保人员社保关系转移顺畅;集中式社会保障一体化信息项目不断推进,社会保障卡发行、应用和退休人员社会化管理等服务加快推进。截至2017年年底,社会保障卡累计持卡人数达到10105万人,其中常住人口持卡率达95%;企业退休人员社区管理服务率达到88%。此外,全省还建立了一支覆盖面广的社保经办管理服务队伍,提高了社会保险公共服务水平。据统计,至2017年年末,全省社会保险经办机构达199家,其中省级1家,市级22家,县区级176家,现有经办机构工作人员总数10791人。全省建立了基层劳动就业和社会保障服务平台的乡镇(街道)1649个,基本形成了覆盖全省的社会保障服务网络。

第二章　社会保障管理体制改革

社会保障管理体制是指社会保障行政管理与业务管理的组织制度，主要包括各级社会保障管理机构的主体、职责权限的划分及其相互关系。

第一节　广东省社会保障管理体制的沿革

广东省的各项社会保障工作中，社会救济和社会福利一直由民政部门负责管理，社会保险的管理体制则经历过多次变化。

20世纪50年代初到60年代中期，广东的社会保险（劳动保险）由省劳动部门和省总工会共同管理。"文化大革命"时期，广东的社会保险管理体制遭到破坏。

改革开放以来，为适应经济社会发展需要，广东省社会保险管理体制进行过多次改革。总的来看，可分为以下几个阶段。

一、改革探索阶段（1978—1992年）

1978年以后，广东省开始修复"文化大革命"期间被破坏的社会保险管理体制，社会保险工作逐步形成由多部门分头负责管理的局面：劳动部门负责企业职工及机关事业单位劳动合同制工人的社会保险（劳动保险）工作；人事部门负责机关事业单位工作人员的退休养老工作；卫生部门负责机关事业单位工作人员的公费医疗工作；民政部门负责农村养老保险工作。

随着改革开放的不断深入，这种多头管理的模式已适应不了社会保险发展的需要。1990年以后，佛山、深圳等地陆续开始探索建立统一的社会保险管理体制。

为统筹规划全省的社会保险改革工作，广东省于1990年9月成立了省社会保险制度改革领导小组，集中力量研究包括社会保险管理体制在内的社会保险改革方案。

二、改革创新阶段（1992—2002 年）

1992 年 5 月，广东省社会保险制度改革领导小组在《广东省社会养老保险改革方案》中提出，要按照统一领导、政事分开、专业管理、加强监督的原则，建立健全全省统一、多层次的社会保险管理体制，以保证养老保险改革的实施；省、市成立由政府领导、有关部门和工会代表、专家等组成的社会保险委员会，对社会保险制度进行综合规划、政策协调和工作指导；组建省、市、县三级社会保险事业局，由各级政府直接领导，依据有关法规独立运作，统一负责办理各类人员的各项法定社会保险项目的具体工作，接受社会保险委员会的指导、监督和有关部门、社会的监督。

1992 年 7 月，广东省社会保险委员会和广东省社会保险事业局正式成立，标志着全省的社会保险管理体制改革进入集中统一管理的新阶段。按职责分工，社会保险委员会负责研究拟订全省社会保险事业发展的规划和政策，协调社会保险事业的有关重要问题，对全省社会保险基金管理进行监督，批准社会保险基金的年度预算和决算；社会保险事业局负责养老、工伤、失业、医疗等社会保险具体管理工作。

1996 年 1 月，广东省政府决定将省社会保险事业局更名为省社会保险管理局，赋予其行政管理职能，统一负责全省社会保险行政及基金管理工作。

1998 年 7 月，广东省开始按国家统一规定实行社会养老保险基金收支两条线和财政专户管理。2000 年 1 月，广东省的社会保险费开始改由地方税务机关征收，标志着广东省的社会保险工作进入了多部门分工协作管理的新阶段：社会保险行政部门负责行政管理，税务机关负责征收社会保险费，财政部门负责基金财政专户管理，社保经办机构负责经办社会保险事务，审计机关负责社会保险基金审计监督。

2000 年 2 月机构改革时，广东不再保留省劳动厅、省社会保险管理局，组建广东省劳动和社会保障厅。原省社会保险管理局负责的城镇职工、机关事业单位社会保险，省卫生厅管理的机关事业单位公费医疗等管理职能统一划归劳动和社会保障厅。设立广东省社会保险基金管理局，隶属于省劳动和社会保障厅，负责社会保险经办管理工作。

2000 年 4 月，广东省政府将农村合作医疗管理职能从省卫生厅划入省农业厅。2003 年 8 月，根据国家关于建立新型农村合作医疗制度的意见，广东省新型农村合作医疗的管理职能由省农业厅重新划归省卫生厅。

三、发展完善阶段（2002—2012年）

2009年3月，广东省开展机构改革，组建广东省人力资源和社会保障厅，承接原广东省人事厅、广东省劳动和社会保障厅的社会保险行政管理等职能。

截至2012年年底，广东省21个地级以上市均明确将城镇居民基本医疗保险与新型农村合作医疗统一归口人力资源和社会保障部门管理，所有市、县均将城镇居民基本医疗保险与新型农村合作医疗整合，建立统一的城乡居民基本医疗保险。至此，广东省农村居民的基本医疗保险管理职能已转由广东省人力资源和社会保障厅负责。

四、深化改革阶段（2012年至今）

党的十八大后，广东全面深化社会保障制度改革，全省各地级以上市均明确将城镇居民基本医疗保险与新型农村合作医疗统一归口省人力资源和社会保障厅负责管理。2018年10月，广东省开展新一轮机构改革，将省人力资源和社会保障厅的城镇职工和城乡居民基本医疗保险、生育保险职责，省发展和改革委员会的药品和医疗服务价格管理职责，省民政厅的医疗救助职责等整合，组建省医疗保障局，作为省政府直属机构。以此为标志，广东省社会保险管理进入新的发展阶段。

专栏2-1

我国社会保险管理体制的变迁

20世纪50年代初到60年代中期，我国的社会保险（劳动保险）由国家劳动部和中华全国总工会共同管理。1954年，政务院根据精简机构的原则，将国家劳动部的劳动保险工作移交中华全国总工会统一管理。但1957年又恢复了劳动部门与工会组织共管的局面。

"文化大革命"时期，我国的社会保险管理体制发生了很大的变化，由原来的一定程度的社会化管理蜕变为单位自行管理的局面。

(续上表)

> "文化大革命"后，社会保险工作重新由劳动部门和工会组织共同管理。各级劳动部门主要负责国家有关社会保险政策、法规的贯彻执行，各级工会组织给予积极配合和举办社会保险集体事业。
>
> 1982年机构改革时，国务院将原国家人事局和国家劳动总局以及其他部门合并，成立了劳动人事部，并明确劳动人事部为综合管理社会保险和职工福利的工作机构。
>
> 1988年国务院调整机构，成立劳动部，明确劳动部负责原劳动人事部综合管理保险、福利的职责和任务。
>
> 1998年国务院机构改革，在原劳动部的基础上组建劳动和社会保障部，把人事部、民政部、卫生部及原国务院医疗制度改革办公室管理的有关社会保险事务划归劳动和社会保障部统一管理。
>
> 2009年国务院机构改革，人事部与劳动和社会保障部合并，成立人力资源和社会保障部。
>
> 2018年党和国家机构改革，将人力资源和社会保障部的城镇职工和城镇居民基本医疗保险、生育保险职责，国家卫生和计划生育委员会的新型农村合作医疗职责，国家发展和改革委员会的药品和医疗服务价格管理职责，民政部的医疗救助职责整合，组建国家医疗保障局，作为国务院直属机构。将省级和省级以下国税地税机构合并，各项社会保险费由税务部门统一征收。

第二节　广东省社会保障改革协调机构

在推进社会保障改革过程中，为加强领导，更好地协调各方面的关系，广东省曾先后成立了一些跨部门的非常设议事协调机构，在推进相关改革工作的过程中发挥了重要作用。

一、广东省社会保险制度改革领导小组

为加强对社会保险改革的组织领导，1990年9月，广东省政府决定成立省社会保险制度改革领导小组，组长、副组长分别由一位副省长担任。

省政府办公厅、省计委、省经委、省建委、省体改办、省财办、省财政厅、省民政厅、省卫生厅、省劳动局、省人事局、省人民银行、广东发展银行、省总工会、省人民保险公司等单位的有关领导为成员。领导小组办公室设在省劳动局。

二、广东省社会保险委员会

1992年7月，广东省政府决定成立省社会保险委员会，同时撤销省社会保险制度改革领导小组。省社会保险委员会主任由分管社会保险工作的副省长担任，成员由省政府办公厅、省体改办、省计委、省经委、省经贸委、省财办、省财政厅、省人事局、省总工会、省社保事业局等18个单位的领导和两名专家代表组成。其主要职责是：研究拟订广东省社会保险事业发展的规划和政策，协调社会保险事业的有关重要问题，对全省社会保险基金管理进行监督，批准社会保险基金的年度预算和决算。委员会办公室设在省体改委内，负责日常工作。1996年1月，广东省社会保险事业局更名为社会保险管理局后，省社会保险委员会办公室改设在省社会保险管理局。1998年4月，鉴于社会保险工作已走上正轨，广东省政府决定撤销省社会保险委员会。

三、广东省医疗保障制度改革领导小组

1996年9月，广东省政府决定成立省医疗保障制度改革领导小组，负责协调全省医疗保障改革工作。组长由分管卫生工作的副省长担任，省政府办公厅、省卫生厅、省体改委、省财政厅、省劳动厅、省社保管理局、省委组织部、省委宣传部、省计委、省经委、省人事厅、省物价局、省医药管理局、省公医办、省总工会等单位的有关领导为成员。领导小组办公室设在省卫生厅。1999年1月，广东省医疗保障制度改革领导小组撤销。

四、广东省城镇职工基本医疗保险制度改革工作领导小组

1999年1月，为推进城镇职工基本医疗保险制度改革，广东省政府决定成立城镇职工基本医疗保险制度改革工作领导小组，组长由分管社会保

险工作的副省长担任,省委组织部、省委宣传部、省计委、省经委、省体改委、省财政厅、省人事厅、省劳动厅、省卫生厅、省物价局、省医药管理局、省社保管理局、省总工会的有关领导为成员。领导小组办公室设在广东省社会保险管理局。

五、广东省新型农村和城镇居民社会养老保险试点工作领导小组

2009年12月,为加快推进新型农村社会养老保险试点工作,广东省政府决定成立省新型农村社会养老保险试点工作领导小组。由分管社会保险工作的副省长任组长,省人力资源和社会保障厅、省财政厅、省委组织部、省委宣传部、省编办、省发改委、省公安厅、省民政厅、省人力资源和社会保障厅、省国土资源厅、省农业厅、省人口计生委、省残联等单位的有关领导为成员。领导小组日常工作由省人力资源和社会保障厅承担。2011年7月,广东省政府将省新型农村社会养老保险试点工作领导小组调整为省新型农村和城镇居民社会养老保险试点工作领导小组。

六、广东省企业职工基本养老保险省级统筹工作领导小组

2017年7月,为做好企业职工基本养老保险省级统筹的组织实施工作,广东省政府决定成立省企业职工基本养老保险省级统筹工作领导小组。由常务副省长任组长,省人力资源和社会保障厅、省发改委、省财政厅、省地方税务局、省统计局等单位的有关领导为成员。领导小组办公室设在省人力资源和社会保障厅。

第三节 广东省社会保障行政管理机构

社会保障行政管理是指政府的相关行政部门依法行使对社会保障的管理与监督权力,确保社会保障制度良性运行。政府依法设置相应的社会保障行政管理部门,专门行使社会保障管理职能。

改革开放以来,广东省按照国家机构改革的总体部署,多次对社会保障行政管理机构进行改革和调整。

一、广东省劳动局

与国家的管理体制一样,广东省早期的劳动保险工作也由省劳动局和省总工会共同负责。1983年7月,广东省劳动局设立保险福利处,负责职工保险福利政策和劳动保险制度改革。1992年7月广东省社会保险事业局成立后,原省劳动局保险福利处工作人员成建制划入该局。此后,广东省劳动局(1994年9月更名为广东省劳动厅)不再负责社会保险行政管理工作。

二、广东省社会保险委员会办公室

由于1992年7月成立的广东省社会保险事业局没有行政职能,因此当时广东省的社会保险行政管理工作事实上由广东省社会保险委员会办公室(设在省体改委)负责。

三、广东省社会保险管理局

1996年1月,广东省社会保险事业局更名为省社会保险管理局,被赋予行政管理职能,统一负责全省社会保险行政及基金管理工作,同时负责广东省社会保险委员会办公室的日常工作。局内设办公室、养老保险处、失业保险处、工伤医疗和生育保险处、机关事业保险处、省属管理处、计划财务处、基金稽查处、政策法规处、人事宣教处10个处室。

1998年3月,广东省社保管理局调整内设机构,撤销机关事业保险处、政策法规处、基金稽查处,成立法规与稽查处、计算机管理处、社会服务处。原机关事业保险处职能分别划归养老保险处和省属管理处,原政策法规处和原基金稽查处职能划归法规与稽查处。

四、广东省劳动和社会保障厅

2000年2月印发的《广东省人民政府机构改革方案》规定,不再保留省劳动厅、省社会保险管理局,组建广东省劳动和社会保障厅(以下简称"省劳动保障厅")。原广东省社会保险管理局负责的城镇职工、机关事业单位社会保险、省卫生厅管理的机关事业单位公费医疗等管理职能统一划归省劳动保障厅。其在社会保险方面的主要职责是：贯彻执行国家有关社会保险工作的方针政策、法律法规，草拟地方性法规、规章，编制中长期规划和年度计划并组织实施，制订基本标准、管理规则并组织实施和监督检查；拟订养老、失业、医疗、工伤、生育社会保险的政策、标准，并组织实施和监督检查，负责公费医疗管理及公费医疗制度改革；拟订社会保险基金收缴、支付、管理、运营的政策，对社会保险基金预决算提出审核意见，对社会保险基金管理实施行政监督；拟订社会保险经办机构的管理规则、基金运营机构的资格认定标准和社会保险服务体系建设规划并组织实施；拟订机关、事业、企业单位补充养老保险和补充医疗保险的政策以及补充保险承办机构资格认定标准，审查认定有关机构承办补充保险业务的资格；负责社会保险的统计和信息工作，组织建设信息网络，定期发布统计公报、信息资料及发展预测报告；组织社会保险领域的科学技术研究及产业发展工作，负责社会保险领域标准化工作。该厅内设11个职能处室，其中社会保险专业处室为养老保险处、失业保险处、医疗保险处、规划财务与社会保险基金监督处。原省社会保险管理局养老保险处、失业保险处、工伤医疗生育保险处整体调整到省劳动保障厅。2004年4月，有关工伤保险职责从医疗保险处划出，设立工伤保险处；2004年10月，增设企业退休人员社会化管理服务处；2006年1月，增设农村社会保险处。

五、广东省人力资源和社会保障厅

2009年3月印发的《广东省人民政府机构改革方案》规定，将原广东省人事厅、广东省劳动和社会保障厅的职能整合，组建广东省人力资源和社会保障厅。其社会保险方面的职责是：统筹建立覆盖城乡的社会保障体系；统筹拟订城乡社会保险及其补充保险政策和标准，组织拟订统一的社会保险关系转续办法和基础养老金统筹办法；统筹拟订机关企事业单位基本养老保险政策并逐步提高统筹层次；会同有关部门拟订社会保险及其补充保险基金管理和监督制度，会同有关部门编制本省社会保险基金预决算草案，参与拟订本省社会保障基金投资政策。该厅内设26个处室，其中社会保险职能处室7个：养老保险处、失业保险处、医疗保险处、工伤保险处（省劳动能力鉴定委员会办公室）、农村社会保险处、社会保险基金监督处、退休人员社会化管理服务处。

2016年3月,广东省人力资源和社会保障厅(广东省公务员局)主要职责和内设机构调整。其中社会保险业务处室调整为:养老保险处(与城乡居民养老保险处合署)、异地务工人员工作与失业保险处、医疗保险处、工伤保险处(省劳动能力鉴定委员会办公室)、社会保险基金监督与审计处。

2018年10月,广东省人力资源和社会保障厅的城镇职工和城乡居民基本医疗保险、生育保险职责划归新组建的广东省医疗保障局。

六、广东省医疗保障局

根据2018年10月印发的《广东省机构改革方案》,新组建的广东省医疗保障局为省政府直属机构,负责城镇职工和城乡居民基本医疗保险、生育保险工作,药品和医疗服务价格管理工作,医疗救助工作。

第四节 社会保险监督机构

社会保险基金是社会保险制度运行的物质基础,是老百姓的"保命钱",社会各界极为关注。社会保险基金监督管理,是有关管理部门通过对社会保险的费用征收、待遇支付、基金管理、基金运营等实施监控、审核、分析评价,实现基金安全完整、风险防范、有效保障。我国早期建立起来的各项劳动保险,其资金是以单位为依托的现收现付式,既没有建立基金,也没有结余,因此没有专门的基金监督制度和监督机构。全国推进固定职工退休费用统筹以后,基金监管进入探索阶段。1991年国务院下发《关于企业职工养老保险制度改革的决定》,明确提出设立基金管理委员会,实施对养老保险基金管理的指导和监督。《劳动法》的颁布,对社会保险基金监督做出了明确的法律规定。企业基本养老保险基金实行收支两条线管理规定的实施,进一步明确社会保险基金专款专用、专项管理,不得挤占挪用,不得用于平衡财政预算。《社会保险法》将"社会保险基金监督"和"社会保险经办"列为专章,把"风险管理"作为社保经办的重要制度建设。

广东各级政府及社会保险部门始终高度重视社会保险基金监督管理工作,始终把它作为社会保险工作的重中之重来抓,以确保基金的安全和制度的平稳运行。全省社会保险基金监管经历了从初创探索到逐步完善的过程,基金管理也由粗放式管理过渡到精细化管理阶段,基金监督管理得到切实加强，确保社会保险制度全面贯彻实施。2007年，广东出台了《广东省社会保险基金监督条例》，实现社会保险基金监督立法。

一、社会保险社会监督机构

（一）广东省社会保险基金监督委员会

2004年3月印发的《广东省社会保险基金监督条例》规定，县级以上人民政府应当成立社会保险基金监督委员会，负责统筹、协调、指导本行政区域内社会保险基金监督工作。社会保险基金监督委员会由政府及其有关职能部门代表、工会代表、缴费单位代表、被保险人代表和有关专家代表组成。各级社会保险基金监督委员会办公室设在同级劳动和社会保障部门。同年12月，广东省社会保险基金监督委员会正式成立。

（二）广东省社会保险监督委员会

根据《社会保险法》关于"统筹地区人民政府成立由用人单位代表、参保人员代表，以及工会代表、专家等组成的社会保险监督委员会"的规定，广东省政府办公厅于2012年12月印发《广东省社会保险监督委员会章程（试行）》，对各级社会保险监督委员会的组织机构及人员组成、监委会及其办公室职责、监委会委员的权利和义务、监委会工作规则等做了明确规定。2013年6月，广东省社会保险监督委员会正式成立。委员会办公室设在省人力资源和社会保障厅。

二、社会保险行政部门的监督机构

根据《广东省社会保险基金监督条例》的规定，社会保险行政部门应当对下列内容进行监督检查：①社会保险基金预算的编制、执行、调整情况；②社会保险基金的收支、管理、服务和投资运营情况；③有关单位和个人执行社会保险基金相关法律、法规以及国家和省的规定的情况；④社会保险基金管理相关部门和机构内部控制制度的建立和执行情况。

2000年机构改革时，广东省劳动和社会保障厅即内设规划财务与社会保险基金监督处，负责社会保险基金的行政监督工作；2009年机构改革，广东省人力资源和社会保障厅设立社会保险基金监督处，2016年更名为社会保险基金监督与审计处。

三、社会保险财政监管机构

根据《广东省社会保险基金监督条例》的规定，财政部门应当对社会保险基金财务、会计制度和社会保障基金财政专户管理规定等的执行情况，社会保险基金预算的编制、执行、调整情况，社会保险基金银行账户开设和管理情况，下级财政补助资金及时足额拨付情况，社会保险基金收支、管理、服务和投资运营情况进行监督检查。

1995年3月，广东省财政厅即内设社会保障处，负责加强对有关社会保障资金使用的宏观调控与监督等职责。

2005年12月，广东省财政厅社会保障处增挂广东省社会保险基金财政管理中心的牌子。其主要任务为：协助参与研究社会保险制度改革和政策，提出有关建议；为纳入财政专户的社会保障资金提供收缴、拨付、核算等相关服务工作。

四、社会保险审计监督机构

根据《广东省社会保险基金监督条例》的规定，审计机关应当对社会保险基金收支、管理、服务和投资运营情况进行审计监督，对社会保险基金收入户、支出户及社会保障基金财政专户基金管理情况进行审计。

2000年4月，广东省审计厅即内设社会保障审计处，专门负责社会保障审计工作。

五、税务机关社会保险费监管机构

根据《广东省社会保险基金监督条例》的规定，社会保险费征收机构应当对用人单位办理社会保险登记及如实申报、按时足额缴纳社会保险费的情况进行监督检查。

2000年3月，广东省地方税务局即内设规费管理处，负责社会保险费等规费、基金的征收管理工作。

2018年6月，国税地税机构合并，国家税务总局广东省税务局内设社会保险费处，负责社会保险费征收管理工作。

第五节　社会保险经办机构

社会保险经办机构，是指具体办理社会保险事务、提供社会保险服务的专门机构。40年来，虽然广东省社会保险机构分分合合，机构名称也几经变更，但骨干队伍不变，管理力量越来越强，内部管理也越来越规范，确保了全省社会保险管理服务工作的顺利开展，保障了社会保险制度顺畅运行和基金安全。

一、广东省社会劳动保险公司

20世纪80年代，广东省率先在全国开展社会保险改革，探索推进企业固定职工退休费用社会统筹、临时工养老保险、企业固定职工个人缴纳养老保险费、国有企业职工失业保险、企业职工工伤保险等6项社会保险制度。与之相适应，广东省政府决定在省、市、县三级组建社会保险管理机构，负责社会保险业务管理和各项服务工作。

1986年1月，广东省编委批准成立省社会劳动保险公司，为处级单位建制的事业单位，隶属广东省劳动局。

二、广东省社会保险事业管理局

1992年7月，广东省政府决定成立广东省社会保险事业管理局，为副厅级事业单位，由省政府直接领导，并接受省社会保险委员会的指导、监督。其主要职责和任务是：贯彻执行党和国家有关法定社会保险事业工作的法规和政策；负责法定养老、工伤、失业、医疗等社会保险工作；提出有关社会保险业务发展的建议；对全省各级社会保险事业单位实行业务指导和人员培训；负责办理保险基金的收缴、管理和给付工作；提出结存基金的运用计划，经批准后组织实施；完成省人民政府交办的其他工作。同年11月，省社会保险事业管理局正式挂牌办公。原省劳动局保险福利处、省社会劳动保险公司、省人事局退休干部工作处工作人员成建制划入该局。1993年3月，广东省编委同意省社会保险事业管理局内设办公室、企业保险处、机关事业保险处、省属管理处、财务处、基金开发处、人事宣教处7个处室，人员经费自行解决。

1995年4月，广东省劳动厅将失业保险业务移交省社会保险事业管理局管理。广东省劳动服务公司失业保险科工作人员一并调入省社会保险事业管理局。

三、广东省社会保险管理局

1996年1月，广东省政府决定将省社会保险事业局更名省社会保险管理局，赋予其行政管理职能，统一负责全省社会保险行政及基金管理工作。局内设10个处室，其中机关事业保险处、省属管理处主要负责具体经办工作。1998年3月，广东省社会保险管理局调整内设机构，原机关事业保险处所负责的具体经办职能划归省属管理处。

四、广东省社会保险基金管理局

2000年2月机构改革时，设立广东省社会保险基金管理局，为副厅级事业单位，直属省劳动和社会保障厅管理。其主要职责是：受省劳动保障厅委托，负责组织指导全省社会保险经办机构开展筹集、支付、管理、运营事务，组织实施社会保险的基础性、技术性、事务性和服务性工作；直接经办省直、中央驻粤行业单位的社会保险登记，审核社会保险缴费申报，办理社会保险关系的建立、中断、转移、接续和终止工作，审核各项社会保险待遇。内设办公室、综合调研部、计划财务部、保险关系部、待遇核发部、信息技术部6个副处级部室。2000年10月，增设医疗保险部。2003年1月，增设稽核部；2007年9月，稽核部更名为稽核与内审部，同时增设信息审核部。

2014年11月印发的《广东省社会保险基金管理局机构编制方案》重新明确了广东省社会保险基金管理局的职能，内设办公室、基金财务部、社会保险服务部、社会保险待遇部、医疗工伤保险业务部、信息档案部、人事教育与稽核内控部7个正处级机构。2016年12月，增设机关事业单位养老保险部、职业年金管理部。

第六节　社会保险相关机构

一、广东省退休职工管理服务工作办公室

1990年9月成立。办公室设在广东省总工会。

二、广东省劳动保障电话咨询服务中心

2001年2月成立,为正处级事业单位,隶属省劳动保障厅。其主要任务是通过12333热线电话向社会提供劳动和社会保障咨询服务。

三、广东省劳动能力鉴定委员会

2001年6月成立,主要职责是：负责贯彻执行国家和省的相关政策、法规,研究制定劳动能力鉴定工作的政策、程序规定和标准；负责组织省属、中央和部队驻穗单位职工的工伤认定和劳动能力鉴定、伤残登记评定工作；负责全省劳动能力鉴定、伤残等级评定工作。委员会办公室设在省劳动保障厅。

四、广东省工伤康复中心（广东省工伤康复医院）

2001年成立,隶属于广东省人力资源和社会保障厅,医疗卫生监督管理归属于广东省卫生厅。主要为工伤职工及其他伤残人士提供医疗康复、职业康复、社会康复、康复辅助器具装配等服务,为各地企业的参保职工提供工伤预防性职业健康检查等服务,是全国首家集临床、康复、教学、科研、预防为一体的工伤康复专科机构。

五、广东省企业年金管理中心

2005年8月成立,为广东省社会保险基金管理局管理的正处级事业单位。其主要任务是受企业委托管理企业年金,履行受托人责任。2014年11月撤销。

第三章 养老保险制度改革

第一节 广东省养老保险制度改革历程

养老保险,是指劳动者在达到国家规定的解除劳动义务的劳动年龄界限,或因年老丧失劳动能力的情况下,能够依法获得经济收入、物质帮助和生活服务的社会保险制度。①

1951 年,广东省开始实施《中华人民共和国劳动保险条例》,建立劳动保险制度,为职工提供退休养老等保障。党的十一届三中全会以后,按照国家的统一部署,广东省逐步对养老保险制度进行改革,逐步建立了企业职工基本养老保险制度和机关事业单位工作人员基本养老保险制度,建立了城乡居民基本养老保险制度,并建立了企业年金、职业年金等补充养老保险制度。40 年来,广东养老保险制度改革经历了 4 个阶段:1978—1992 年为初步探索阶段,1992—2002 年为制度转换阶段,2002—2012 年为统筹城乡阶段,2012 年至今为协调发展阶段。

一、初步探索阶段(1978—1992 年)

这一阶段,养老保险制度改革是作为企业改革的配套措施来安排的。根据当时企业改革的需要,广东省先后建立了全民所有制企业固定职工退休费用统筹、集体所有制单位职工退休费用统筹、劳动合同制工人养老保险、临时工养老保险等制度,以县(市、区)为单位组织实施。

一是推行全民所有制企业固定职工退休费用统筹制度。1978 年 6 月,国务院颁发《国务院关于安置老弱病残干部的暂行办法》和《国务院关于工人退休、退职的暂行办法》,恢复了"文化大革命"期间被破坏的退休制度,规定了全民所有制企业、事业单位和党政机关、群众团体的干部和工人的退休条件、退休费标准,并明确企业单位的退休费、退职生活费由企

---

① 胡晓义主编:《养老保险》,中国劳动社会保障出版社 2011 年版,第 1 页。

业行政支付。随着退休制度的落实，不同企业之间退休费用负担不平衡问题逐步突显了出来，影响了企业发展和社会稳定。为了克服职工退休费由原单位支付、负担畸轻畸重的弊端，广东省从 1984 年年初开始在东莞、江门、顺德、中山等地开展全民所有制企业固定职工退休费用统筹试点。1984 年 11 月，广东省政府印发《广东省全民所有制单位退休基金统筹试行办法》，自 1985 年 1 月 1 日起在全省全面施行。退休基金最初全部由企业缴纳。为拓宽退休基金来源渠道，提高职工的社会保障意识，从 1990 年下半年起，固定职工个人也缴纳少量的养老保险费。截至 1989 年年末，全省 133 个市、县（区）和省直驻穗单位都实施了全民所有制企业固定职工退休费用社会统筹，另有 16 个系统的中央、省属企业经批准实行了系统（行业）统筹。1990 年年末，全省参加全民所有制企业固定职工退休费用统筹的在职职工为 238.04 万人，退休人员 63.27 万人。

二是推行集体所有制单位职工退休费用统筹制度。1979 年 4 月，广东省明确规定县和县以上所属的集体所有制企业、事业单位原则上可以实行退休、退职办法，有关退休、退职条件和连续工龄计算可按照全民所有制的规定办理；有关退休待遇，可根据经济条件，按照或略低于全民所有制的待遇执行。城镇、街道集体所有制企业、事业单位的退休、退职办法，也可参照全民所有制的办法制定。1984 年 3 月，广东省政府要求在城镇集体经济组织中建立退休制度，统筹退休基金。此后，各地相继开展了县以上集体单位职工退休费用统筹，并有部分乡镇实行了乡镇企业职工退休费用统筹。截至 1990 年年末，全省参加集体所有制单位职工退休费用统筹的在职职工 51.13 万人，退休人员 21.76 万人。

三是建立劳动合同制工人社会养老保险制度。为顺应企业劳动用工制度改革的需要，深圳经济特区从 1982 年起在全国率先试行劳动合同制职工社会养老保险制度。1983 年 5 月，广东省政府决定在全省企业新招用的工人中试行劳动合同制，并实行退休养老保险制度。为贯彻实施国务院 1986 年 7 月发布的《国营企业实行劳动合同制暂行规定》，广东省政府于 1986 年 9 月印发《广东省国营企业实行劳动合同制实施细则》，明确规定了劳动合同制工人退休养老保险的具体政策。据统计，1990 年年末，全省参加劳动合同制工人养老保险的在职职工 91.16 万人，退休人员 492 人。

四是建立临时工社会养老保险制度。为解决临时工的养老保障问题，1989 年 3 月广东省政府颁布《广东省临时工养老保险办法》，从 1989 年 6 月起在全省全面推行临时工养老保险制度。据统计，1990 年年末，全省参加临时工养老保险的在职职工 26.68 万人，退休人员 15 人。

五是开展养老保险一体化管理试点。由于全民所有制企业固定职工退休费用统筹、集体所有制单位职工退休费用统筹、劳动合同制工人养老保险、临时工养老保险都是各自独立运行的养老保险制度，基金分别核算，不能互相调剂，既不利于养老保险社会化和减轻企业负担，也不利于企业职工合理流动。1988 年 12 月，广东省政府要求有条件的市、县，通过统一调剂使用各项养老保险基金，过渡到建立统一的企业养老保险基金，实现养老保险一体化。截至 1992 年年末，全省共有 24 个市、县（区）实施养老保险一体化管理。

这一阶段，广东省养老保险制度改革的重点在于改革全民所有制单位养老保险制度。通过退休费用统筹，均衡了不同单位的退休费用负担，拓宽了养老保险基金来源渠道，养老费用从国家、集体企业负担转为由国家、企业、个人共同负担。同时，通过建立劳动合同制工人养老保险制度和临时工养老保险制度，解决了劳动合同制工人和临时工的养老保障和合理流动问题。但从整体看，存在着制度碎片化、覆盖范围小、待遇结构不合理、社会化程度低、管理分割、保障能力不强、缺乏有效的监督机制、有关法规不健全等问题，迫切需要解决。

二、制度转换阶段（1992—2002 年）

为了适应发展社会主义市场经济的需要，1991 年 6 月，国务院决定改革企业职工养老保险制度，并授权各省、自治区、直辖市根据国家的统一政策，对职工养老保险做出具体规定，允许不同地区、企业之间存在一定的差别。

为统筹推进全省的社会养老保险制度改革，广东省于 1992 年 9 月发布《广东省社会养老保险制度改革方案》，将养老保险制度作为一项重要的社会政策予以规划，分步推进。1992—2002 年，广东省在养老保险制度改革方面重点推进了以下工作：

一是建立社会统筹与个人账户相结合的企业职工社会养老保险制度。1993 年 6 月，广东省政府颁布《广东省职工社会养老保险暂行规定》，开始建立全省统一的职工社会养老保险制度。社会养老保险制度打破了各种不同所有制性质、不同职工身份的界限，对各类职工实行统一制度、统一待遇、统一基金、统一管理，通过社会统筹与个人专户的有机结合，形成了有效的费用约束和激励机制。这一制度模式，1995年被国务院列为企业职工基本养老保险社会统筹与个人账户相结合的两种模式之一，在全国推广。

二是开展机关事业单位职工养老保险改革试点。在推进企业职工养老保险制度改革的同时，广东省也积极探索机关事业单位工作人员养老保险制度改革。从1994年8月1日起，广东省试行机关事业单位工作人员个人缴纳养老保险费制度，个人缴费比例与企业职工相同，全部计入个人养老专户。1996年5月，广东省印发《广东省机关单位工作人员社会养老保险试行方案》，要求各级机关和事业单位及其工作人员试行社会养老保险制度，机关与企业的养老保险基金分开核算。此后，佛山、云浮、深圳、珠海、潮州、揭阳、肇庆、江门等市先后开展了机关事业单位养老保险改革试点。

三是实施全国统一的企业职工基本养老保险制度。为解决全国基本养老保险制度不统一、企业负担重、统筹层次低、管理制度不健全等问题，1997年7月，国务院决定建立全国统一的企业职工基本养老保险制度。根据国务院决定精神，广东省从1998年7月1日起调整个人账户规模、个人缴费比例、养老金计发办法、养老保险关系转移办法和调剂金上解比例，实现与全国统一制度并轨。

四是推进养老保险地方性法规立法工作。为提高养老保险的法制化水平，广东省人大常委会于1998年9月通过了《广东省社会养老保险条例》，对养老保险原则、养老保险基金的征集、养老保险待遇、养老保险管理、监督检查、法律责任、争议处理等做出了规定，为广东省养老保险制度的运行提供了法律规范。2000年3月，广东省政府发布《广东省社会养老保险实施细则》，对职工养老保险的实施范围、参保缴费、待遇发放、经办管理等一系列事宜做了具体的规定。

五是完成原行业统筹驻粤企业养老保险的接收工作。按照国务院的统一部署，从1998年9月1日起，原实行基本养老保险行业统筹的中央企业的基本养老保险工作移交地方管理。移交广东省管理的共有民航、铁道、交通、邮电、有色、电力、石油、工商银行、农业银行、中国银行、建设银行、交通银行、中保集团、中国建设总公司14个行业的109个单位，在职职工38.28万人，离退休人员8.23万人（1997年年末数据）。接收原行业统筹单位的养老保险业务以后，广东省根据实际情况和各行业的特点制定了原行业统筹驻粤企业基本养老保险过渡管理方案，核定了各行业的养老待遇项目。经过5年过渡，原行业统筹驻粤单位从2003年起与省属企业实行统一制度、统一管理、统一费率、统一待遇计发办法。

六是探索建立企业补充养老保险制度。为保障职工退休后的基本生活，根据1991年6月国务院关于"逐步建立起基本养老保险与企业补充养老保险和职工个人储蓄性养老保险相结合的制度"的要求，广东省劳动局于1992年4月印发《企业补充养老保险实施意见》，在全省探索开展企业补充养老保险。广东省在企业补充养老保险方面的实践探索，为劳动部1995年12月印发的《关于建立企业补充养老保险制度的意见》提供了有益的试点经验。

这一阶段，广东省的养老保险制度改革以建立社会统筹与个人账户相结合的职工基本养老保险制度为重点。通过改革，建立了全新的养老保险运行机制，全省企业职工基本养老保险制度的覆盖范围不断扩大，保障水平逐步提高。但随着改革的深入，城乡之间、地区之间、不同群体之间养老保险发展不平衡的问题逐步凸显出来。

三、统筹城乡阶段（2002—2012年）

进入21世纪以后，为了保障进城务工人员的合法权益，广东省一方面以提高统筹层次为重点推进企业职工养老保险制度改革，另一方面积极探索解决农民和城镇非从业居民的养老保障问题。2003—2011年期间，重点推进了以下几项工作：

一是完善企业职工基本养老保险制度。为逐步提高全省养老保险统筹层次和保障能力，广东省政府要求各市从2002年7月1日起将市辖各区各项社会保险基金实行统一核算管理，并加大调剂力度，尽快向市级统筹过渡。2003年7月，对全省全面实现养老保险市级统筹做出了具体部署，要求各地级以上市将所辖县（市、区）的养老保险纳入市级统筹，实行统一的费率和计发办法，实行基础养老金市级统一核算。随后，各市相继按省的部署实施了养老保险市级统筹。从2009年1月1日起，广东省实行省级调剂与预算管理相结合模式的省级统筹，将省级养老保险调剂金上缴比例调整为养老保险单位缴费的9%，同时建立省级基金预算制度。

为解决企业职工基本养老保险所存在的个人账户没有做实、计发办法不尽合理、覆盖范围不够广泛等问题，2005年12月，国务院决定完善企业职工基本养老保险制度。按照国家规定，广东省从2006年7月1日起对全省企业职工基本养老保险制度进行了重要修订，缩小了个人账户记账规模，修订了按月享受基本养老金的条件和基本养老保险待遇计发办法，统一了全省基础养老金计发基数和缴费基数上下限标准。

为解决养老保险关系转移难的问题，广东省从 2009 年 1 月 1 日起，通过基本养老金分段计算、发放责任共担的办法，实现了职工基本养老保险关系省内无障碍转移。2010 年 1 月，广东省开始贯彻执行全国统一的企业职工基本养老保险关系跨省转移接续办法，有效保障了跨省流动就业人员的基本养老保险权益。

二是探索建立新型农村社会养老保险制度和城镇居民社会养老保险制度。为解决农民和城镇非从业居民的养老保障问题，从 2001 年起，东莞、中山、珠海、广州等地先后探索建立了农民（居民）养老保险制度。2006 年 6 月，根据国家关于做好被征地农民就业培训和社会保障工作的指导意见，广东省开始部署建立被征地农民基本养老保障制度。随后，组织阳江市阳西县、惠州市博罗县、肇庆市端州区、韶关市武江区和湛江市经济技术开发区 5 个县区开展被征地农民基本养老保障试点。2007 年 8 月，广东省委、省政府发布《关于解决社会保障若干问题的意见》，明确被征地农民的基本养老保险制度实行完全积累个人账户模式。截至 2007 年年底，全省各县（市、区）均建立了被征地农民基本养老保障制度。按照国家统一部署，广东省从 2009 年起，按保基本、广覆盖、有弹性、可持续的原则，分 4 批推进新型农村社会养老保险试点。从 2010 年 7 月起，广东省将被征地农民养老保险制度并入新型农村社会养老保险制度，提高了被征地农民养老待遇水平。从 2011 年 10 月起，广东省按国家统一部署分两批推进城镇居民社会养老保险试点。截至 2012 年 7 月，全省各县（市、区）均建立了新型农村社会养老保险制度和城镇居民社会养老保险制度。

三是建立企业年金制度。2000 年 12 月，国务院印发的《关于完善城镇社会保障体系的试点方案》提出"有条件的企业可为职工建立企业年金"。从此以后，我国的企业补充养老保险更名为企业年金。2004 年 1 月，劳动和社会保障部颁布《企业年金试行办法》，明确了企业年金的制度框架；2004 年 2 月，劳动保障部等四部委颁布《企业年金基金管理试行办法》，对企业年金基金投资政策做出具体规定。2004 年 8 月，广东省要求各地按国家有关规定积极稳妥地建立企业年金制度。2005 年 8 月，广东省有关部门印发《广东省企业年金实施意见》，同时建立广东省企业年金合同备案与信息报告制度。2011 年 2 月，人力资源社会保障部等四部委颁布《企业年金基金管理办法》，对企业年金基金投资政策进行了修订。

这一阶段，通过分类施策，广东省基本形成了覆盖城乡居民的养老保险制度体系，将城乡各类人群都纳入了养老保险制度的覆盖范围。但全省养老保险发展水平和运行质量还有待提高。

四、协调发展阶段（2012年至今）

党的十八大以来，广东省按照国家的统一部署，以增强公平性、适应流动性、保证可持续性为重点，积极推进全省养老保险制度建设。

一是建立统一的城乡居民基本养老保险制度。根据《社会保险法》关于"省、自治区、直辖市人民政府根据实际情况，可以将城镇居民社会养老保险和新型农村社会养老保险合并实施"的规定，广东省从2013年11月1日起将新型农村社会养老保险和城镇居民社会养老保险合并实施，建立统一的城乡居民社会养老保险制度。2014年7月，广东省根据国家规定将城乡居民社会养老保险更名为城乡居民基本养老保险。

二是开展机关事业单位基本养老保险改革。根据2015年1月颁布的《国务院关于机关事业单位工作人员养老保险制度改革的决定》，机关事业单位工作人员从2014年10月起参加基本养老保险和职业年金。按照国家统一部署，广东省根据本省实际情况制定了具体实施办法。全省机关事业单位工作人员养老保险实行统一的缴费比例、统一的缴费基数上下限标准、统一的基础养老金计发基数、统一的信息系统，并统一归集管理职业年金，但在计算视同缴费指数时各地实行不同的地区系数以体现地区差别。

三是完善企业职工基本养老保险省级统筹。为促进全省企业职工养老保险区域均衡协调发展，广东省从2015年1月起统一了全省职工缴费基数上下限标准，并将全省单位缴费比例调整为13%～15%。同时，完善了省级调剂金分配管理办法。2017年7月1日，广东省开始实施全省统收统支模式的省级统筹，对全省企业职工基本养老保险基金实行省级统收统支统管，在全省范围内统一调度和使用，并将全省养老保险单位缴费比例统一为14%（低于14%的逐步过渡到14%）。同时，建立企业养老保险工作目标考核机制，将考核结果纳入地方领导班子、领导干部综合考核评价和地方政府工作目标责任制考核范围，并根据不同情况给予奖惩。

四是完善企业年金制度。为建立多层次的养老保险制度，推动企业年金发展，更好地保障职工退休后的生活，人力资源社会保障部、财政部于2017年1月公布《企业年金办法》，从方案备案、变更终止、筹资规模、分配办法、中止恢复、权益归属、企业账户、转移接续、待遇领取和适用范围等方面完善了企业年金制度。广东省及时引导企业按新规定调整企业年金方案，与全国企业年金新办法接轨。

五是建立中央调剂金制度。为均衡地区间企业职工基本养老保险基金负担，实现基本养老保险制度可持续发展，国务院于2018年6月发布《国务院关于建立企业职工基本养老保险基金中央调剂制度的通知》，决定自2018年7月1日起建立养老保险基金中央调剂制度，并对中央调剂基金的筹集、拨付、管理等做了明确规定。

经过多年努力，广东省建立了以城镇职工基本养老保险制度和城乡居民基本养老保险制度为基础，企业年金和职业年金为补充的完整的养老保险体系，参保人数越来越多，待遇水平不断提高，为广大参保人提供了有效的基本生活保障，在促进经济社会发展、维护社会稳定等方面发挥了重要作用。

第二节　企业职工养老保险制度改革

我国的企业职工养老保险制度，是从劳动保险制度演化而来的。改革开放以来，广东省企业职工养老保险制度不断发展：制度模式从全民所有制企业固定职工退休费用统筹、集体所有制单位职工退休费用统筹、劳动合同制职工养老保险、临时工养老保险4种制度并行统一为单一的企业职工基本养老保险制度，覆盖范围从公有制企业逐步扩大到各种所有制企业，参保对象从城镇职工逐步扩大到进城务工人员和灵活就业人员，统筹层次从县级统筹、市级统筹到省级统筹，养老金水平逐年提高，2017年年末，全省企业职工基本养老保险基金结余达到8649.9亿元。

一、覆盖范围

改革开放以前，劳动保险制度仅适用于全民所有制单位和部分集体所有制单位的固定职工。

1984年开始建立的全民所有制企业退休费用统筹制度和集体所有制单位退休费用统筹制度，起初仅适用于固定职工。1985年12月，广东省明确将没有按劳动合同制社会保险办法缴纳社会保险金的中外合资、合作企业的中方固定职工纳入退休费用统筹范围。1988年5月，广东省要求承包、租赁企业必须参加当地退休费用社会统筹。

1983年开始试行的劳动合同制工人养老保险制度起初仅在全民所有制单位和部分集体所有制单位实施。1986年11月，广东省明确将常驻本省的外国企业及华侨、港澳企业代表机构雇用的工作人员纳入劳动合同制工人养老保险制度覆盖范围。

1989年3月颁布的《广东省临时工养老保险办法》适用对象为全民所有制企业、县以上集体所有制企业和外商投资企业，以及机关、事业单位、团体的工作满3个月以上或前后工作时间合计满3个月以上的临时工。

1990年4月，根据劳动部《私营企业劳动管理暂行规定》，广东省开始将私营企业职工纳入养老保险制度覆盖范围，具体缴费标准按照各市县对劳动合同制工人、临时工的有关规定执行。

1991年4月，广东省明确规定中外合资经营企业、中外合作经营企业和外资企业的全部中方职工实行社会养老保险制度。

1993年6月，《广东省职工社会养老保险暂行规定》将广东省区域内所有企业、事业单位、党政机关、社会团体、城镇个体工商户及其所属全部职工纳入社会养老保险覆盖范围。并明确规定，应参加社会保险的企业包括各类所有制企业、股份制企业、联营企业、乡镇企业、外商投资企业、私营企业、城镇个体工商户以及军办企业；职工，包括固定职工（含企业干部、工人、人民解放军中无军籍的固定职工）、劳动合同制职工、临时工、农民轮换工、外商投资企业中的中国籍职工和劳务输出人员。外籍员工和港、澳、台员工是否参加当地社会养老保险，由该企业（公司）董事会决定，并写入企业（公司）合同。事业单位、党政机关、社会团体中的国家干部、固定职工社会养老保险的具体实施办法另行制定。

1996年1月，驻粤军队企业职工按照国家相关规定参加广东省企业职工养老保险。

1997年7月，《国务院关于建立统一的企业职工基本养老保险制度的决定》明确，实行企业化管理的事业单位，原则上按照企业养老保险制度执行。

1998年9月，原实行基本养老保险行业统筹的中央驻粤企业职工养老保险业务移交广东省管理。

2000年3月，《广东省社会养老保险实施细则》规定，实行企业化管理和经费自收自支或差额结算的事业单位及其所属全部职工，国家机关中的合同制职工、临时工，参加企业的养老保险统筹。同时，广东省明确规定驻粤部队机关事业单位（含海军、陆军、空军和武警部队）及其职工按企业办法参加养老保险。

2002年4月，广东省开始按照劳动保障部的规定将城镇灵活就业人员纳入养老保险制度覆盖范围。

2003年1月，广东省农村信用社系统的在编正式职工开始参加企业职工养老保险。

2007年以后，广东省先后出台了关于部分军队退役人员和军队复员干部、早期离开国有集体企业人员、离开机关事业单位人员、未参保集体企业退休人员、企业未参保人员、宗教教职人员、早期下乡知青、灵活就业人员参加养老保险的具体政策，将这些特殊群体纳入养老保险覆盖范围。

据统计，截至2017年年末，广东省企业职工基本养老保险参保人数达到5600万人，其中离退休人员537万人。1985—2017年广东省企业职工养老保险参保人员情况如图3-1所示。

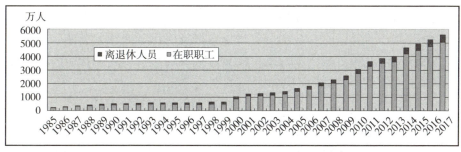

图3-1　1985—2017年广东省企业职工养老保险参保人员情况

数据来源：广东省社会保险基金管理局

二、提高统筹层次和建立调剂金制度

从1985年1月起开始实施的广东省全民所有制企业退休费用统筹制度规定，基金实行县级核算。各县（市）在每月征集的统筹基金总额中，提取5%作为积累金。积累金的80%留当地，10%上交地市，10%上交省。

1993年8月，广东省开始实施职工社会养老保险制度，目标是基础养老金实行全省统一核算，附加养老金和个人专户养老年金由各市分别核算。在基础养老金实行全省统一核算前，各地按养老保险缴费总额的2%上缴调剂金，其中1%交市，1%交省，用于对困难地区和企业进行调剂。

根据国家关于加快实现企业职工基本养老保险省级统筹的要求，从 1998 年 7 月 1 日起，广东省各地上缴省、市的养老保险调剂金比例，从原规定按征收总额各 1% 提高到各 3%。

2001 年 3 月，广东省对养老保险调剂金的筹集、申请、分配和管理监督程序做了明确规定。

从 2009 年 1 月 1 日起，广东省开始实施预算管理与省级调剂相结合的养老保险省级统筹模式，将省级养老保险调剂金上缴比例调整为养老保险单位缴费的 9%；适当扩大调剂金使用范围，按照养老保险关系转移接收人数对接受地给予补助，支持欠发达地区做实养老保险个人账户。

2010 年 10 月，《社会保险法》规定，基本养老保险基金逐步实行全国统筹，具体时间、步骤由国务院规定。

2015 年 1 月，广东省改革调剂金分配管理办法，将调剂金补助范围分为保发放调剂、激励性调剂和专项调剂 3 部分，以进一步规范和加强省级养老保险调剂金的分配管理，充分发挥调剂金的调剂功能。

2017 年 7 月 1 日起，广东省正式实施统收统支模式的省级统筹，全省企业职工基本养老保险基金实行省级统收统支，由省级统筹管理，在全省范围内统一调度和使用，实行统一核算、分级存放、等比调拨，各地不再上解调剂金。

2018 年 7 月 1 日，养老保险基金中央调剂制度开始实施，作为实现养老保险全国统筹的第一步。中央调剂基金由各省份养老保险基金上解的资金构成，按照各省份职工平均工资的 90% 和在职应参保人数作为计算上解额的基数，上解比例从 3% 起步，逐步提高。中央调剂基金实行以收定支，按照人均定额拨付，根据人力资源和社会保障部、财政部核定的各省份离退休人数确定拨付资金数额。

三、缴费基数和比例

1984—1993 年所推行的全民所有制企业固定职工退休费用统筹制度和集体所有制单位职工退休费用统筹制度，都是采用现收现付制，基金按以新养老、循环调剂、以支定筹、略有积累的原则筹集，基金筹集规模根据退休人员退休待遇的支付需求和积累率来确定（积累率为基金征收总额的 5%）。单位缴纳的养老保险费一般按各单位全部固定职工基本工资总额和本单位退休人员退休费总额的一定比例确定，具体缴费比例由各统筹区确定，1～3年变更一次。由于退休人员越来越多，而新招录的固定工越来越少，各地只能通过不断提高缴费比例来维持基金的运转。

1983年开始试行的劳动合同制工人养老保险制度实行完全积累制，企业缴纳数额为本企业合同制工人工资总额的15%～20%，个人缴费每月不超过其标准工资的3%，具体比例由各市（地）确定。

1989年开始实施的临时工养老保险制度也是实行完全积累制，缴费比例全省统一，用人单位按临时工月工资总额的15%缴纳，个人按实际工资收入的2%缴纳。

1990年下半年开始实施的固定职工个人缴费制度规定，缴费额按职工标准工资的3%左右确定（一般为定额）。例如，省直驻穗单位1990年度个人缴费为每人每月3元。

《广东省职工社会养老保险暂行规定》实施以后，广东省企业职工养老保险开始采用部分积累模式，实行社会统筹与个人账户相结合。用人单位按单位全部职工工资总额的一定比例缴纳养老保险费，具体比例由各统筹区确定。个人按本人工资收入的一定比例缴纳养老保险费，工资收入高于缴费基数上限的以缴费基数上限为基数计算缴费，低于缴费基数下限的以缴费基数下限为基数计算缴费，个人缴费比例全省统一规定。单位的缴费基数总额等于职工个人缴费基数之和。养老保险个人缴费基数上下限、缴费比例等政策经过多次调整。

（一）个人缴费基数上限

养老保险个人缴费基数之所以设定上下限，目的是避免将初次分配中的一些不合理因素带进再分配之中，以体现公平原则。

1994年1月至2006年6月，广东省养老保险个人缴费基数上限按上年度所在市职工月平均工资的300%确定。

2006年7月1日起，鉴于全省基础养老金已统一以全省上年度在岗职工月平均工资为基数计发，养老保险个人缴费基数上限也相应调整为全省上年度在岗职工月平均工资的300%。

（二）个人缴费基数下限

广东省关于养老保险个人缴费基数下限的规定，自1994年以来，先后调整过6次。

1994年1月至1998年7月，养老保险个人缴费基数下限按当地政府规定的最低工资标准设定。

根据国务院有关规定,从1998年8月1日起,广东省将养老保险个人缴费基数下限标准提高到所在市上年度职工月平均工资的60%。

从2006年7月1日起,广东省养老保险个人缴费基数下限标准调整为全省上年度在岗职工月平均工资的60%,所在市上年度在岗职工月平均工资低于全省上年度在岗职工月平均工资的可按所在市上年度在岗职工月平均工资的60%设定。

之后,很多企业和职工反映,全省城镇在岗职工平均工资基数高、增幅大,以此为基数计算出来的缴费基数下限明显高于很多劳动密集型企业职工的实际工资收入。为减轻企业和低收入职工的负担,从2015年1月1日起,广东省将企业职工养老保险个人缴费基数下限统一调整为上年度全省城镇在岗职工月平均工资和私营企业从业人员月平均工资加权平均值的60%。

2017年7月企业职工养老保险实行统收统支模式的省级统筹后,广东省再次对养老保险个人缴费基数下限标准进行了调整:参照全省最低工资标准分类办法,将全省分成四类片区,各片区缴费基数下限按所在片区上年度城镇非私营单位在岗职工月平均工资和城镇私营单位从业人员月平均工资的加权平均值的60%确定,但不高于上年度全省城镇非私营单位在岗职工月平均工资和城镇私营单位从业人员月平均工资加权平均值的60%。

(三) 单位缴费比例

企业职工养老保险的单位缴费比例,原则上由各统筹区根据本地基金收支情况确定。由于广东省各地经济发展水平不平衡,企业职工养老保险参保人员结构差距很大,2015年以前各地的单位缴费比例差距非常大。

在企业职工养老保险县级统筹阶段,同一个地级市中,各县、区的单位缴费比例不一定相同。以佛山市为例,1995年顺德的企业职工养老保险单位缴费比例为10%,高明为12%,禅城和市直为14%,南海为17%,三水为19%。

实施企业职工养老保险市级统筹以后,同一地级市内实行统一的单位缴费比例,但不同市之间差距很大。例如,2005年湛江市的企业职工养老保险单位缴费比例为22%,而深圳市仅为8%。还有的市按不同群体实行差别费率,例如广州市,2002—2015年,私营企业和民办非企业单位的养老保险单位缴费比例为12%,其余单位为20%。

为缩小企业职工养老保险地区差异，广东省从2015年1月起将原单位缴费比例高于15%的统一调整为15%，低于13%的统一调整为13%，原在13%～15%的维持不变。2017年7月起，原单位缴费比例高于14%的调整为14%，原低于14%的逐步过渡到14%。

（四）个人缴费比例

1994年以后，广东省企业职工养老保险个人缴费比例全省一直执行统一标准，从2%起步，逐步提高到8%。其中，1994年1月至1996年6月为2%，1996年7月至1998年6月为3%，1998年7月至1999年6月为4%，1999年7月至2001年6月为5%，2001年7月至2003年6月为6%，2003年7月至2005年6月为7%，2005年7月起为8%。

（五）灵活就业人员的缴费基数和比例

根据《广东省职工社会养老保险暂行规定》，城镇个体工商户缴纳养老保险费以所在市上年度职工月平均工资收入为基数，按单位和个人两项费率之和计征（定额计征），分别计入社会养老保险基金和个人养老账户。

2006年7月1日起，广东省的城镇个体工商户和灵活就业人员，原则上以全省上年度在岗职工月平均工资为缴费基数。所在市上年度在岗职工月平均工资低于全省上年度在岗职工月平均工资的，也可从所在市上年度在岗职工月平均工资的60%起步，逐步过渡到全省上年度在岗职工月平均工资。缴费比例原则上按20%执行，所在市企业职工基本养老保险的单位与个人缴费比例之和低于20%的，按单位与个人缴费比例之和执行。个人账户记账规模与企业职工相同。

随着在岗职工月平均工资水平的不断增长，很多灵活就业人员反映养老保险缴费水平过高，缴费负担过重。为减轻灵活就业人员的缴费负担，广东省从2012年7月1日起将城镇个体工商户和灵活就业人员缴纳基本养老保险费基数上下限改为与企业职工一样，由灵活就业人员根据本人实际收入状况和经济承受能力自行申报缴费基数。

（六）原固定职工工龄视同缴费年限

在正式实施社会养老保险制度以前，全民所有制和县以上集体所有制企业的固定职工按《中华人民共和国劳动保险条例》和国家相关规定享受退休养老待遇。为了保持政策的延续性，妥善处理职工在参加社会养老保险前的权益，《广东省职工社会养老保险暂行规定》明确，全民所有制和县以上集体所有制企业的固定职工参加社会养老保险前按国家规定计算的连续工龄视同缴费年限。

1998年11月开始实施的《广东省社会养老保险条例》规定，国有和县以上集体所有制单位的原干部和固定职工，在当地实施《广东省职工社会养老保险暂行规定》前，按照国家原规定计算的连续工龄视同缴费年限。

2011年7月1日开始实施的《中华人民共和国社会保险法》规定，国有企业、事业单位职工参加基本养老保险前，视同缴费年限期间应当缴纳的基本养老保险费由政府承担。

四、个人账户

从1994年1月起，广东省开始建立个人养老专户，用于记录和储存个人缴纳的养老保险费及利息。参保人中断养老保险关系时，其个人养老专户继续保留并计息，与重新参加后的个人养老专户合并计算。储存在个人养老专户中的养老保险基金，每年参考银行同期城乡居民储蓄存款利率计息，在职工退休时，本息一并转成养老年金，按月支取。职工出境定居或死亡时，其个人专户养老保险基金连同利息，退还给职工本人或其法定继承人。凡退休时个人养老专户存储额少于所在市上年度职工6个月月平均缴费工资的，可一次性支取。

为调动单位、职工缴纳养老保险费的积极性，广东省从1995年1月起从单位缴纳的养老保险费中按职工个人缴费基数的1%计入个人养老账户。

根据全国统一企业职工基本养老保险制度的要求，广东省从1998年7月1日起将个人养老专户改为养老保险个人账户，同时将个人账户记账规模调整为个人缴费基数的11%，除了个人缴费部分全部计入以外，其余部分从单位缴费中划入（划入比例1998年7月至1999年6月为7%，1999年7月至2001年6月为6%，2001年7月至2003年6月为5%，2003年7月至2005年6月为4%，2005年7月至2006年6月为3%）。

2000年3月颁布的《广东省社会养老保险实施细则》规定，农民合同制职工在终止或解除劳动合同后，经本人申请，社会保险经办机构可以将养老保险个人账户中的资金一次性发给本人，同时终结养老保险关系。

2006年7月1日起，广东省按国家规定将养老保险个人账户记账规模调整为个人缴费基数的8%，全部由个人缴纳，单位缴费不再划入。

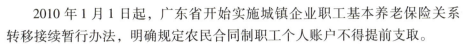

2010年1月1日起,广东省开始实施城镇企业职工基本养老保险关系转移接续暂行办法,明确规定农民合同制职工个人账户不得提前支取。

根据国家相关规定,从2011年7月1日起,个人在达到法定的领取基本养老金条件前离境定居的,其养老保险个人账户予以保留,达到法定领取条件时,按照国家规定享受相应的养老保险待遇。其中,丧失中华人民共和国国籍的,可以在其离境时或者离境后书面申请终止职工基本养老保险关系,一次性支取个人账户储存额。参加职工基本养老保险的个人死亡后,其个人账户中的余额可以全部依法继承。

2016年1月起,广东省每年按国家公布的城镇职工基本养老保险个人账户记账利率计息。记账利率主要参考职工工资增长和基金平衡状况等因素确定,2016年为8.31%,2017年为7.12%,2018年为8.29%。

五、基金支付项目

实施全民所有制企业固定职工退休费用统筹制度期间,纳入退休基金统筹支付的待遇项目,最初全省统一规定的只有退休费、副食品价格补贴、粮差补贴3项,后来各地根据实际情况逐步增加统筹项目,将退休补助费、各项物价补贴和生活补贴、津贴以及护理费、丧葬补助费、供养直系亲属抚恤费等纳入统筹范围。另外,社会保险经办机构可按退休基金的0.8%~1%计提管理费。

《广东省职工社会养老保险暂行规定》实施后,纳入社会养老保险基金支付的待遇包括:退休职工的养老金、丧葬费和供养直系亲属救济费、生活困难补助费,缴费年限不满10年者的一次性老年津贴,出境定居职工及死亡职工的个人专户养老保险基金连同利息。另外,社会保险经办机构可按基金征收总额的2%~5%计提管理费。

从1997年7月1日起,广东省将参加企业职工养老保险的退休职工死亡后的一次性抚恤金纳入基金支付范围。

根据国务院规定,从1998年7月1日起,各级社会保险经办机构不再从社会保险基金中提取管理费,其开展业务工作所需要的经费由财政部门在预算中安排。

根据《中华人民共和国社会保险法》的规定,广东省从2011年7月1日起将未达到法定退休年龄的企业职工基本养老保险参保人死亡后的丧葬补助金和抚恤金,以及在未达到法定退休年龄时因病或者非因工致残完全丧失劳动能力者的病残津贴纳入基金支付范围。

六、基本养老金计发办法

养老金计发办法是养老保险制度的核心内容。1978年以来，广东省企业职工的基本养老金（退休金）计发办法经历了4次大调整。

（一）1978—1993年的离退休费计算办法

根据1978年颁布的《国务院关于安置老弱病残干部的暂行办法》和《国务院关于工人退休、退职的暂行办法》的规定，全民所有制企业、事业单位和党政机关、群众团体的干部、工人，符合下列条件之一的，可以退休：①男年满60周岁，女干部年满55周岁、女工人年满50周岁，连续工龄满10年的。②从事井下、高空、高温、特别繁重体力劳动或者其他有害身体健康的工作，男年满55周岁，女年满45周岁，连续工龄满10年的。③男年满50周岁，女年满45周岁，连续工龄满10年，完全丧失劳动能力的。④因工致残，完全丧失劳动能力的。

退休费按本人标准工资的一定比例计发，连续工龄满20年的发给75%，连续工龄满15年不满20年的发给70%，连续工龄满10年不满15年的发给60%，因工致残完全丧失劳动能力的发给90%。劳动模范等特殊贡献者，其退休费可以酌情提高5%～15%，但提高标准后的退休费不得超过本人原标准工资。退休费低于最低保证数的，按最低保证数发给。

完全丧失劳动能力又不符合退休条件者，可以退职，退职生活费按本人标准工资的40%发给，低于最低保证数的按最低保证数发给。

根据1980年发布的《国务院关于老干部离职休养的暂行规定》和1982年发布的《国务院关于老干部离职休养制度的几项规定》，新中国成立前参加中国共产党所领导的革命战争、脱产享受供给制待遇的和从事地下革命工作的老干部，达到离职休养年龄的，实行离职休养制度，原工资照发，并以本人退休前标准工资为基数，按参加革命工作时间不同每年增发1～2个月的生活补贴。

根据《劳动人事部关于建国前参加工作的老工人退休待遇的通知》的规定，新中国成立前参加中国共产党所领导的革命战争，或享受供给制待遇，或从事地下革命工作，以及在东北和个别老解放区，1948年以前享受当地人民政府制定的薪金制待遇，新中国成立后在机关、事业、企业单位工作的老工人（含军队无军籍的工人），退休后照发本人原标准工资，并以本人退休前标准工资为基数，按参加革命工作时间不同每年增发1~2个月的生活补贴。

为了适当提高退休干部、工人的待遇水平，广东省从1984年起按本人标准工资的一定比例给退休者加发"退休补助费"，加发的总额最高不超过本人原标准工资的20%。

此外，为保障退休人员的生活水平，国家和省在退休费的基础上不定期加发各种津贴、补贴或提高离退休金。

随着劳动用工制度的改革，这种计发办法的局限性越来越明显：一是标准工资占职工实际工资收入的比重越来越小，以标准工资为基数计发退休费难以保障退休职工的生活水平；二是计发比例与连续工龄挂钩不够紧密，激励性不强。

（二）1994年1月至1998年6月的基本养老金计发办法

根据1993年6月颁布的《广东省职工社会养老保险暂行规定》，符合国家规定的退休年龄，办理退休手续，且缴纳养老保险费年限累计满10年以上的，可按月领取养老金，直至死亡。

养老金由基础养老金、附加养老金和个人专户养老金三部分组成。其中，基础养老金按所在市上年度职工月平均工资的30%计发，离休干部和新中国成立前参加革命工作的老工人按35%计发。附加养老金以本人指数化月平均缴费工资为基数，缴费年限累计满10年不满15年的，每满1年计发1%；缴费年限累计满15年及以上的，每满1年计发1.2%；职工因病丧失劳动能力需提前退休的，每提前1年，在附加养老金中相应减发职工本人指数化月平均缴费工资的1%；符合井下、高温、低温和有毒有害等特殊工种退休条件的人员，其可折算工龄，按在特殊工种岗位工作的缴费年限，每满1年增发职工本人指数化月平均缴费工资0.2%的附加养老金，计发养老待遇时不再折算工龄。个人专户养老金按个人专户储存额的一定比例计发。原已退休职工，其待遇水平不降低，原退休费加各项补贴，按规定切分为基础养老金和附加养老金两部分，按规定逐年调整。

缴费年限不满10年的，不发基础养老金和附加养老金，计发一次性老年津贴，标准为缴费年限每满1年计发2个月本人指数化平均缴费工资。

这种计发办法与国务院1995年3月颁布的《国务院关于深化企业职工养老保险制度改革的通知》（国发〔1995〕6号）所提出的实行社会统筹与

个人账户相结合的实施办法二基本相同。

(三) 1998年7月—2006年6月的基本养老金计发办法

根据《广东省人民政府关于贯彻〈国务院关于建立统一的企业职工基本养老保险制度的决定〉的通知》规定，从1998年7月1日起重新明确了按月领取基本养老金的条件，调整了基本养老金计发办法。

1998年7月1日后参加工作，达到法定退休年龄，缴费年限累计满15年的参保人，基本养老金由基础养老金和个人账户养老金两部分组成；1998年7月1日前（不含当日）参加工作，达到法定退休年龄，缴费年限累计满10年的参保人，基本养老金由基础养老金、个人账户养老金和过渡性养老金三部分组成。

退休时的基础养老金月标准为所在市上年度职工月平均工资的20%，个人账户养老金月标准为个人账户储存额（含利息）除以120。过渡性养老金以本人指数化月平均缴费工资为基数，缴费年限累计满10年不满15年者1998年6月30日前的缴费年限每满1年计发1%，缴费年限累计满15年及以上者1998年6月30日前的缴费年限每满1年计发1.2%；为确保平稳过渡，另按1997年各市职工月平均工资的10%设置调节金，并入过渡性养老金。参保人因病完全丧失劳动能力需提前退休的，相应减发过渡性养老金，每提前1年，减发本人指数化月平均缴费工资的1%。

原已退休的人员，其养老金也进行结构调整：基础养老金改为本市上年度职工平均工资的20%，原附加养老金改称过渡性养老金，并将基础养老金调整后减少的差额作为调节金并入过渡性养老金。

1998年7月1日后参加工作的参保人，达到法定退休年龄，缴费年限不满15年的，不得领取基础养老金，只能一次领取其个人账户储存额，同时终结养老保险关系。1998年7月1日前（不含当日）参加工作的参保人，达到法定年龄，缴费年限不满10年的，不得领取基础养老金和过渡性养老金，只能一次领取个人账户储存额和一次性老年津贴，同时终结养老保险关系。一次性老年津贴的标准为：按1998年6月30日前的缴费年限，每满1年计发两个月本人指数化平均缴费工资。

为解决不同年度退休的人员基本养老金不平衡问题，广东省从2001年7月起对过渡性养老金计发办法进行了调整：以2001年6月30日为截止日期，按指数化平均缴费工资办法计算出计发基数，以后与当地企业退休人员过渡性养老金调整比例同步调整，计算出当年实际应发过渡性养老金数额。过渡性养老金的其他计发办法维持不变。

（四）2006年7月以来的基本养老金计发办法

根据《广东省人民政府关于贯彻国务院完善企业职工基本养老保险制度决定的通知》规定，广东省从2006年7月1日起调整按月享受基本养老金的条件和基本养老金计发办法。

参保人达到国家规定退休年龄且累计缴费年限（含视同缴费年限）满15年，或者在1998年6月30日前参加基本养老保险且在2013年6月30日前达到国家规定的退休年龄、累计缴费年限满10年，可以申请按月领取基本养老金。

退休时的基础养老金月标准以全省上年度在岗职工月平均工资和本人指数化月平均缴费工资的平均值为基数，缴费年限每满1年计发1%。参保人指数化月平均缴费工资低于全省上年度在岗职工月平均工资的60%的，退休时基础养老金月标准为：

基础养老金 =（全省上年度在岗职工月平均工资 × a + 本人指数化月平均缴费工资）÷2 × 缴费年限（含视同缴费年限）×1%

a = 本人平均缴费指数 ÷ 0.6

退休时个人账户养老金月标准为个人账户储存额除以计发月数，计发月数按国家规定执行，其中，50岁退休者为195，55岁退休者为170，60岁退休者为139。

退休时过渡性养老金月标准为本人视同缴费账户总额除以120。视同缴费账户根据当地1993年职工月平均工资水平、本人视同缴费年限、本人1994年1月至1998年6月缴费基数和个人缴费额、记账利率等因素确定。

为保证平稳过渡，对所在市2005年度在岗职工月平均工资高于全省2005年度在岗职工月平均工资的参保职工，另根据本人2006年6月30日前的缴费年限发给地方养老金。

计发办法调整后，基本养老金的地区差别，主要体现在视同缴费指数、视同缴费账户标准和地方养老金的不同。

此后，为缓解新退休人员基本养老金替代率水平逐年下降的问题，广东省又先后对基本养老金计发办法进行了3次"微调"：一是2009年起统一按每人每月100元的标准计发过渡性养老金。二是从2013年10月起设立缴费年限津贴，标准为缴费年限每满1年计发4元，并入过渡性养老金。三是明确从2006年7月起视同缴费账户的记账利率统一按全省在岗职工月平均工资增长率执行。

七、基本养老金调整机制

为保障离退休人员的基本生活，广东省从1994年起建立基本养老金定期调整制度，每年都调整离退休人员的基本养老金水平。

根据《广东省职工社会养老保险暂行规定》，从1994年起基础养老金每年7月按所在市上年度职工月平均工资增长率调整，附加养老金按所在市上年度职工月平均缴费工资增长率的一定比例调整（1994年为20%～50%，1995—1998年为60%～80%），负增长时不调整，具体比例由各市确定。在《暂行规定》实施时已退休职工的退休费加各项补贴之和划分为基础养老金和附加养老金两个部分，按规定逐年调整。

1998年7月与全国统一制度并轨以后，广东省的基本养老金调整仍采用结构性调整办法：每年7月基础养老金按所在市上年度职工月平均工资增长率调整，过渡性养老金和个人账户养老金按所在市上年度职工月平均缴费工资增长率的40%～60%调整，负增长时不调整，具体比例由各市确定。

2006年起，为了与新的基本养老金计发办法相适应，广东省已退休人员的基本养老金每年按国家统一部署进行调整。调整时一般采用普遍调整与政策倾斜调整相结合、定比调整与定额调整相结合的办法，具体幅度和措施每年有所不同。2006—2009年，定额调整部分各市标准不同。2010年起，全省在每年调整基本养老金水平时实行统一标准，条件相同的退休人员，不管身居何处，基本养老金调整标准都一样。1985—2017年广东省企业退休人员平均养老金情况如图3-2所示。

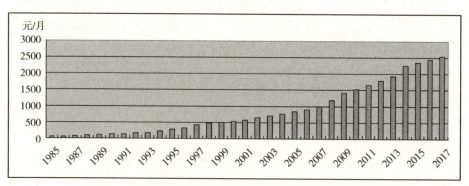

图3-2　1985—2017年广东省企业退休人员平均养老金

数据来源：广东省社会保险基金管理局

八、丧葬抚恤待遇

1997年6月底前，参加企业职工养老保险的退休人员死亡的，按《劳动保险条例》规定的标准发给丧葬费，标准为本企业职工月平均工资2个月；有供养直系亲属的，按供养直系亲属的人数发放供养直系亲属救济费，标准为死者本人工资6~12个月。

1997年7月1日起，广东省调整参加企业职工养老保险的退休人员死亡后的丧葬抚恤待遇标准，丧葬补助费按当地上年度职工月平均工资3个月发给；供养直系亲属一次性救济费和生活困难补助费不分供养人数，一律按当地上年度职工月平均工资6个月发给；增加一次性抚恤金，按当地上年度职工月平均工资3个月发给。

2006年7月1日起，丧葬补助费、一次性抚恤金、供养直系亲属一次性救济费和生活困难补助费的计发基数由当地上年度职工月平均工资调整为所在市上年度在岗职工月平均工资。

根据《社会保险法》的规定，从2011年7月1日起，所有参加基本养老保险的个人，因病或者非因工死亡的，其遗属可以领取丧葬补助金和抚恤金。

表3-1 1998—2017年广东省企业职工基本养老保险情况

年度	参保人数（万人）	其中离退休人数（万人）	月平均养老金（元）	基金收入（亿元）	基金支出（亿元）	累计结余（亿元）
1998	625	149	477	101	85	107
1999	633	151	491	147	128	126
2000	1030	166	538	152	109	169
2001	1241	176	568	184	132	159
2002	1269	186	655	228	158	292
2003	1342	196	710	289	195	386
2004	1436	211	769	354	231	506
2005	1645	221	847	434	273	667
2006	1814	232	890	536	304	899
2007	2079	246	1000	608	359	1148

(续上表)

年度	参保人数（万人）	其中离退休人数（万人）	月平均养老金（元）	基金收入（亿元）	基金支出（亿元）	累计结余（亿元）
2008	2296	263	1186	766	442	1471
2009	2563	282	1411	900	589	1782
2010	3059	327	1526	1087	601	2278
2011	3639	360	1654	1335	720	2894
2012	3862	377	1785	1610	858	3637
2013	4015	408	1934	1760	1003	4394
2014	4636	431	2257	1971	1239	5128
2015	4917	458	2349	2428	1398	6158
2016	5248	512	2432	2664	1563	7258
2017	5600	537	2533	3070	1712	8650

数据来源：广东省社会保险基金管理局

第三节　机关事业单位养老保险制度改革

机关事业单位养老保险制度是职工养老保险制度的组成部分。相对于企业职工基本养老保险而言，机关事业单位养老保险制度改革起步比较晚。虽然广东省部分地区从1994年起就开展了机关事业单位养老保险改革试点，但全省机关事业单位工作人员从2014年10月1日起才按照国家统一部署正式参加机关事业单位养老保险。

一、广东省机关事业单位社会养老保险改革试点

根据国务院1978年6月颁布的《国务院关于安置老弱病残干部的暂行办法》和《国务院关于工人退休、退职的暂行办法》的规定，机关事业单位的干部、工人与全民所有制企业的干部、工人实行相同的退休办法，退休费标准也一样。

广东省政府1993年6月颁布的《广东省职工社会养老保险暂行规定》明确，事业单位、党政机关、社会团体中的国家干部、固定职工社会养老

保险的具体实施办法根据本规定另行制订。

1994年8月1日，广东省党政机关、事业单位、社会团体（含中央和军队驻粤单位）工作人员开始按月缴纳社会养老保险费，建立个人养老专户。个人缴费按本人月工资收入的一定比例确定，缴费比例与企业职工基本同步：1994年8月至1996年6月为2%，1996年7月至1998年6月为3%，1998年7月至1999年6月为4%，1999年7月至2001年6月为5%，2001年7月至2003年6月为6%，2003年7月至2005年6月为7%，2005年7月起为8%。

1996年5月，广东省政府办公厅印发《广东省机关单位工作人员社会养老保险试行方案》，规定机关事业单位的单位缴费按其职工工资总额（统计口径）的一定比例计缴，具体缴费比例由各地根据保证给付和不低于工资总额2%的积累率的原则测定；个人缴费按本人工资收入的3%计缴。机关事业单位与企业的社会养老保险基金收支分开核算。机关事业单位工作人员退休后，计发基本养老金和机关补充养老保险金。基本养老金由基础养老金、附加养老金和个人专户养老年金3部分组成，具体计发办法与企业职工相同。根据国家和省规定统一发给退休人员的各种津贴、补贴改为机关补充养老保险金，按职务和机关工作年限两项因素计发。原已离休、退休的人员，其离、退休费划分为基础养老金、附加养老金两部分，离退休人员的各项补贴转为机关补充养老保险金。

由于种种原因，广东省机关单位工作人员社会养老保险试行方案没有在全省全面推行，只是在个别地方进行了试点。

2014年10月正式实施机关事业单位养老保险制度以后，原来机关事业单位个人缴费制度和机关单位工作人员社会养老保险试点停止执行，机关事业单位工作人员个人在试点期间原已缴纳的养老保险费及利息，在退休前一次性返还本人。

二、全国统一的机关事业单位基本养老保险制度改革

2015年1月，国务院决定从2014年10月1日起改革机关事业单位工作人员养老保险制度。机关事业单位工作人员养老保险制度改革按"一个统一，五个同步"的思路进行。"一个统一"是指机关事业单位与企业等城镇从业人员统一实行社会统筹和个人账户相结合的基本养老保险制度，都实行单位和个人缴费，都实行与缴费相挂钩的养老金待遇计发办法，从制度

和机制上化解"双轨制"矛盾。"五个同步",一是机关与事业单位同步改革,避免单独对事业单位退休制度改革引起不平衡;二是职业年金与基本养老保险制度同步建立,在优化保障体系结构的同时保持待遇水平总体不降低;三是养老保险制度改革与完善工资制度同步推进,在增加工资的同时实行个人缴费;四是待遇确定机制与调整机制同步完善,退休待遇计发办法突出体现多缴多得,今后待遇调整要综合考虑经济发展、物价水平、工资增长等因素,并与企业退休人员等群体统筹安排,体现再分配更加注重公平的原则;五是改革在全国范围同步实施,防止地区之间出现先改与后改的矛盾。

2015年12月,广东省就全省机关事业单位工作人员养老保险制度改革的具体问题做出明确规定。

(一)参保范围

按照《公务员法》管理的单位,参照《公务员法》管理的机关(单位)、行政类和公益一类、二类事业单位及其编制内的工作人员,参加机关事业单位养老保险;编制外人员应依法参加企业职工基本养老保险。

(二)基本养老保险缴费标准

基本养老保险费由单位和个人共同负担,按月缴纳。单位缴纳基本养老保险费的比例为参加机关事业单位养老保险工作人员的个人缴费工资基数之和的20%,个人缴纳基本养老保险费的比例为本人缴费工资基数的8%。

个人月缴费工资基数按照本人上年度月平均工资核定;新设立单位和参保单位新增的工作人员按照本人起薪当月的月工资核定。个人工资超过全省上年度在岗职工平均工资300%以上的部分,不计入个人缴费工资基数;低于全省上年度在岗职工平均工资60%的,按全省上年度在岗职工平均工资的60%计算个人缴费工资基数。

机关单位(含参公管理的单位)工作人员的个人缴费工资基数包括:本人上年度工资收入中的基本工资、国家统一的津贴补贴(特区津贴、警衔津贴、海关津贴等国家统一规定纳入原退休费计发基数的项目)、规范后的津贴补贴(地区附加津贴,不含节日补贴)、年终一次性奖金。事业单位工作人员的个人缴费工资基数包括:本人上年度工资收入中的基本工资、国家统一的津贴补贴(特区津贴等国家统一规定纳入原退休费计发基数的项目)、绩效工资(不含节日补贴)。其余项目暂不纳入个人缴费工资基数。

符合参保范围且2014年10月1日(简称改革时)在职的机关事业单位编制内工作人员(含按合同制管理的原固定工,不含其他合同制工人),其符合改革前国家和省合并计算连续工龄规定的在机关事业单位工作的年限,视同缴费年限;对其改革前在企业或以灵活就业人员身份参加企业职工基本养老保险的实际缴费年限予以确认,并与改革后的实际缴费年限合并计算。

对机关事业单位编制内合同制工人(不含按合同制管理的原固定工)改革前参加企业职工基本养老保险的实际缴费年限予以确认,不认定为视同缴费年限,并与改革后参加机关事业单位基本养老保险的实际缴费年限合并计算。

(三) 基本养老保险个人账户

参加机关事业单位基本养老保险的工作人员,个人缴纳的养老保险费全部计入个人账户。个人账户储存额不得提前支取,每年按照国家统一公布的记账利率计算利息,免征利息税。参保人员死亡的,个人账户余额可以依法继承。达到国家规定的退休年龄后,累计缴费(含视同缴费和延长缴费)不足15年,且未转入企业职工基本养老保险、城乡居民养老保险的,个人可以书面申请终止机关事业单位基本养老保险关系,一次性领取个人账户储存额。在达到领取基本养老金条件前离境定居的,其个人账户予以保留;达到领取条件时,按国家规定享受相应的基本养老保险待遇。其中,丧失中华人民共和国国籍的,可以在其离境时或离境后书面申请终止机关事业单位基本养老保险关系,一次性领取个人账户储存额。

(四) 基本养老金计发办法

2014年10月1日后参加工作、个人缴费年限累计满15年的人员,退休后按月发给基本养老金,基本养老金由基础养老金和个人账户养老金组成。2014年10月1日前参加工作、实施后退休且个人缴费年限累计满15年的人员,按照合理衔接、平稳过渡的原则,在发给基础养老金和个人账户养老金的基础上,再依据视同缴费年限长短发给过渡性养老金。具体计算公式如下:

基础养老金 = 退休时全省上年度在岗职工月平均工资×(1 + 本人平均缴费工资指数)÷2×缴费年限×1%。其中,本人平均缴费工资指数 = (视同缴费指数×视同缴费年限+实际平均缴费指数×实际缴费年限）÷缴费年限。视同缴费指数根据本人退休时的职务职级（岗位）和工作年限等确定。

过渡性养老金=退休时全省上年度在岗职工月平均工资×本人视同缴费指数×视同缴费年限×过渡系数（1.2%）。

个人账户养老金=退休时本人基本养老保险个人账户累计储存额÷计发月数。其中，计发月数按国家统一规定执行。

2014年10月1日已经退休并领取退休待遇的机关事业单位编制内工作人员（含按合同制管理的原固定工，不含其他合同制工人），原待遇水平不降低。其中，按照国家和省规定的原待遇项目（标准）发放基本养老金，从机关事业单位基本养老保险基金支付，同时执行基本养老金调整办法。纳入机关事业单位基本养老保险基金支付的国家和省规定的原待遇项目（标准）包括基本退休费、退休补贴（不含节日补贴）。

不纳入机关事业单位基本养老保险基金支付的原待遇其他项目（标准）继续按原渠道发放，所需费用由原渠道解决。

对改革前参加工作、改革后在机关事业单位退休的"中人"设立10年过渡期，过渡期内实行新老待遇计发办法对比，保低限高。

（五）基本养老金调整

机关事业单位退休人员的基本养老金每年按国家有关规定调整。2015年以来，广东省每年都根据国家规定按定额调整与定比调整相结合的办法对已退休人员的基本养老金进行调整，并对特定群体进行适当倾斜。

（六）统筹层次

机关事业单位基本养老保险基金从县级统筹起步，条件成熟时再逐步提高统筹层次。各级人民政府承担征收、管理和支付的责任。

第四节 探索建立城乡居民养老保险制度

城乡居民养老保险制度，是指我国专门为农民和城镇非从业居民建立的养老保障制度，是中国特色的城乡养老保险制度体系的重要组成部分。

自2006年以来，广东省城乡居民养老保险从无到有，从分设3种制度（被征地农民养老保险、新型农村社会养老保险和城镇居民社会养老保险）到统一为一种制度（城乡居民社会养老保险或城乡居民基本养老保险），从个别县试点到全省全面推开，短短数年间即基本实现对全省农民和城镇非从业居民的覆盖，基础养老金水平也从 2009 年每人每月 55 元提高到 2018 年每人每月 138 元。

一、基本原则

城乡居民基本养老保险制度以"保基本、广覆盖、有弹性、可持续"为基本原则，实行社会统筹与个人账户相结合的制度模式，个人缴费、集体补助、政府补贴、社会捐助相结合的筹资方式，基础养老金和个人账户养老金相结合的待遇形式。

二、适用范围

年满 16 周岁（不含在校学生），具有本省户籍，不符合城镇职工基本养老保险参保条件的农村居民和城镇非从业居民，可在户籍地自愿参加城乡居民基本养老保险。

三、个人缴费

参加城乡居民基本养老保险的人员需按规定缴纳养老保险费。缴费标准设为若干档次，参保人可以自主选择其中一个档次，按年、季度或月的方式缴费，多缴多得。在一个自然年度内，参保人只能选择一种缴费方式和缴费标准。

2009 年 11 月印发的《广东省新型农村社会养老保险试点实施办法》规定，农民个人缴费标准设为每年 100 元、200 元、300 元、400 元、500 元 5 个档次。

2011 年 10 月印发的《广东省城镇居民社会养老保险试点实施办法》规定，城镇居民个人缴费标准设为每年 100 元、200 元、300 元、400 元、500 元、600 元、700 元、800 元、900 元、1000 元 10 个档次。

2013 年 9 月印发的《广东省城乡居民社会养老保险实施办法》适当提高了城乡居民的个人缴费标准：个人缴费标准设为每年 120 元、240 元、360 元、480 元、600 元、960 元、1200 元、1800 元、2400 元、3600 元 10 个档次。

各地级以上市人民政府可根据本地实际增设缴费档次，确定缴费方式。最高缴费档次标准原则上不超过当地灵活就业人员参加职工基本养老保险的年缴费额。

四、集体补助

有条件的村（居）集体经济组织应当对参保人给予缴费补助。缴费补助标准由村（居）民委员会召开村（居）民会议或村（居）民代表会议民主确定。集体补助金额不超过当地设定的最高缴费档次标准。

五、政府补贴

政府对城乡居民养老保险的补贴主要体现在3个方面：

一是各级人民政府对参保人缴费给予补贴。对选择低档次标准缴费的，补贴标准不低于每人每年30元；对选择较高档次标准（每年480元及以上）缴费的，补贴标准不低于每人每年60元。所需资金，珠江三角洲地区由市、县（市、区）财政负担，粤东西北地区（含江门的恩平市、开平市和台山市，其中省财政对开平市和台山市按省财政对粤东西北地区补助标准的70%给予补助，下同）由省、市、县（市、区）三级财政负担，其中省财政负担部分按上述补贴最低标准（每人每年30元或每人每年60元）的1/3安排，其余部分由市、县（市、区）财政各负担一半。有条件的地区对参保人选择较高缴费标准缴费的，可适当增加缴费补贴，所增加的资金自行负担。

二是各级人民政府共同出资建立基础养老金。基础养老金的基本标准由省统一确定。中央财政按中央确定的基础养老金标准的50%对广东省给予补助。其余部分，珠江三角洲地区由市、县（市、区）财政负担；粤东西北地区由省财政补助一半，中央和省补助以外部分，由市、县（市、区）财政各负担一半。参保人缴费15年以上的，参保缴费每增加1年每月加发3元基础养老金，所需资金由统筹地区人民政府自行负担。有条件的地区可根据本地实际，提高缴费补贴标准和基础养老金标准，所增加的资金自行负担。

三是对城乡重度残疾人、精神和智力残疾人等特困群体，由统筹地区人民政府为其代缴部分或者全部最低标准的养老保险费，具体办法由统筹地区人民政府自行制定，所需资金由统筹地区人民政府自行负担。

六、个人账户

个人缴费、集体补助和政府的缴费补贴以及其他来源的缴费资助全部计入个人账户。个人账户储存额按国家规定计息。参保人不得退保或提前支取个人账户储存额。参保人中断缴费的，其个人账户由社会保险经办机构予以保留，并不间断计息。参保人跨统筹地区转移户籍的，可将其城乡居民基本养老保险关系和个人账户储存额转入新参保地，按新参保地规定继续参保缴费并享受有关待遇。已经按月领取养老待遇人员不再转移养老保险关系，仍在原地领取养老待遇。参保人出国（境）定居但仍然保留中华人民共和国国籍的，其个人账户予以保留，达到法定领取条件时，按照规定享受相应的养老保险待遇。参保人在领取养老保险待遇后出国（境）定居的，可继续领取养老保险待遇。出国（境）定居并丧失中华人民共和国国籍的人员，已按照有关规定参保或者领取养老保险待遇的，应当终止养老保险关系，停止按月领取养老保险待遇。经本人书面申请，可一次性领取个人账户余额。参保人死亡的，其个人账户储存额或余额一次性支付给其法定继承人或遗嘱继承人和遗赠人。没有法定继承人或遗嘱继承人和遗赠人的，个人账户储存额或余额全部划入城乡居民基本养老保险基金。

七、待遇享受条件

参保人达到下列条件之一的，可以按月领取养老金：

（1）当地实施广东省新型农村社会养老保险（简称"新农保"）和城镇居民社会养老保险（简称"城居保"）制度时，已年满60周岁，未享受职工基本养老保险待遇以及国家规定的其他养老待遇的，不用缴费，可以按月领取基础养老金。

（2）参加了新农保或城居保的参保人，按照其原参加制度的规定年限缴费，年满60周岁后，可以按月领取养老金。

（3）参保人缴费累计达到15年，年满60周岁的，可以按月领取养老金。

（4）参保人年满60周岁但累计缴费年限没有达到规定缴费年限的，可继续逐年缴费，并享受相应的政府缴费补贴。逐年缴费至65周岁仍然没有达到规定缴费年限的,可以一次性补缴养老保险费至规定的缴费年限后,按月领取养老金,但一次性补缴不享受政府的缴费补贴。

(5)参保人年满60周岁、累计缴费年限没有达到规定缴费年限的,如不继续逐年缴费或补缴至规定的缴费年限的,不发基础养老金,可以申请按月领取个人账户养老金,发完为止。

八、基本养老金计发办法

城乡居民基本养老金由基础养老金和个人账户养老金组成,终身支付。

基础养老金最低标准由省里确定。2009—2012年12月,广东省新型农村社会养老保险和城镇居民社会养老保险的基础养老金最低标准都是每人每月55元。2013年1月起,广东省城乡居民基本养老保险基础养老金最低标准提高到每人每月65元,从2014年7月起提高到每人每月80元,从2015年7月起提高到每人每月100元,从2016年1月起提高到每人每月110元,从2017年1月起提高到每人每月120元,从2018年1月起提高到每人每月138元。为鼓励城乡居民长期缴费,《广东省城乡居民社会养老保险实施办法》规定,参保人缴费15年以上的,参保缴费每增加1年每月加发3元基础养老金。

个人账户养老金的月计发标准为个人账户储存额除以计发月数。计发月数与企业职工基本养老保险一样,60岁领取待遇者为139。个人账户储存额发放完后,由统筹地区人民政府负责按照原标准继续发放个人账户养老金。

九、丧葬补助费

参保人死亡的,可发放丧葬补助费。丧葬补助费标准由统筹地区人民政府自行确定,所需资金由统筹地区人民政府自行负担。据统计,截至2017年年末,全省119个城乡居民养老保险统筹区中,有76个统筹区为参保人发放了丧葬补助费。

十、被征地农民特别规定

2006年开始建立的被征地农民基本养老保险制度其覆盖对象为年满35

周岁以上、未参加城镇职工基本养老保险的被征地农民。广东省被征地农民基本养老保险最初以完全积累的个人账户为基本模式，政府、集体、个人三方缴费完全进入个人账户。参保人年满60周岁且缴费年限累计满15年的可按月领取养老金，养老金月标准为个人账户储存额除以全国60周岁以上人口平均寿命（月数）。

2007年3月，广东省明确被征地农民基本养老保险采取政府定额补助、集体补贴、个人缴费的多渠道筹资方式，政府出资部分可在土地出让净收益中支出，其出资比例不少于40%；集体出资部分可在土地补偿费和土地流转收益中支出；个人出资部分可在安置补助费中支出。

根据国家相关规定，2007年12月广东省明确规定各级政府要承担补助被征地农民缴纳养老保险费、发放老年津贴、建立地方统筹准备金的资金。集体、个人应缴交的部分，从征地预存款中扣缴预存。

2010年7月起，广东省将被征地农民养老保障制度从完全积累个人账户模式改为社会统筹与个人账户相结合模式，并入新型农村社会养老保险制度，参保人个人账户、缴费年限合并计算。提高被征地农民个人缴费标准，每人每月不低于50元，由征地时单列计提的养老保障资金支付。被征地农民每人每月增加基础养老金55元；列入新农保试点的地区，被征地农民按新农保规定每人每月再增加新农保基础养老金55元，达到110元。个人账户养老金计发月数调整为139。

表3-2 2014—2017年广东省城乡居民养老保险基本情况

年度	参保人数（万人）	领取待遇人数（万人）	基金收入（亿元）	基金支出（亿元）	期末累计结余（亿元）	月人均养老金（元）
2014	2520	773	181	106	298	125
2015	2500	830	207	147	357	142
2016	2543	893	185	157	385	148
2017	2587	958	188	171	403	156

数据来源：广东省社会保险基金管理局

第五节　补充养老保险制度

补充养老保险制度是在实施基本养老保险制度的基础上建立的辅助性养老保险制度，它居于多层次的养老保险体系中的第二层次。目前，我国的补充养老保险制度主要有适用于企业职工的企业年金（企业补充养老保险）和适用于机关事业单位工作人员的职业年金。

一、企业年金（企业补充养老保险）

企业年金，2000年以前称为企业补充养老保险，是指企业及其职工在依法参加基本养老保险的基础上，自主建立的补充养老保险制度。

从1992年起，广东省积极鼓励有条件的企业为职工建立企业年金（企业补充养老保险）。截至2017年年末，在广东省备案建立企业年金的企业共4299户，职工个人账户112万个，企业年金资产635.49亿元。

（一）设立条件

根据广东省1992年2月的规定，企业补充养老保险按照"效益好时多补充，效益不好时少补充或不补充"的原则按年度实施。具体条件是，完成当年生产计划、上缴税利任务或承包指标，并有一定留利的企业，原则上都应实行补充养老保险。经济效益不好、达不到上述条件的企业，以及亏损企业，在本年度内不能实行。

根据劳动部《企业年金试行办法》的规定，符合下列条件的企业，可以建立企业年金：①依法参加基本养老保险并履行缴费义务；②具有相应的经济负担能力；③已建立集体协商机制。

2017年颁布的《企业年金办法》对企业年金的设立条件进行了修正：企业和职工建立企业年金，应当依法参加基本养老保险并履行缴费义务，企业具有相应的经济负担能力。企业应当与职工一方通过集体协商确定，并制定企业年金方案。企业年金方案应当提交职工代表大会或者全体职工讨论通过。

（二）资金来源

1991年，国务院规定，企业补充养老保险由企业根据自身经济能力，为本企业职工建立，所需费用从企业自有资金中的奖励、福利基金内提取。

1992年广东省规定，企业补充养老保险所需资金从企业自有资金的奖励基金和福利基金内提取，每年提取金额不超过本企业工资总额的12%。

2004年颁布的《企业年金试行办法》规定，企业年金所需费用由企业和职工个人共同缴纳。企业缴费每年不超过本企业上年度职工工资总额的1/12。企业和职工个人缴费合计一般不超过本企业上年度职工工资总额的1/6。

2017年颁布的《企业年金办法》规定，企业缴费每年不超过本企业职工工资总额的8%。企业和职工个人缴费合计不超过本企业职工工资总额的12%。具体所需费用，由企业和职工一方协商确定。

（三）资金分配

1992年广东省规定，企业补充养老保险金的分配，原则上应根据职工的贡献大小、本企业工龄长短、劳动态度等方面的情况，适当拉开差距。对本企业有突出贡献者可酌情提高，以资鼓励。对实施补充保险前已退休的人员，有条件时可比照在职职工的平均补充水平，由企业给予适当的一次性补贴。

1994年8月，为保障和逐步改善企业离退休人员的基本生活，广东省规定有条件的企业可按离休人员每月不高于100元，退休人员每月不高于60元的标准，在管理费用（劳动保险费）中增列，作为补充养老保险金，以提高离退休人员的生活待遇。

2004年颁布的《企业年金试行办法》规定，企业缴费应当按照企业年金方案规定比例计算的数额计入职工企业年金个人账户；职工个人缴费额计入本人企业年金个人账户。企业年金基金投资运营收益，按净收益率计入企业年金个人账户。

2005年8月，广东省规定，企业缴费部分向职工个人账户分配资金时，可根据公平、公正、公开的原则，综合考虑职工的岗位、贡献、本企业工作年限、年龄等因素，适当拉开档次，但最高不得超过全体职工平均数的5倍。同时，企业可以根据本企业经济承受能力和职工代表大会的意见，采取追记或一次性补偿等方法，让已经退休的人员参与年金分配，但企业缴纳企业年金费用总额及其税收政策应按国家和省有关规定执行。

2017年颁布的《企业年金办法》规定，企业缴费应当按照企业年金方案确定的比例和办法计入职工企业年金个人账户，职工个人缴费计入本人企业年金个人账户。企业应当合理确定本单位当期缴费计入职工企业年金个人账户的最高额与平均额的差距。企业当期缴费计入职工企业年金个人账户的最高额与平均额不得超过 5 倍。职工企业年金个人账户中个人缴费及其投资收益自始归属于职工个人。职工企业年金个人账户中企业缴费及其投资收益，企业可以与职工一方约定其自始归属于职工个人，也可以约定随着职工在本企业工作年限的增加逐步归属于职工个人，完全归属于职工个人的期限最长不超过 8 年。

（四）领取条件

1992 年广东省规定，职工达到退休条件办理退休后，补充养老保险金加存款利息可一次或分期发给。

2004 年颁布的《企业年金试行办法》规定，职工在达到国家规定的退休年龄时，可以从本人企业年金个人账户中一次或定期领取企业年金。职工未达到国家规定的退休年龄的，不得从个人账户中提前提取资金。出境定居人员的企业年金个人账户资金，可根据本人要求一次性支付给本人。职工或退休人员死亡后，其企业年金个人账户余额由其指定的受益人或法定继承人一次性领取。

2017 年颁布的《企业年金办法》规定，符合下列条件之一的，可以领取企业年金：①职工在达到国家规定的退休年龄或者完全丧失劳动能力时，可以从本人企业年金个人账户中按月、分次或者一次性领取企业年金，也可以将本人企业年金个人账户资金全部或者部分购买商业养老保险产品，依据保险合同领取待遇并享受相应的继承权；②出国（境）定居人员的企业年金个人账户资金，可以根据本人要求一次性支付给本人；③职工或者退休人员死亡后，其企业年金个人账户余额可以继承。未达到上述企业年金领取条件之一的，不得从企业年金个人账户中提前提取资金。

（五）经办管理

1991 年国务院规定，补充养老保险基金由社会保险管理机构记入职工个人账户。

1992 年广东省规定，根据《国务院关于企业职工养老保险制度改革的决定》，补充养老保险业务由企业所在地社会保险机构经办。

2004 年颁布的《企业年金试行办法》规定，建立企业年金的企业，应当确定企业年金受托人（以下简称"受托人"），受托管理企业年金。受托人可以委托具有资格的企业年金账户管理机构作为账户管理人，负责管理企业年金账户；可以委托具有资格的投资运营机构作为投资管理人，负责企业年金基金的投资运营。

《企业年金试行办法》实施以后，广东省要求企业原委托社会保险经办机构管理的补充养老保险基金转为企业年金基金，可暂时仍由社会保险经办机构负责管理，条件成熟时再办理移交手续。2007年9月，广东省要求全省将原在社保经办机构管理和行业、企业自行管理的原企业补充养老保险，移交到具有企业年金基金管理机构资格的机构管理运营。2010年，全省全面完成了3000多家企业的原有企业补充养老保险基金移交工作。

2017年颁布的《企业年金办法》规定，企业和职工建立企业年金，应当确定企业年金受托人，由企业代表委托人与受托人签订受托管理合同。受托人应当委托具有企业年金管理资格的账户管理人、投资管理人和托管人，负责企业年金基金的账户管理、投资运营和托管。2015—2017年在广东省备案的企业年金情况如表3-3所示。

表3-3 2015—2017年在广东省备案的企业年金情况

年度	建立企业年金企业数		建立企业年金账户职工人数（万人）		企业年金资产总额（亿元）	
	广东省	其中深圳市	广东省	其中深圳市	广东省	其中深圳市
2015	4254	1641	114.90	42.72	391.06	166.82
2016	3845	1711	100.67	50.21	463.35	183.31
2017	4299	1789	111.96	55.85	635.49	311.34

数据来源：人力资源和社会保障部网站

二、职业年金

职业年金，是指机关事业单位及其工作人员在参加机关事业单位基本养老保险的基础上，建立的补充养老保险制度。

根据《国务院关于机关事业单位工作人员养老保险制度改革的决定》的规定，机关事业单位在参加基本养老保险的基础上，应当为其工作人员建立职业年金。2015年3月，国务院办公厅印发《机关事业单位职业年金办法》，对职业年金的相关政策做了明确规定。2016年9月，人力资源社会保障部、财政部印发《职业年金基金管理暂行办法》，对职业年金基金的管理职责、基金投资、收益分配及费用、计划管理及信息披露、监督检查等问题做出具体规定。2017年8月，人力资源社会保障部、财政部明确了职业年金基金归集账户管理办法。

根据国家规定，广东省从2014年10月1日起为机关事业单位编制内工作人员建立职业年金。

（一）适用范围

职业年金制度适用的单位和工作人员范围与参加机关事业单位基本养老保险的范围一致。

（二）资金来源

职业年金所需费用由单位和工作人员个人共同承担。单位缴纳职业年金费用的比例为本单位工资总额的8%，个人缴费比例为本人缴费工资的4%，由单位代扣。单位和个人缴费基数与机关事业单位工作人员基本养老保险缴费基数一致。

（三）账户管理

职业年金基金采用个人账户方式管理。个人缴费实行实账积累。对财政全额供款的单位，单位缴费根据单位提供的信息采取记账方式，每年按照国家统一公布的记账利率计算利息，工作人员退休前，本人职业年金账户的累计储存额由同级财政拨付资金记实；对非财政全额供款的单位，单位缴费实行实账积累。实账积累形成的职业年金基金，实行市场化投资运营，按实际收益计息。单位缴费按照个人缴费基数的8%计入本人职业年金个人账户；个人缴费直接计入本人职业年金个人账户。职业年金基金投资运营收益，按规定计入职业年金个人账户。

（四）领取条件

符合下列条件之一的可以领取职业年金：①工作人员在达到国家规定的退休条件并依法办理退休手续后，由本人选择按月领取职业年金待遇的方式，可一次性用于购买商业养老保险产品，依据保险契约领取待遇并享受相应的继承权；可选择按照本人退休时对应的计发月数计发职业年金月待遇标准，发完为止。同时，职业年金个人账户余额享有继承权。本人选择任一领取方式后不再更改。②出国（境）定居人员的职业年金个人账户资金，可根据本人要求一次性支付给本人。③工作人员在职期间死亡的，其职业年金个人账户余额可以继承。

未达到上述职业年金领取条件之一的，不得从个人账户中提前提取资金。

（五）经办管理

职业年金的经办管理工作，由各级社会保险经办机构负责。职业年金基金应当委托具有资格的投资运营机构作为投资管理人，负责职业年金基金的投资运营；应当选择具有资格的商业银行作为托管人，负责托管职业年金基金。

第六节　养老保险关系的转移衔接

在市场经济条件下，劳动者在不同地区、不同单位之间流动成为常态。为妥善处理参保人流动时的养老保险关系接续问题，广东省按国家规定建立完善了养老保险关系转移衔接制度。

一、企业职工养老保险关系的转移衔接

《广东省职工社会养老保险暂行规定》实施以前，固定职工跨统筹地区流动时，不需转移养老保险关系和基金，但合同制职工和临时工跨统筹地区流动时需转移养老保险关系和基金。

1985年8月，广东省首次对劳动合同制工人省内流动后养老保险关系接续问题做出规定，明确劳动合同制工人在本省范围内跨县、市流动时，原所在县、市要向接收县、市转移劳动保险基金。1986年12月，再一次明确规定合同制工人跨市、县转移时，其退休养老保险基金一律按转出市、县的缴纳标准，扣除管理费后，将本金和利息转移到转入地。

《广东省职工社会养老保险暂行规定》实施以后，企业职工跨统筹地区转移养老保险关系时，须同时转移储存在个人养老专户的全部养老保险基金和利息，1994年1月起单位为职工所缴养老保险费总额（不扣管理费、不计利息）的70%。合同制、临时工还应转移1993年12月底前单位和个人缴纳的养老基金和利息（扣除管理费）。

1998年7月与全国统一的养老保险制度并轨后，职工跨地区调动工作时按国家规定办理养老保险关系转移接续手续，调出地区要向调入地区转移基本养老保险关系和个人账户养老基金（含单位划入部分）。

由于基金转移量太小，参保人跨统筹地区流动就业时，养老保险关系转移遇到了很大阻力。

2008年12月，为解决养老保险关系转移难的问题，广东省制定了基本养老保险关系省内转移接续暂行办法，规定参保人在转移养老保险关系的同时，原参保地应将个人账户储存额、视同缴费账户储存额、地方养老金总额实账转入新参保地。参保人符合领取基本养老金条件时，由最后参保地按规定核发养老保险待遇，基本养老金按照参保人在省内不同参保地的缴费年限（含视同缴费年限）和平均缴费水平分段计算。同时制定了广东省基本养老保险关系转移责任分担与转移基金管理办法，实现了职工基本养老保险关系省内无障碍转移。

2010年1月起，广东省开始贯彻执行全国统一的跨省转移办法。按国家规定，跨省流动就业的参保人转移基本养老保险关系时，除了需转移个人账户储存额以外，还需按本人1998年1月1日以后各年度实际缴费工资总和的12%转移统筹基金（单位缴费）。跨省流动就业的参保人员达到待遇领取条件时，基本养老保险关系在户籍所在地的，由户籍所在地负责办理待遇领取手续，享受基本养老保险待遇；基本养老保险关系不在户籍所在地，而在其基本养老保险关系所在地累计缴费年限满10年的，在该地办理待遇领取手续，享受当地基本养老保险待遇；基本养老保险关系不在户籍所在地，且在其基本养老保险关系所在地累计缴费年限不满10年的，将其基本养老保险关系转回上一个缴费年限满10年的原参保地办理待遇领取手续，享受基本养老保险待遇；基本养老保险关系不在户籍所在地，且在每个参保地的累计缴费年限均不满10年的，将其基本养老保险关系及相应资金归集到户籍所在地，由户籍所在地按规定办理待遇领取手续，享受基本养老保险待遇。

二、企业与机关事业单位之间的转移衔接

2002年9月，广东省转发国家有关部门的通知，明确职工在机关事业单位与企业之间流动时社会保险关系的处理办法，建立了机关事业单位与企业之间养老保险制度的衔接机制。

公务员和依照、参照公务员管理的单位工作人员，进入企业并按规定参加职工基本养老保险的，根据在机关单位工作的年限给予一次性补贴，由原单位通过当地社保经办机构转入本人的基本养老保险个人账户，所需资金由同级财政安排；1998年7月1日后参加职工基本养老保险的，统一按缴费工资的11%建立个人账户，其中单位划入部分由同级财政补足。1998年7月1日（不含当日）前从机关事业单位调入企业的职工，参加企业基本养老保险前按国家和省规定计算的连续工龄视同缴费年限；1998年7月1日后调入企业的，从参加工作之日起至1998年6月30日按照国家和省规定计算的连续工龄视同缴费年限。

职工由企业进入未实行养老保险制度的机关事业单位工作后退休的，退休时将个人账户中个人缴费的本息一次性发给本人，单位缴费划入的本息上缴同级财政，由同级财政作为给予养老保险基金的补贴冲入统筹基金。职工的退休待遇按照国家机关事业单位现行办法计发。资金按所在单位经费来源渠道解决。

原机关事业单位工作人员进入企业后再次转入机关事业单位工作后退休的，退休时将个人账户中个人缴费的本息一次性发给本人，单位缴费划入和给予的一次性补贴的本息全部上缴同级财政，与同级财政作为给予机关流动人员养老保险一次性补贴及个人账户补差资金相抵，结余并入统筹基金。其退休时待遇按照国家机关事业单位现行办法计发，资金按原渠道解决。

2014年10月1日正式实施机关事业单位工作人员养老保险制度以后，参保人员跨统筹范围流动或在机关事业单位与企业之间流动，在转移养老保险关系的同时，基本养老保险个人账户储存额随同转移，并以本人改革后各年度实际缴费工资为基数，按12%的总和转移基金，参保缴费不足1年的，按实际缴费月数计算转移基金。转移后基本养老保险缴费年限（含视同缴费年限）、个人账户储存额累计计算。

2017年1月，人力资源社会保障部、财政部明确规定，参保人员从机关事业单位流动到企业参保的，其视同缴费指数按企业职工基本养老保险有关政策确定；改革后，参保人员从企业流动到机关事业单位，过渡期内达到退休年龄的，可参照待遇领取地同等条件（如职务、技术职称等）人员的标准，确定其老办法待遇标准，实行新老办法对比计发养老待遇，具体办法由各地根据实际制定。过渡期之后达到退休年龄的，直接按照新办法计发养老待遇。

参保人员从企业再次流动到机关事业单位的，本人退休时，按照机关事业单位养老保险办法计发待遇，同时补记职业年金的本金及投资收益划转到待遇领取地机关事业单位基本养老保险统筹基金。若参保人员在退休前从机关事业单位又流动到企业的，不再重复补记职业年金。

三、退役军人养老保险关系的转移衔接

2002年9月，国家有关部门规定，军官、文职干部从转业到企业工作的当月起，参加企业职工的基本养老保险，单位和个人按规定缴纳基本养老保险费，建立基本养老保险个人账户，其军龄视同缴费年限，退休时按企业的办法计发基本养老金。国家对转业到企业工作的军官、文职干部，给予养老保险一次性补贴，所需经费在年度军费预算中安排，补贴的标准为：本人退出现役上年度月平均基本工资×在军队服役年限×0.3%×120个月。

2012年7月1日开始实施的《中华人民共和国军人保险法》规定，军人退出现役参加基本养老保险的，国家给予退役养老保险补助。

2012年8月，国家有关部门对军人退役养老保险关系转移接续办法做了具体规定，明确规定退役养老保险补助由军人所在单位后勤（联勤、保障）机关财务部门在军人退出现役时一次算清。计算办法为：军官、文职干部和士官，按本人服现役期间各年度月工资20%的总和计算；义务兵和供给制学员，按本人退出现役时当年下士月工资起点标准的20%乘服现役月数计算。其中，12%作为单位缴费，8%作为个人缴费。军官、文职干部和士官计算服现役期间养老保险补助的工资项目包括：基本工资、军人职业津贴、工作性津贴、生活性补贴和奖励工资。

军人入伍前已经参加职工基本养老保险的，其基本养老保险关系和相应资金不转移到军队，由原参保地社会保险经办机构开具参保缴费凭证交给本人，并保存其全部参保缴费记录，个人账户储存额继续按规定计息。

军人退出现役后继续参加职工基本养老保险的，由本人持原参保地社会保险经办机构开具的参保缴费凭证，按照国家规定办理基本养老保险关系转移接续手续。

军人退出现役采取退休、供养方式安置的，经本人申请，由原参保地社会保险经办机构依据军人所在团级以上单位出具的《军人退休（供养）证明》和参保缴费凭证等相关手续，退还个人账户储存额，终止基本养老

保险关系。

军官、文职干部退出现役自主择业的，由安置地政府逐月发给退役金，退出现役时不给予退役养老保险补助，按照国家规定依法参加当地职工基本养老保险，其养老保险缴费年限从在当地缴纳养老保险费之日算起。

2015年9月，国家有关部门重新对军人退役基本养老保险关系转移接续有关问题做出规定。计划分配到企业工作的军队转业干部和军队复员干部，以及由人民政府安排到企业工作和自主就业的退役士兵，退出现役后参加企业职工或者城乡居民基本养老保险。军人退役基本养老保险补助的计算办法为：军官、文职干部和士官，按本人服现役期间各年度月缴费工资20%的总和计算；义务兵和供给制学员，按本人退出现役时当年下士月缴费工资起点标准的20%乘以服现役月数计算。其中，12%作为单位缴费，8%作为个人缴费。

计划分配到机关事业单位工作的军队转业干部和退役士兵，退出现役后参加机关事业单位基本养老保险。军人退役基本养老保险补助的计算办法为：军官、文职干部和士官，按本通知施行后服现役期间各年度月缴费工资20%的总和计算；义务兵和供给制学员，按本人退出现役时当年下士月缴费工资起点标准的20%乘以本通知施行后服现役月数计算。其中，12%作为单位缴费，8%作为个人缴费。

计划分配到企业工作的军队转业干部和军队复员干部，以及由人民政府安排到企业工作和自主就业的退役士兵，其军人退役基本养老保险关系转移至安置地负责企业职工基本养老保险的县级以上社会保险经办机构。计划分配到机关事业单位工作的军队转业干部和退役士兵，其军人退役基本养老保险关系转移至安置地负责机关事业单位基本养老保险的县级以上社会保险经办机构。

四、职工养老保险与城乡居民养老保险之间的转移衔接

2014年2月，人力资源和社会保障部、财政部对城乡养老保险制度衔接做出明确规定，参加城镇职工养老保险和城乡居民养老保险人员，达到城镇职工养老保险法定退休年龄后，城镇职工养老保险缴费年限满15年（含延长缴费至15年）的，可以申请从城乡居民养老保险转入城镇职工养老保险，按照城镇职工养老保险办法计发相应待遇；城镇职工养老保险缴

费年限不足 15 年的，可以申请从城镇职工养老保险转入城乡居民养老保险，待达到城乡居民养老保险规定的领取条件时，按照城乡居民养老保险办法计发相应待遇。

参保人员从城乡居民养老保险转入城镇职工养老保险的，城乡居民养老保险个人账户全部储存额并入城镇职工养老保险个人账户，城乡居民养老保险缴费年限不合并计算或折算为城镇职工养老保险缴费年限。

参保人员从城镇职工养老保险转入城乡居民养老保险的，城镇职工养老保险个人账户全部储存额并入城乡居民养老保险个人账户，参加城镇职工养老保险的缴费年限合并计算为城乡居民养老保险的缴费年限。

五、补充养老保险的转移衔接

（一）企业年金的转移接续

1992 年，广东省规定，职工跨地区调动或改变就业单位时，原企业为职工提供的补充养老保险金，社会保险机构按原企业章程的规定，分别做出予以保留、随同转移或退回企业的处理。按国家有关法规、规章被开除、除名和自动离职的职工，补充养老保险金和利息退回企业或转作其他职工的补充养老金。职工在退休之前死亡的，补充养老金按财产继承法处理。

劳动和社会保障部 2004 年颁布的《企业年金试行办法》规定，职工变动工作单位时，企业年金个人账户资金可以随同转移。职工升学、参军、失业期间或新就业单位没有实行企业年金制度的，其企业年金个人账户可由原管理机构继续管理。

人力资源和社会保障部、财政部 2017 年颁布的《企业年金办法》规定，职工变动工作单位时，新就业单位已经建立企业年金或者职业年金的，原企业年金个人账户权益应当随同转入新就业单位企业年金或者职业年金。职工新就业单位没有建立企业年金或者职业年金的，或者职工升学、参军、失业期间，原企业年金个人账户可以暂时由原管理机构继续管理，也可以由法人受托机构发起的集合计划设置的保留账户暂时管理；原受托人是企业年金理事会的，由企业与职工协商选择法人受托机构管理。

（二）职业年金的转移衔接

根据国家和省相关规定，2014 年 10 月 1 日以后，建立了职业年金的机关事业单位工作人员变动工作单位时，职业年金个人账户资金可以随同转移。工作人员升学、参军、失业期间或新就业单位没有实行职业年金或企业年金制度的，其职业年金个人账户由原管理机构继续管理运营。新就业单位已建立职业年金或企业年金制度的，原职业年金个人账户资金随同转移。

参保人员办理了正式调动或辞职、辞退手续离开机关事业单位的，根据改革前本人在机关事业单位工作的年限长短补记职业年金，以实账方式划转至本人职业年金个人账户，所需资金由其原所在单位按现行经费保障渠道解决。

第四章 医疗保险制度改革

第一节 广东医疗保险制度改革背景和进程

医疗保险制度是指一个国家或地区按照保险原则为解决居民防病治病问题而筹集、分配和使用医疗保险基金的制度。医疗保险制度作为居民医疗保健事业的有效筹资机制,是保证居民获得必要的医疗卫生服务的一种社会保障形式,也是社会保险体系的重要组成部分。

一、计划经济体制下的广东医疗保险制度

中华人民共和国成立之初,基于我国城乡二元结构的特殊国情与历史现实,在城镇层面,原政务院于1951年颁布《中华人民共和国劳动保险条例》,确立了劳保医疗制度;随后原政务院于1952年颁布《关于全国各级人民政府、党派、团体及所属事业单位的国家工作人员实行公费医疗预防的指示》等一系列文件,建立了公费医疗制度。这两项制度均为免费医疗制度,广东城镇在国家统一部署下执行这两项制度。在农村层面,国家在农村逐步建立了原农村合作医疗制度(简称"老农合")。"老农合"形成于20世纪50年代,其主要筹资来源为农村集体经济,1968年经毛泽东批示推广后,在我国迅速普及。1979年国家出台《农村合作医疗章程(试行)》后,我国90%的行政村(生产大队)实行了合作医疗。广东省的"老农合"出现于20世纪50年代中后期,于70年代步入巅峰期。据统计,1975年,广东合作医疗覆盖率达97.3%,参加人数近3686万人,占到全省农业人口的89.20%。[①]

[①] 黄小玲:《广东省新型农村合作医疗制度建设研究》,广东人民出版社2008年版,第24页。

二、广东医疗保险制度改革的背景

1978 年之后,广东正式拉开了改革开放的序幕,经济发展环境发生显著变化,计划经济体制下的广东医疗保险制度变得不合时宜。

从城镇层面看,旧制度弊端突出体现在 3 方面:一是经济体制改革、国企改革等使城镇医疗保障制度从本质上转变成为一种"单位"保障,但以"单位"作为风险互济范围和服务组织,社会化程度低,风险分散能力有限。二是非公有制经济单位和个体户快速增加,旧制度保障功能和范围有限,根本无法覆盖这些新群体。三是医疗费用增长过快,财政和企业不堪重负,1978—1997 年,广东职工医疗费用增速远高于同期 GDP 增速和财政收入增速。

从农村层面看,随着政社合一的"人民公社"集体经济解体,家庭联产承包责任制推行,家庭成为农业生产的基本经营单位,广东"老农合"进入衰退期,集中表现为 4 点:一是集体经济的解体,使合作医疗制度缺乏筹资来源;二是合作医疗制度的组织体系被削弱,管理制度已不再适用;三是农民参合意愿随着制度的解体而逐渐淡薄,参合率不断下降;四是合作医疗机构解体,已不再能发挥原先保障农民健康的作用。因此,随着时间推移,广东"老农合"大面积解体,自费医疗制度再次成为广东农村占主导地位的医疗制度。

三、广东医疗保险制度改革的进程

(一) 传统医疗保险制度的转型探索阶段(1978—1992 年)

该时期为城镇医疗保险制度的改革尝试期,也是"老农合"的全面衰退期。

城镇医疗保险制度改革方面,这一时期可以细分为两个阶段。

第一个阶段为 1978—1985 年,主要是针对旧有医疗保障制度微观设计缺陷,尝试引入需方费用分担机制。[1] 这一时期,政府对医疗机构投入不断减少,医疗机构营利动机强化。知青回城,城镇就业人口快速增加,公费

---

[1] 赵斌,尹纪成,刘璐:《我国基本医疗保险制度发展历程》,《中国人力资源社会保障》,2018 年第 1 期,第 22 页。

和劳保医疗覆盖人数不断增加，加之就医免费，患者缺乏费用意识，城镇制度费用支出快速增长。针对上述问题，广东做了如下改革探索：一是在公费和劳保医疗中引入患者自付，即"挂钩"。具体执行中一般是门诊医疗费用定额包干使用，或门诊、住院时个人自付一定比例医药费，个人负担比例各地不同，大多为10%~20%。同时，规定了自付费用限额。这一方式后来被劳保医疗和公费医疗普遍采用。二是改革公费医疗经费管理办法。三是制定出台公费劳保医疗用药目录，控制药品支出。

第二个阶段是1985年之后，主要通过调整制度来适应宏观经济环境变化。主要探索点在于突破传统"单位"保障，对离退休人员医疗费用试行社会统筹。

这一时期，"老农合"制度事实上已经瓦解。1980年年底，广东省农村合作医疗覆盖率降至41.60%，1983年再降至10.3%。① 20世纪90年代初，为应对日趋严重的农民因病致贫和因病返贫问题，广东省农村合作医疗被迫开始重建工作。

总的来看，这一时期的改革源于旧制度与改革开放初期经济体制转轨的不相适应，虽然为未来基本医疗保险制度改革积累了经验，但未能从根本上解决问题。

（二）新的基本医疗保险制度探索和框架构建阶段（1992—2009年）

本时期的改革很大程度可视作当时广东国企改革的配套措施，这也是改革先从城镇职工开始的主要原因。

1. 城镇职工基本医疗保险制度的建立

1992年，深圳、佛山率先开展职工医疗保险试点；1994年，国家在九江、镇江开展"两江"试点；1996年，全国试点达到40个城市，广州、珠海是其中之一；1998年年底，国务院决定在全国推行职工医疗保险制度改革；1999年，广东在全省范围内启动职工医疗保险制度改革；2001年，广东各地全部建立起统账结合模式的职工医疗保险制度。随后，为适应我国就业方式转变和人口流动需求，广东建立了单建统筹模式的职工医疗保险制度，将灵活就业人员、异地务工人员等纳入职工医保范围。

---

① 黄小玲：《广东省新型农村合作医疗制度建设研究》，广东人民出版社2008年版，第24页。

2. 新型农村合作医疗制度的建立

该制度的建立总体上分为两个阶段，第一个阶段为尝试恢复"老农合"但以失败告终的阶段，第二个阶段成功建立了"新农合"。第一阶段为1991—2002年。20世纪90年代初，广东农村因病致贫、因病返贫的问题频发，怎样建立新时期的农村医疗制度成为广东政府的重点工作之一，国家当时提出了恢复与重建"老农合"。1991年1月17日，国务院批转了卫生部、农业部、人事部、国家教委、国家计委《关于改革和加强农村医疗卫生工作的请示》，明确提出要"稳步推行合作医疗保健制度，为实现人人享有卫生保健提供社会保障"。1993年，中共中央在《关于建立社会主义市场经济体制若干问题的决定》中强调指出，要"发展和完善农村合作医疗制度"。1997年5月，国务院批转了卫生部等部门《关于发展和完善农村合作医疗的若干意见》，对推动传统农村合作医疗制度在农村的恢复和发展起到了积极的作用。根据1997年统计，广东"老农合"覆盖率达到20%，但其恢复和重建并没有达到预期效果。第二阶段为2002—2009年。2002年，国务院《关于进一步加强农村卫生工作的决定》明确提出逐步建立新型农村合作医疗制度。2003年，国务院转发《关于建立新型农村合作医疗制度的意见》，广东随即将建立新农合制度列入了全民安康工程之中，这标志着广东新农合制度的逐步建立、针对农村人口的基本医疗保险制度正式建立。2006年，广东全省各地基本建立新农合制度，覆盖有农业人口的123个县（市、区）。

3. 城镇居民基本医疗保险制度的建立

随着职工医保和新农合制度的逐步建立，原来可享受劳保医疗和公费医疗家属待遇的城镇居民成为基本医疗保险制度覆盖的盲点。为此，依据国务院《关于开展城镇居民基本医疗保险试点的指导意见》，2007年，广东在梅州、湛江、揭阳、韶关、惠州、肇庆等六市开展城镇居民医保试点，将城镇非从业人员纳入保障范围；2008年，城镇居民医保在全省全面推开。

（三）全民医疗保险制度的发展和完善阶段（2009年至今）

1. 从政策全覆盖走向建立全民医保制度

这一阶段的时间为2009—2011年。2009年3月，国务院印发《医药卫生体制改革近期重点实施方案（2009—2011年）》，要求全国各地"三年内，职工医保、居民医保和新农合覆盖城乡全体居民，参保率均提高到90%以上"。据统计，截至2010年2月，广东省参加基本医疗保险人数为

4568万人，提前超额完成了国家下达的参保任务，总体参保率接近90%，迈开全民医保改革重要一步。

2. 全面深化全民医保制度改革时期

这一时期为2011年至今，在制度框架层面，支撑全民医保的"两纵"（职工医保和城乡居民基本医疗保险）、"三横"（医疗救助、基本医疗保险、商业健康保险）的基本医疗保障制度格局已基本形成，并逐步完善。全民医保改革在一些关键领域和环节取得突破性进展，广东医保事业进入统筹城乡、整合制度的全民医疗保障新阶段。随着广东经济社会不断发展和全民医保基本实现，人民群众对医疗保障的需求从"人人享有"进一步提升为"公平享有"。广东以维护群众医保权益、保障群众平等享受改革发展成果为出发点，着力缩小城乡差距，大力推进城乡统筹。"两保合一"方面，2012年广东率先全面整合城镇居民医保和新农合，归口人力资源社会保障部门统一管理，实施统一的城乡居民医保制度。"三保合一"方面，东莞市、中山市结合本地实际分别于2008年、2010年整合职工医保和城乡居民医保两项制度，建立一体化的医保制度模式，率先在全国实现真正意义上的医保城乡一体化。目前，广东医保城乡一体化改革试点已达5个市。

第二节 广东构建基本医疗保险制度框架的探索实践

一、城镇职工基本医疗保险制度的探索实践

为适应社会主义市场经济发展的要求，广东省于20世纪90年代正式拉开了医疗保险改革的序幕。1992年，广东省的深圳市、佛山市率先开展职工医疗保险试点，将公费医疗与劳保医疗改为职工医疗保险。随后，1996年广州、珠海成为职工医疗保险国家试点城市。1998年年底，国务院决定在全国推行职工医疗保险制度改革，正式取消了劳保医疗与公费医疗两项制度。在此基础上，1999年广东省政府印发《全省城镇职工基本医疗保险制度改革规划方案》，在全省范围内启动职工基本医疗保险制度改革。2001年，广东全省各地级以上市全部建立起统账结合模式的职工基本医疗保险制度。随后，为适应灵活就业、流动人口群体的特殊需求，广东省逐步将灵活就业人员、异地务工人员等纳入城镇职工基本医疗保险范围，建立起单建统筹模式的职工基本医疗保险制度。到2010年，广东省政府印发《关

于加快推进我省基本医疗保险和生育保险市级统筹工作的通知》，基本完成了职工基本医疗保险市级统筹工作。2013年，广东省再次出台《关于印发广东省流动就业人员基本医疗保险关系转移接续暂行办法的通知》，实现了省内职工基本医疗保险关系顺畅转移接续。

至2017年，广东城镇职工基本医疗保险制度主要执行情况为：

（1）参保范围。各类企业、机关、事业单位、社会团体、民办非企业单位及其职工应当参保，无雇工的个体工商户、非全日制从业人员以及其他灵活就业人员可以参保。

（2）缴费标准。一是统账结合类型。医疗保险费由用人单位和职工共同缴纳，单位缴费比例一般为工资总额的6%左右，缴纳金额分别进入统筹基金和个人账户；职工缴费比例为本人工资的2%，直接进入个人账户；退休人员不缴费。目前，全省平均费率为8.28%，低于全国9.88%的平均水平，处于全国第二低位。二是单建统筹类型。此模式主要覆盖异地务工人员和灵活就业人员群体，只建立统筹基金，不建立个人账户。异地务工人员以单位缴纳为主，灵活就业人员由个人缴纳，一般为职工平均工资的3%左右。全省14个地级以上市建立了单建统筹模式的职工医保制度。

（3）住院待遇。医疗保险基金对起付标准以上、最高限额以下的住院医疗费用，给予一定比例的报销。全省职工医疗保险政策规定的住院报销比例为87%和76%，最高支付限额分别达68万元。起付标准原则上控制在当地职工年均工资的10%左右，实际上已经降低至2%~5%。全省职工医疗保险一、二、三级医疗机构起付线平均分别约为300元、500元、800元。

二、城镇居民基本医疗保险制度的探索实践

2004年起，东莞、佛山、中山等地相继开展了城乡居民基本医疗保险的试验，为广东城乡居民基本医疗制度的实行进行了前期探索，积累了丰富经验。2007年，广东在梅州、湛江、揭阳、韶关、惠州、肇庆等六市开展城镇居民医保试点。

2007年8月，广东省委、省政府印发《关于解决社会保障若干问题的意见》，着手建立城镇居民基本医疗保险制度。文件强调：将城镇职工基本医疗保险制度覆盖范围以外的本省各统筹地区城镇户籍居民统一纳入城镇居民基本医疗保险制度保障范围，具体保障对象包括未成年人（未满18周岁的居民以及18周岁以上的中学生），18周岁及以上无业居民，未享受公

费医疗的大中专及技工学校全日制在校学生，征地后转为城镇居民的被征地农民等；在待遇水平方面，城镇居民基本医疗保险坚持低水平起步，着眼于保障基本的医疗需求，重点解决参保人员在保险期限内疾病、意外事故以及符合计划生育政策规定的生育或终止妊娠发生的住院医疗费用和门诊特定病种医疗费用。

2007年9月，广东省政府办公厅转发省劳动保障厅、财政厅关于建立城镇居民基本医疗保险制度实施意见，强调进一步扩大城镇职工基本医疗保险覆盖面，将混合所有制、非公有制经济组织从业人员以及各类灵活就业人员、进城务工人员纳入城镇职工基本医疗保险；各地要根据经济发展水平和城镇居民的承受能力，合理确定城镇居民基本医疗保险筹资水平；各级政府要建立财政对城镇居民参加基本医疗保险的缴费支持机制。城镇居民参加基本医疗保险，原则上由财政按人均每年不低于50元的标准给予补助。省财政对东西两翼、粤北山区以及恩平市的城镇居民参加基本医疗保险，按实际参保人数人均每年35元的标准给予补助，所在市、县、乡镇（街道）三级财政按每人每年不低于15元给予补助。在此基础上，对属于低保对象、重度残疾的学生和儿童、丧失劳动能力的重度残疾人、低收入家庭60周岁以上的老年人等困难居民参保所需的家庭缴费部分，各级财政给予50%的补助，其余50%由当地城乡基本医疗救助金解决。其中财政补助部分，由省财政对东西两翼、粤北山区以及恩平市负担50%。2008年，城镇居民医保在广东全面推开，当年居民参保人数超千万。

至2017年，城镇居民基本医疗保险制度改革取得重要进展：

（1）参保范围。职工医疗保险制度覆盖范围以外的本省户籍城乡居民（包括未成年人和18岁以上无业居民）、省内的各类全日制普通高等学校和科研院所全日制本专科生和研究生、中等职业技术学校和技工学校全日制学生以及在本省就读中小学的异地务工人员子女。

（2）缴费标准。城乡居民医疗保险实行个人缴费和政府补助相结合。2017年，广东各级政府补助标准为每人每年不低于450元，个人缴费由各市根据实际情况确定，国家"医改"文件要求人均不低于180元。此外，低保对象、特困供养人员、建档立卡的贫困人员、低收入家庭重度残疾人、重病患者、老年人和未成年人等困难群众，其个人缴费由政府全额资助。2012—2017年城乡居民医保人均各级财政补助情况见表4-1。

表4-1 2012—2017年城乡居民医保年人均各级财政补助情况（单位：元）

年份	合计	中央	省	市县（区）
2012	240	30	156	54
2013	280	38	182	60
2014	320	46	208	66
2015	380	58	247	75
2016	420	66	273	81
2017	450	72	292.5	85.5

（3）住院待遇。医疗保险基金对起付标准以上、最高限额以下的住院医疗费用，给予一定比例的报销。全省居民医疗保险政策规定的住院报销比例为76%，最高支付限额为58万元。全省城镇居民医疗保险一、二、三级医疗机构起付线平均分别约为250元、450元、750元。

三、新型农村合作医疗制度的探索实践

20世纪80年代初，随着农村经济体制与经营管理模式的转变，广东传统农村合作医疗（简称"老农合"）出现了大滑坡。90年代初，广东"老农合"开始重建工作。据统计，1996年广东只有1285个村实行合作医疗，仅占村总数的5.86%，人口覆盖率仅有7.1%，"老农合"全面衰退。1996年全国农村合作医疗现场会召开后，广东省加快了推进农村合作医疗工作的进程。1996年，广东在恩平市召开了全省农村合作医疗工作现场会，对发展和完善农村合作医疗提出了进一步要求。1997年年底，省政府再次在惠州市召开全省农村合作医疗工作现场会，推广小金口镇的试点经验。在广东省委、省政府的重视和有关部门的努力下，全省各地农村合作医疗有了不同程度的发展，参加人数不断增加。据统计，2000年广东省农村参加合作医疗和各种集资医疗形式的人数占全省农业人口总数约20.50%。[1]

从2001年开始，广东省农村合作医疗开始迈上了新阶段。2001年11月，广东省政府提交了《关于建立和完善农村合作医疗保障制度议案的办

---

[1] 黄小玲：《广东省新型农村合作医疗制度建设研究》，广东人民出版社2008年版，第24页。

理报告方案》提出，从 2002 年起，用 9 年时间，分阶段积极稳妥地推动农村合作医疗的发展，逐步提高农民的医疗保障水平，到 2006 年广东省参加农村合作医疗的人口覆盖率达到 60% 以上，到 2010 年达到 85%。该提案得到了省人大的批准，并从 2002 年起在全省积极予以贯彻和实施。中共中央、国务院 2003 年 1 月出台《关于建立新型农村合作医疗制度的意见》后，广东省在 2003 年 6 月将农村合作医疗的管理职能由省农业厅转回省卫生厅，并把建立新型农村合作医疗制度列入了全民安康工程之中。2004 年 2 月，省政府办公厅转发了省卫生厅《关于建立和完善新型农村合作医疗制度的意见》，提出按新型农村合作医疗的要求，用 2～3 年时间规范农村合作医疗制度。2005 年 2 月，广东省人民政府办公厅转发了省卫生厅《关于我省新型农村合作医疗制度建设情况报告》，细致总结了广东省新型农村合作医疗建设的基本情况和存在问题。省卫生厅农村合作医疗办公室 2005 年制定下发了《关于健全农村合作医疗信息公开制度的通知》《关于规范新型农村合作医疗补偿报销制度的通知》，并于 2006 年组织开展了县级农村合作医疗工作评估。

广东传统农村合作医疗制度从萌芽、产生、推广、发展、衰退、解体、恢复到新型农村合作医疗新制度的确立，经历了一个较为曲折的发展过程。与广东"老农合"相比，广东"新农合"呈现出六大显著特征：一是筹资机制更为完善，明确了政府、集体、个人的筹资责任，加大了政府财政支持力度；二是提高了统筹层次，以县级统筹为主，增强了农村合作医疗的抗风险能力；三是提高了管理层次，强化了政府的管理责任；四是以大病统筹为主，共济抗风险能力提高；五是强调农民自愿参加的原则、知情权以及参与监管权；六是同步建立农村医疗救助制度，强调农村合作医疗制度与医疗救助制度之间的有机联系，帮助贫困农民参加农村合作医疗（见表 4-2）。广东省自实施新型农村合作医疗制度以来，全省的农村合作医疗有了显著发展。2004—2008 年，全省农民参合率逐年提升，分别为 36.5%、50.5%、61.5%、83.8%、95.4%。从 2006 年起，广东省新型农村合作医疗基本实行县级统筹。2008 年筹资水平（含财政支持、集体）一般在人均 100～250 元，费用报销比例在 40%～60%，报销封顶线在 300 元以上。[①]

---

① 黄小玲：《广东省新型农村合作医疗制度建设研究》，广东人民出版社 2008 年版，第 25 页。

表4-2　广东"老农合"和"新农合"的主要内容对比

老农合	新农合
(1) 统筹形式：在农村合作化运动基础上，依靠集体经济，按照互济互助原则建立起来的一种集资医疗制度 (2) 参与情况：农村全体社员参与 (3) 筹资来源：老农合制度与农村社、队集体核算制度相对应，经费主要来源于集体公益金的补助 (4) 保障水平：社员看病只需要缴纳少量的费用，多则交纳一两元，少则交纳几角钱便可以享受全年的免费医疗。其本质是一项低补偿的农村集体福利事业，"老农合"制度下各地集资数额的有限让各地合作医疗难免经费紧张	(1) 统筹形式：以县统筹的形式筹集、管理、使用合作医疗基金 (2) 参加原则：政府组织，农村人口以户为单位自愿参加 (3) 筹资标准：合作医疗筹资额一般要达到人均60元以上的标准，包括农民个人出资10元以上、集体扶持和政府支持的资金 (4) 运作时间：每年实行一次性筹资，一般每年的10月至11月为下一年度农村合作医疗的收费时间。1月1日至12月31日为新一年度合作医疗的起止时间。参加人在本年度内发生章程规定的大病住院情况，可按规定得到适度补助 (5) 保障水平：以保大病住院为主，可以兼顾门诊补偿。规定报销范围、支付比例、起付线、封顶线 (6) 补偿方式：当事人出院后，持有关凭证到村委会提出申请，村委会出具证明，由本人到镇合作医疗办公室办理报销补偿手续，也可由村代办 (7) 医疗救助：资助特困农户和贫困户参加合作医疗；特困农户患大病，在获合作医疗补助后仍有较大困难的，可申请医疗救助 (8) 管理监督：登记造册、统计、审计、账目公开、年终报告及其他监督事项

四、医疗保险管理制度的改革探索

控制医疗费用的关键在于对医疗服务行为进行有效管理和引导。医疗保险管理制度与管理方式的不断优化，有利于促进医疗保障事业可持续发展。广东医疗保险管理制度的实践探索是集中体现在"三个目录，两个定点，一个结算办法"从无到有再不断优化的过程中的。

（一）建立"三个目录"

"三个目录"即基本医疗保险药品目录、诊疗项目和医疗服务设施标准。参保人员在"三个目录"规定范围内发生的医疗费用，由基本医疗保险基金按规定支付。

1987年，广东省卫生厅印发《医院基本用药品种目录》，开始对省、市、区级医院使用基本用药品种实行目录管理。

1999年7月，广东省转发国家劳动保障部等七部门印发的《城镇职工基本医疗保险用药范围管理暂行办法》。其中规定西药和中成药分甲类目录和乙类目录。甲类目录由国家统一制定，各地不得调整。乙类目录由国家制定，各省、自治区、直辖市可根据实际适当调整，但增加和减少的品种数之和不得超过国家制定的乙类目录药品总数的15%。

1999年11月，广东省转发劳动保障部等五部门《关于城镇职工基本医疗保险诊疗项目管理的意见》和《关于确定城镇职工基本医疗保险医疗服务设施范围和支付标准的意见》，对相关问题作了明确规定。

2000年5月，劳动保障部印发我国第一版《基本医疗保险药品目录》，并明确各省、自治区、直辖市可对《国家药品目录》中的"乙类药品"进行调整，但增加和减少的品种数之和应控制在全部乙类药品总数的15%以内。

2000年12月，广东省劳动保障厅印发《广东省城镇职工基本医疗保险用药范围管理暂行办法》和《广东省城镇职工基本医疗保险诊疗项目管理暂行办法》。明确基本医疗保险用药管理范围通过制定《广东省基本医疗保险药品目录》进行管理。诊疗项目通过采用排除法分别规定《基本医疗保险不予支付费用的诊疗项目范围》和《基本医疗保险支付部分费用的疗项目范围》进行管理。

2000年12月，广东省劳动保障厅印发《广东省城镇职工基本医疗保险医疗服务设施范围和支付标准管理暂行办法》，明确规定了基本医疗保险支付范围的医疗服务设施费用项目和基本医疗保险基金不予支付的生活服务项目和服务设施费用。

2001年2月，广东省劳动保障厅印发《广东省基本医疗保险药品目录》。目录制定过程中，通过与企业"协商谈判"的形式将价格较高、治疗本省高发病"乙肝"的"拉米夫定"纳入目录，纳入目录后企业即主动降价，在约定时间达不到约定的价格的，就从目录删除。这是国内第一次通过"协商谈判"进目录。

2005年6月，广东省劳动保障厅印发《广东省基本医疗保险和工伤保险药品目录（2004年版）》，根据国家要求对2000年版的药品目录进行了调整。本次调整时，通过与药企"谈判"、专项援助方式，将抗肿瘤药伊马替尼纳入医保，是通过"谈判"降低医药费用的一次成功实践。

2006年12月，为加强和规范基本医疗保险门诊特定病种的管理，广东省劳动保障厅下发《广东省基本医疗保险门诊特定病种管理的指导意见》，将16种疾病纳入门诊特定病种管理，并明确了基本医疗保险门诊特定病种的原则和申请程序、结算办法。

2012年9月，广东省社会保险基金管理局下发基本医疗保险"三个目录"省编码库，在全国率先采用人力资源和社会保障部《社会保险药品分类与代码》编制医疗保险"三个目录"编码库。

（二）"两个定点"

"两个定点"是指基本医疗保险实行定点医疗机构和定点药店管理。

1999年6月，广东省转发劳动保障部、国家药品监督管理局印发的《城镇职工基本医疗保险定点零售药店管理暂行办法》和劳动保障部、卫生部、国家中医药管理局印发的《城镇职工基本医疗保险定点医疗机构管理暂行办法》，对定点零售药店的资格条件、审批程序和定点医疗机构应具备的条件、审批程序等做了明确规定。

2002年11月，广东省转发卫生部等11个部门《关于加快发展城市社区卫生服务的意见》，要求各地劳动保障部门将符合条件的社区卫生服务机构纳入城镇职工基本医疗保险定点医疗机构范围，规定医疗保险基金应支付的社区卫生服务项目，参保人员在社区卫生服务机构就诊费用的个人自付比例应低于在二级医院和三级医院就诊自付的比例。逐步建立和完善社区卫生服务机构与医院的双向转诊制度。

2008年8月,广东省劳动保障厅、省政厅等部门联合印发《关于开展基本医疗保险普通门诊医疗费用统筹的指导意见》,要求在全省逐步开展城镇基本医疗险普通门诊医疗费用统筹。普通门诊统筹立足社区卫生服务机构或基层医疗机构治疗,定点医疗机构原则上在社区卫生服务机构或基层医疗机构中确定。

(三)"一个结算办法"

"一个结算办法"即支付制度。参保人就医时所发生的医疗费用,参保人只支付由自己负担的部分,其余部分由医保经办机构负责与定点医疗费用进行结算,此结算办法也称支付(或称付费)制度。这种由不同支付方式组成,科学合理的支付方式,有利于保障参保人员医疗权益,规范医疗服务行为,提高基金使用效率。

2006年11月,广东省劳动保障厅转发劳动保障部《关于促进医疗保险参保人员充分利用社区卫生服务的指导意见》,要求通过将社区卫生服务中的基本医疗服务项目纳入医疗保险支付范围,引导参保人利用社区卫生资源;门诊慢性病、门诊特定病种经确诊后,应主要在社区卫生服务机构就诊;可实行按项目付费,也可以采取按病种定额付费。

2009年9月,广东省转发人力资源和社会保障部、财政部、卫生部《关于开展城镇居民基本医疗保险门诊统筹指导意见的通知》,要求有条件的地区开展城镇居民基本医疗保险门诊统筹,积极探索总额预付或按人头付费等费用结算办法。

2010年3月,广东医疗保险省内异地就医联网结算系统正式启动。佛山市社保基金局和南方医科大学珠江医院成为先行试点单位。2013年12月,广东省社会保险基金管理局组织16个地级市社保基金局与广州市23家定点医疗机构在广州集中签订异地就医医疗服务协议。珠海、汕头、佛山、韶关、河源、惠州、汕尾、东莞、中山、江门、湛江、茂名、肇庆、清远、潮州、云浮16个地级市以及31家医疗机构(广州市内23家、市外8家)已通过省异地就医联网结算系统平台实施联网。2015年,广东实现全省省内异地就医的直接结算,全省异地就医即时结算工作上了一个新台阶。

目前,广东在总额控制的基础上,实施普通门诊费用以按人头付费为主,住院费用以按病种分值付费为主,针对精神病、老年慢性病、家庭病床等按床日付费,零星报销均采用按项目付费的复合式支付方式。2017年,广东按国家统一部署,组织全省各统筹区经省平台与国家平台对接,积极推进医保全国联网和跨省异地就医直接结算。目前,全省异地就医直接结算实现了资金流、信息流、"三个目录"、接口规范、经办规程的"五统一"管理,做到了全省异地就医费用的"一账式"付款、"一门式"经办、"一网式"监管,较好地解决了参保人省内异地就医"垫支""跑腿"难题。

第三节 建立多层次医疗保险制度的探索实践

一、广东城乡医疗救助制度的探索实践

城乡医疗救助制度是指通过政府拨款和社会捐助等多渠道筹资建立基金,对患大病的农村"五保户"和贫困农民家庭、城市居民最低生活保障对象中未参加城镇职工基本医疗保险人员、已参加城镇职工基本医疗保险但个人负担仍然较重的人员以及其他特殊困难群众给予医疗费用补助的救助制度。

2000年11月,广东省发文要求全面落实基本医疗救助制度,保障特困群众的基本医疗需求。

2010年2月,为进一步完善城乡医疗救助制度,保障困难群众基本医疗,广东省民政厅等五部门出台《广东省城乡特困居民医疗救助办法》,对城乡最低生活保障对象、农村五保供养对象和城镇无经济来源、无劳动能力、无法定赡养人或抚养人的人员(即城镇"三无"人员)、县级以上人民政府规定的其他特殊困难人员实施医疗救助。具体地,即对农村五保供养对象和城镇"三无"人员自付部分的门诊、住院费用予以全额补助。对城乡最低生活保障对象、农村五保供养对象、城镇"三无"人员参加城镇居民(职工)医保、"新农合"的个人缴费部分予以全额资助。

2014年11月,广东省政府办公厅印发关于建立广东省疾病应急救助制度的实施意见,提出通过建立多渠道的筹资机制,设立省、市疾病应急救助基金,明确政府各部门和医疗机构的职责,规范紧急救治标准和程序,对需要急救但身份不明或无负担能力的患者实施应急医疗救助,着力健全多层次的医疗保障体系,切实维护社会和谐稳定。

2016年1月,广东省民政厅、财政厅、人社厅、卫计委、保监局《关于进一步完善医疗救助制度全面开展重特大疾病医疗救助工作的实施意见》出台,使广东医疗救助政策实现重大突破:①首次将低收入救助对象、因

病致贫家庭重病患者和符合一定条件的持本地居住证的常住人口纳入医疗救助范围。②首次实现城乡政策目标、资金筹集、对象范围、救助标准、救助程序等的统一，设立"城乡医疗救助基金专账"，统一城乡医疗救助资金核算，确保城乡困难群众得到医疗救助的权利公平、机会公平、规则公平、待遇公平。③首次明确低收入救助对象和因病致贫家庭重病患者认定标准。④首次规定全额资助最低生活保障家庭成员、特困供养人员、低收入救助对象等参加城乡居民基本医疗保险，明确给予参加职工基本医疗保险救助对象的资助水平。⑤首次明确为最低生活保障家庭成员和特困供养人员购买商业保险，进一步减轻困难群众政策范围外的医疗支出负担。⑥首次规定门诊救助比例，将最低生活保障家庭成员和特困供养人员全面纳入门诊救助范围。⑦首次规定重特大疾病医疗救助比例，重特大疾病医疗救助不限病种、不限费用，按群众困难程度确定救助比例。⑧首次规定免收最低生活保障家庭成员和特困供养人员住院押金，取消最低生活保障家庭成员、特困供养人员、低收入救助对象医疗救助起付线，他们在定点医疗机构发生的医疗费用，均可以得到医疗救助。

2016年12月，广东省民政厅等六部门发布《关于广东省困难群众医疗救助的暂行办法》，对救助对象、申请审核审批程序、救助方式与标准、资金筹集和管理等进行了详细规定。《暂行办法》指出医疗救助实行各级政府分级负责制。省民政厅统筹开展全省医疗救助工作，地级以上市民政部门牵头做好本行政区域内的医疗救助工作，县（市、区）民政部门负责实施本区域医疗救助工作。各级民政部门应当按照财政预算编制要求，根据救助对象数量、患病率、救助标准、医药费用增长情况，以及基本医疗保险、大病保险、商业保险报销水平等，认真测算下年度城乡医疗救助基金需求，及时报同级财政部门。经同级财政部门审核后，列入年度预算草案报本级人民代表大会批准。各级民政、财政部门应当严格执行《广东省城乡医疗救助基金管理办法》，加强基金使用管理，提高医疗救助基金的使用效率。

二、企业补充医疗保险制度的探索实践

企业补充医疗保险是企业在参加城镇基本医疗保险的基础上，国家给予政策鼓励，由企业自主筹办或参加的一种补充性医疗保险形式。随着经济社会的发展，以"低水平、广覆盖"为原则的基本医疗保险越来越难以满足人民群众多元化的医保需求，这就需要建立和发展补充医疗保险来弥

补基本医疗保险的不足。目前我国企业补充医疗保险主要有 3 种运行方式：一是企业自办自管方式。二是由企业主办并出资、委托商业保险公司管理的方式。三是有企业主办、社会医疗保险机构经办的方式。

1998 年印发的《国务院关于建立城镇职工基本医疗保险制度的决定》明确提出，为了不降低一些特定行业职工现有的医疗消费水平，在参加基本医疗保险的基础上，作为过渡措施，允许建立企业补充医疗保险。企业补充医疗保险费在工资总额 4% 以内的部分，从职工福利费中列支，福利费不足的部分，经同级财政部门核准后列入成本。这是我国第一次提出了建立企业补充医疗保险制度的概念，同时规定了保险基金的征缴比例。

2002 年，财政部、劳动和社会保障部联合颁布了《关于企业补充医疗保险有关问题的通知》，细化了企业补充医疗保险运行过程中的细则问题，规定企业可以自主决定是否建立企业补充医疗保险，企业补充医疗保险费在工资总额 4% 以内的部分，企业可直接从成本中列支，不再经同级财政部门审批。

2009 年，财政部和国家税务总局联合颁布了《关于补充养老保险费补充医疗保险费有关企业所得税政策问题的通知》，规定自 2008 年 1 月 1 日起，企业根据国家政策规定，为本企业任职或受雇的员工支付的补充养老保险费、补充医疗保险费，分别在不超过职工工资总额 5% 以内的部分，在计算应纳税所得额时予以扣除，超过的部分不予扣除。

国家层面的上述规定，为企业补充医疗保险的发展提供了政策依据，促进了我国企业补充医疗保险制度的完善。在国家政策的指导下，广东开展了企业补充保险制度的实践探索。

2002 年 7 月，广东省财政厅、省劳动和社会保障厅转发财政部、劳动保障部《关于企业补充医疗保险有关问题的通知》，明确了企业建立补充医疗保险的如下有关问题：①按规定参加各项社会保险并按时足额缴纳社会保险费的企业，可自主决定是否建立补充医疗保险。企业可在按规定参加当地基本医疗保险基础上，建立补充医疗保险，用于对城镇职工基本医疗保险制度支付以外由职工个人负担的医药费用进行适当补助，减轻参保职工的医药费负担。②企业补充医疗保险费在工资总额 4% 以内的部分，企业可直接从成本中列支，不再经同级财政部门审批。③企业补充医疗保险办法应与当地基本医疗保险制度相衔接。企业补充医疗保险资金由企业或行业集中使用和管理，单独建账、单独管理，用于本企业个人负担较重职工和退休人员的医药费补助，不得划入基本医疗保险个人账户，也不得另行建立个人账户或变相用于职工其他方面的开支。

一些市根据本地情况，对补充医疗保险做了具体规定。2006年，广州市正式颁布的《广州市补充医疗保险暂行办法》明确规定：①补充医疗保险制度与基本医疗保险制度相衔接。用人单位、个体经济组织或灵活就业人员在参加基本医疗保险的基础上，可以以自愿为原则参加补充医疗保险。②用人单位或个体经济组织（以下统称"参保单位"）参加补充医疗保险，应当以全体在职人员为整体参保；灵活就业人员可以个人身份参加补充医疗保险。参保单位或灵活就业人员应当按月足额缴纳补充医疗保险费。补充医疗保险费的缴费标准，以上年度本市单位职工月平均工资为基数，每人每月缴纳0.5%。参保单位或灵活就业人员按照参加社会保险的规定办理补充医疗保险的参保、停保和人员变更手续。③参保单位的补充医疗保险费可以由单位负担，也可以经参保单位与本单位职工签订集体合同，约定单位和个人共同分担比例；补充医疗保险费由参保单位统一缴交，属于个人负担的部分，由参保单位代收代缴。灵活就业人员的补充医疗保险费由个人缴交。

经过10多年的改革，广东企业补充医疗保险制度发挥了以下积极作用：一是减轻了财政负担。二是弥补了基本医疗保险制度的不足，为职工提供多层次的医疗保障水平。三是增强了企业的竞争力，企业通过建立补充保险制度，吸引了更多高水平的人才，增强了企业的向心力与凝聚力。四是解决了特殊人群的特殊问题。对特殊工种、因病致贫、因病丧失劳动力的职工，提供特殊的医疗保障内容。

三、广东社会保险和商业保险合作的探索实践

商业保险与社会保险都是我国社会保障体系的组成部分，二者既互补又竞争。随着广东经济发展步入"新常态"，医疗卫生的强势投入逐渐趋于平稳。在财政资金投入有限的大背景下，广东医改应更加注重制度创新。对此，可以借助商业保险公司专业化管理和市场化运作的优势，鼓励其参与社会医疗保险的经办管理，推进社会保险和商业保险的合作（以下简称"社商合作"），实现二者合作共赢。

社商合作得到了各级政府的鼓励与支持。2009年，新医改明确提出委托具有资质的商业保险机构经办各类医疗保障管理服务；2012年，《关于开展城乡居民大病保险工作的指导意见》颁布，明确指出由商业保险机构承

办大病保险。2015年5月,广东省颁布《广东省人民政府办公厅关于大力发展商业健康保险的实施意见》(以下简称《实施意见》),要求全省各地以提升人民群众健康保障水平为出发点,充分发挥市场机制作用和商业健康保险专业优势,推动商业健康保险与医疗服务、健康管理等健康服务业融合发展,更好地满足人民群众多样化的健康保障需求,使商业保险在深化医疗卫生体制改革、发展健康服务业、促进经济提质增效升级中发挥"生力军"作用。《实施意见》支持大力发展与基本医疗保险有机衔接的商业健康保险,从财税支持政策等方面鼓励企业和个人通过参加商业保险及多种形式的补充保险解决基本医保之外的需求。并提出有条件的地区,可按照职工自愿的原则,允许使用医保个人账户一定比例余额购买商业健康保险,支持商业保险机构针对不同细分市场设计不同的健康保险产品。

作为经济比较发达的地区,广东省早有商业保险参与社会医疗保险经办管理的先例,力求突破常规,大胆务实运用市场机制支持医保事业发展,并在社商合作方面形成了全国知名的"湛江模式"和"番禺模式"。

(一)湛江模式:补充医疗保险(再保险)

湛江模式是商业保险参与城乡居民大病医疗保险的尝试。这里的大病保险是在基本医疗保障的基础上对高额费用给予进一步保障的制度性安排,对患者在基本医疗保障报销后自付的合理部分再给予一定比例的报销。

1. 湛江模式的制度安排

2009年,湛江市将城镇居民医保与"新农合"并轨,建立了城乡居民医保一体化制度。城乡居民医保由湛江市人力资源和社会保障局统一管理,市社保基金管理局(市人力资源和社会保障局的二级机构)负责具体经办。通过招标,市社保基金管理局选择了中国人民健康保险股份有限公司湛江支公司(以下简称"人保健康")经办大病医疗保险。参保人员向社保基金管理局缴费参保,起付线以上、封顶线以下的医疗费用由社保基金管理局统筹基金支付;超出部分由商业保险公司的大病医疗补助基金承担。具体的给付结构和管理权限[①]详见表4-3。对大病补充医疗保险,参保人员不需另外缴费,社保基金管理局从每年的城乡居民医保缴费收入中拨付15%给

[①] 中国经济体制改革研究会公共政策研究中心长策智库课题组:《湛江模式的启示:探索社会医疗保险与商业健康保险的合作伙伴关系》,《中国市场》,2011年第3期,第36页。

商业保险公司（2010年后，拨付比例上升到30%），由商业保险公司负责大额医疗费用的审核报销和待遇支付，保险公司自负盈亏。参保人员在出院时，只需支付自付部分医疗费用，基本医疗保险和大额医疗保险的费用报销在出院办理结算时一次完成。这样，在政府不增加投入、个人缴费标准不提高的条件下，参保人员的保障水平得以提高。①

表4-3 湛江市城乡居民医疗保险基金统筹账户的给付结构和管理权限

年度	参保者类型	起付线	封顶线	管理权限	
				住院统筹基金 （社保局直接管理）	大额医疗补助基金 （人保健康管理）
2009	A档：20元/年人	一级医院：100元 二级医院：300元 三级医院：500元	5万元	起付线-1.5万元	1.5~5.0万元
	B档：50元/年人		8万元	起付线-1.5万元	1.5~8.0万元
2010	A档：20元/年人		8万元	起付线-1.5万元	1.5~8.0万元
	B档：50元/年人		10万元	起付线-1.5万元	1.5~10.0万元

资料来源：湛江市社保局

2. 湛江模式的特点

（1）是一种再保险模式。社会医疗保险机构将基本医疗保险基金的部分支付业务以再保险的形式委托给商业保险公司管理。但该模式不同于纯粹的商业再保险。其支付范围和责任范围由社会医疗保险机构确定，商业保险公司则承诺"保本微利"运行，且自负盈亏、承受全部经营风险。但商业保险公司人保健康可在推进社会再保险式社商合作的基础上，与湛江社会医疗保险管理部门合署办公、共享参保人数据，从参保人数据中挖掘、开发多层次、多样化的健康保险业务。大多数情况下，参保人数据的潜在经济价值，远高于其承揽的再保险分保费。

（2）对医院的支付采用总额预付。月初社保基金管理局按上一年度医院月平均报销额度的80%将款项预拨给定点医院，待月末社保基金管理局审核后再拨给医院10%的费用，剩余的10%费用根据对医院的考核标准进行年终结算，年终考核未达80分的医院将不予拨付。如果医院参保病人的医疗费用开支超过当年社保基金管理局的拨付总额，超支部分由医院自负，

---

① 刘玉娟：《商业保险与社会医疗保险合作的实践——基于湛江模式和番禺模式的比较分析》，《卫生经济研究》，2016年第6期，第42页。

在一定程度上制约了医院乱开药方、过度治疗的现象,从源头上控制了医疗费用的过度增长。

(3) 社会医疗保险机构和商业保险公司合署办公。两家机构一起开展参保人信息档案管理、特殊门诊资格审查、医疗服务巡查、审核赔案、费用清算和定点医院考评等工作。经社保部门授权,商业保险公司专门组建了医疗服务巡查队伍,部分队员长驻就医流量较大的三级甲等医院,其余开展流动巡查,严格审核大病医疗保险的费用清单,查处冒名就医、挂床住院等虚假医疗行为。

3. 湛江模式的发展

早在 2007 年,覆盖湛江市 4.7 万名公务员的补充医疗保险和 31 万名城镇职工的大额医疗补助就是由人保健康承揽。近期,湛江市社保基金管理局计划将城乡居民基本医疗保险交由人保健康经办,提升了二者合作的深度和广度。湛江模式的重要启示是,商业健康保险与社会医疗保险建立合作伙伴关系,从短期来看,可以促进双方发展,尤其在政府财力不足的地方。从长期来看,可以促进多层次医疗保障体系的形成,对商业健康保险的发展具有十分重要的战略意义。

(二) 番禺模式:基本医疗保险的委托代理

2004 年,广州市番禺区建立"新农合"制度,同时区政府以政府购买服务的方式委托保险公司负责"新农合"服务的具体经办,采取"征、管、用"分离的运作模式,成功搭建了"政府组织引导、保险公司承办业务、卫生部门监督、信息化操作"的"新农合"管理新模式。

1. 番禺模式的制度安排

番禺模式在实际运作中政府始终居于主导地位,负责组织实施和保险基金的征收,并将参合基金汇入番禺区财政的基金专户;中国人寿负责为群众办理待遇审核等业务,每月根据实际补偿支出向区农合办申请赔付拨款;卫生、财政部门对医疗基金进行监督管理,对中国人寿每月的补偿支出款项进行核算、划拨和监督。番禺模式的实质是政府向保险公司采购服务,由中国人寿负责具体经办业务。这有利于充分发挥保险公司的优势办理社会事务,通过创新运行机制转变政府职能,将番禺区政府从繁杂的事务性工作中解脱出来,将更多精力集中在加强对医疗服务、资金使用的监管督导等方面。在该项制度安排中,番禺区政府每年向中国人寿支付的管理费用,全部由区财政承担。各级政府、参保农民和村集体筹集的资金全部上缴财政，用于参保人员的医疗保险待遇支付。

2. 番禺模式的特点

（1）政府开办，商业代管。番禺模式属于典型意义上的委托代理模式，基金统一由政府收取，存入财政专户，保险公司以第三方管理者身份参与"新农合"的管理，提供方案测算、报销管理、结算支付等服务，按合同收取管理费用，不承担亏损风险。政府借助保险公司现有的机构网络和专业优势，提高了服务质量和管理效率，节约了社会管理成本。

（2）搭建三级服务网络方便农民。番禺模式形成了完善的三级服务网络，具体由区一级的新农合服务管理中心、区属定点医院和镇属定点医院一级的驻院代表和广大农村一线的农保专员组成。区、镇、村三级服务网络，极大地方便了广大参保农民，确保了"新农合"的快捷服务。

（3）充分利用现代信息技术，建立了医疗信息管理系统。番禺区卫生局（原）、中国人寿、信息中心、医保中心、农合办和定点医院6个主体合作搭建了番禺"新农合"网络信息服务平台，实现了"新农合"医疗药品、诊疗、医疗服务三大目录的共同使用，参保人员档案资料共享，医疗费用即时报销结算和远程监控服务，使中国人寿驻院代表能全程介入住院治疗，有效监控了住院医疗费用的规范支出。

（4）专业测算确保基金收支平衡。中国人寿按照"以收定支、保障适度、收支平衡、略有节余"的原则，利用精算专业优势，每年进行认真、细致、科学、合理的测算，确定当年适当的保障水平。另外，番禺区政府与中国人寿签订协议书，明确中国人寿的基金风险责任，如果基金出现风险，则发出警告，要求设法控制风险，如不能控制，则根据协议进行处罚，这有效起到了监管作用。

3. 番禺模式的发展

2006年广州行政区划调整后，番禺区将未参加城镇职工基本医疗保险的居民纳入"新农合"保障范围，扩大了制度的覆盖面。从2015年1月1日起，城镇居民医保和"新农合"整合为城乡居民医保，实现城乡居民的统一政策、统一缴费标准、统一待遇。在城乡居民医保的基础上，建立了城乡居民大病医保。2006年，中国人寿广东分公司与广州市下辖的南沙、花都、从化、萝岗、增城等地签署了合作协议，番禺模式在广州市得到大力推行。

相比较而言，湛江模式更适合经济欠发达地区，番禺模式更适合经济发达地区。湛江模式在预防保健和健康管理方面更具动力，番禺模式则可复制性更强、适用范围更广。① 2015 年 9 月 14 日, "湛江模式"进一步升级。海虹控股旗下湛江医保第三方支付评审服务中心正式挂牌运行,湛江社会保险基金管理局授权该服务中心作为专业审核服务机构,利用大数据技术手段,独立开展湛江市医保基金审核、支付、评价以及参保人健康服务等工作。升级后湛江市将医保经办和参保人健康服务确定为公共服务,采取协议委托的方式,全权外包给第三方专业机构。这意味着湛江模式最终还是借鉴了番禺的委托代理模式来提升社会保险的效率。总之,在商业健康保险的探索实践方面,湛江模式和番禺模式是广东贡献给全中国的优秀范例。

第四节 医疗保险制度改革的成就与建议

一、广东医疗保险制度改革的成就

（一）医保在制度与人群上实现全覆盖

广东省是全国最早开展医保制度改革与试点的省份。1992 年,广东省深圳市率先在全省范围内开展职工医疗保险试点。随后,2001 年广东全省全面建立职工医疗保险制度。2002 年,广东省开始建立新型农村合作医疗制度。2004 年,广东率先开展城镇居民医保试点。2008 年,城镇居民基本医疗保险制度在广东省域范围内全面推开。2012 年,广东省将城镇居民基本医疗保险和新型农村合作医疗保险进行合并,率先实现了全省居民医保城乡统筹,并于 2014 年建立起大病保险,对已有的基本医疗保险进行补充。② 截至 2017 年年底,广东基本医疗保险参保人 10365 万人,占全国 14%,其中职工医保 3963 万人,城乡居民医保 6402 万人,参保率稳定在 98% 以上。比 2016 年年底增加 215 万人,增长 2.1%。

---

① 刘海兰:《商业保险参与社会医疗保险的实践——番禺模式与湛江模式的比较研究》,《卫生经济研究》, 2017 年第 6 期,第 42 页。

② 丘军敏:《广东省医疗保障制度改革的路径与经验研究》,《当代经济》, 2017 年第 12 期,第 125 页。

（二）医疗保险待遇水平得到均衡提高

一是住院和门诊待遇水平同步提高。全省职工医保、城乡居民医保住院政策规定报销比例分别为87%和76%，年度最高支付限额分别为68万元和58万元，部分地市取消年度最高支付限额。全面建立门诊特定病种和普通门诊统筹制度，明确规定28种门诊特定病种报销比例原则上与住院一致，普通门诊统筹报销比例达到50%以上。二是全面建立并不断完善大病保险制度。2014年，广东全面建立大病保险制度（比国家部署提前1年）。2016年，广东进一步完善大病保险制度，实现"一延伸两倾斜"，即覆盖范围从城乡居民延伸到职工，保障待遇向困难群体和高额医疗费用群众倾斜，大病患者住院平均报销比例提高约12个百分点，大病保险精准减负功能得到进一步发挥。

（三）异地就医直接结算取得重大突破

为了解决参保人异地就医垫付和来回往返报销医疗费用等问题，广东省从2012年便开始推进全省异地就医联网结算工作，至2015年10月28日，广东省正式建成省异地就医结算系统并正式上线，提前完成了国务院提出的"在2016年底要建成省级异地就医结算系统"的要求。据统计，从2015年10月上线至2017年年底，全省上线医疗机构462家，累计直接结算84万人次，结算金额206亿元，极大地方便了参保人异地就医；同时，广东加快推进跨省异地就医直接结算工作，截至2017年年底，21个市均已接入国家平台，上线医疗机构285家，累计直接结算3760人次，结算金额8970万元，结算人次与金额均位全国前列。

（四）医保基金运行平稳增长

广东省医保基金的运行长期以来以平稳增长为主要态势。2016年，广东城镇职工医保基金收入达1036.7亿元，与2010年相比增加了639.5亿元，年平均增长率为23%。截至2017年年底，广东基本医疗保险收入1642.6亿元（其中职工医保1226.3亿元，居民医保416.3亿元），待遇支出1296.4亿元（其中职工医保914.8亿元、居民医保381.6亿元），当期结余346.2亿元，结余率21.1%。①

---

① 丘军敏：《广东省医疗保障制度改革的路径与经验研究》，《当代经济》，2017年第12期，第126页。

二、广东医疗保险制度改革的经验

(一) 积极推进医保城乡一体化的"广东之路"

"三保合一"的医保城乡一体化模式是医疗保障制度发展的必然方向所在。截至目前,广东省的东莞、佛山、中山、珠海和江门五市已率先完成将城镇职工基本医疗保险、城镇居民基本医疗保险和新型农村合作医疗保险三保合一,实现覆盖范围、筹资标准、待遇水平、支付范围、基金管理和经办服务"六统一"的医保城乡统筹。广东在探索实践过程中,向全国贡献推进医保城乡一体化的"广东之路",极具借鉴意义。具体来说,"广东之路"不但找到了医保城乡一体化的实现形式,而且找到了一体化的路径步骤,突出探索解决了如下4个最基本的问题。一是以点带面、辐射全省的推进路径,即以珠三角地区为先导,先行先试,然后由发达地区向欠发达地区全面铺开,并将基层的成功实践上升为顶层设计。二是分步实施,逐个突破的工作步骤。广东各地以"三步走"的方式实现城乡一体化:第一步,打破原来"分而治之"的管理格局,统一归口管理;第二步,平稳交接,整合机构、人员、经费等资源;第三步,融合城乡两个医保制度,进行制度并轨。关于如何、何时进行制度并轨,"东莞模式"给出了答案,即根据社保基金运行的具体情况,发展较快的职工医保这条线减速运行,发展较慢的居民医保这条线加快运行,最终在两条线并驾齐驱的时候,便是实现制度真正统一的时候。三是建立整体规划,统一管理的运行机制。依托职工医保运行载体,实现"一个窗口办事,一站式服务",实现"三个一体化",即一体化的经办服务、一体化的监督管理和一体化的信息网络。四是分类推进,稳步发展的制度建设。[①] 全省各地以"缴费就低不就高,待遇就高不就低"为核心整合制度,促进医保公共服务均等化、实现医保城乡一体化。

(二) 引入市场机制参与医保改革是突破口

湛江模式是广东省医保改革与创新的一个重要突破口所在。湛江模式

---

① 王东进:《广东之路:基本医保城乡统筹的经验值得重视》,《中国医疗保险》,2013年第2期,第6页。

的一大特点便是将商业保险市场机制引入至医疗保险的各个环节。首先，在缴费环节上，在政府财政支出和个人缴费标准不变的前提下，个人缴费的85%继续用于基本医疗保险支出，剩下的15%用于购买保险公司大额医疗补助保险服务，保障限额也相应地得到提升，保障范围扩大至城乡所有居民。其次，在管理环节上，湛江主导"政府 + 商业保险公司"共同管理的模式。在政府部门的主导下，建立以基本医疗为主体，大额补助为辅助的全民医疗体系，保险公司对基本医疗与补充医疗业务进行具体的一站式受理。最后，在医保管控环节，湛江建立社保部门、医保定点医院和商业保险公司三位一体的风险管控机制，利用商业保险公司自身独有的市场优势、精算能力与信息化水平，"深度参与"到医保基金与运行的监控中，确保治疗的合理与基金使用的规范。总结"湛江模式"，它实质上是政府主导结合商保参与，最终扩大了保障范围的新型医保模式。客观上，在医疗保障领域，广东只有引入更多的市场主体参与，才能解决政府经办人有限、财政资金不足的瓶颈。同时，政府如何主导，如何协调政府、医院、商保公司以及参保人等多方利益关系是湛江模式等创新模式能否取得良好效果的关键所在。①

（三）勇于改革、敢于担责是推进医保改革的关键

广东40年的医保改革实践鲜明揭示，能不能推进医保改革、实现医保的城乡统筹等关键工作，并不取决于地区经济发展水平和财政能力，而取决于决策层的政治决心和政治责任。40年来，广东省委、省政府高度重视医保改革，坚持按客观规律办事，体现出坚定的政治决心和高度的政治责任感。同时，广东人社部门以饱满的精神状态、执着的事业心和强大的执行能力，确保了广东医保改革稳健行远且走在全国前列。正如王东进同志所言："面对医保城乡统筹这项重任，是敢于担当、善于协调、勇于进取，还是消极懈怠、犹豫不决、畏缩不前，甚至抱着'多一事不如少一事'的态度而心安理得？广东省的医保同仁做出了最好的榜样：敢于担当，即使遭误解、受委屈，也决不退缩；善于协调，积极争取各级领导的重视，加强与相关部门的沟通；勇于进取，怀着对事业负责、对人民负责的满腔热

---

① 丘军敏：《广东省医疗保障制度改革的路径与经验研究》，《当代经济》，2017年第12期，第126页。

第四章　医疗保险制度改革

情，始终保持不畏难、不怕苦、敢攻坚的精神状态。"① 因此，勇于改革、敢于担责是推进医保改革的关键，这也是广东推进医保改革应该坚持的一条基本经验。

三、今后深化医疗保险制度改革面临的问题

（一）医保、医疗、医药存在信息壁垒

全省卫计、人社、民政、药监等部门信息系统各成体系，未能实现交换共享，形成信息孤岛；在大数据运用方面，覆盖公共卫生、医疗服务、医疗保障、药品供应的健康信息管理和数据应用服务体系尚未建立，不能发挥大数据服务、管理、分析、应用、监管作用，难以为"三医联动"改革决策提供数据支撑。

（二）制度分设影响社会公平

广东省大部分地区职工医保和城乡居民医保两项制度并行，"二元"制度模式与本省经济社会发展水平不相适应，与人民群众需求有一定差距，问题逐年显现。两项制度在覆盖人群、筹资机制、筹资水平、保障水平、基金管理等方面存在差异，造成了参保就医机会和再分配结果不公平等问题。

（三）统筹层次低影响基金运行效率

目前，广东省基本医疗保险均实行市级统筹，各市基本医疗保险制度的筹资和待遇水平差异较大，珠三角地区待遇普遍高于粤东西北地区，一定程度上影响了制度公平可持续发展。但是，由于各地基金独立运行，基金共济和调控功能较弱，无法平衡地区间基金运行风险，难以应对人口老龄化、突发重大公共卫生事件以及自然灾害冲击。

（四）医保支付方式经济杠杆作用有待进一步加强

支付制度改革是医保改革的关键，是激活"三医联动"改革全局的

---

① 王东进：《广东之路：基本医保城乡统筹的经验值得重视》，《中国医疗保险》，2013年第2期，第7页。

"牛鼻子"。但医保支付方式是世界难题，每一种支付方式控制作用都有局限性，存在利弊。

（五）医保管理力量薄弱，基层监管手段滞后

全省医保在编经办人员仅有1927人，服务全省医保参保人超1亿人，监管全省定点医疗机构超2万家，经办人员与服务对象之比为1：50000，远远低于全国1：10000的平均水平。现有经办人员专业水平普遍偏低，监管手段比较单一，部分地区基层信息化建设滞后，未能运用信息化手段提高医保管理水平，难以应对复杂的医疗服务行为。

（六）医疗机构欺诈骗保行为日益增多

当前，医疗机构对医疗保险欺诈骗保行为日益增多，复杂性和隐蔽性日益增强。主要形式有：①伪造住院门诊病历、虚开医疗费用、虚假记账。②成批次诱导轻病患者入院。③过度医疗情况突出。④随意扩张床位收治患者，造成服务质量下降，甚至产生医疗安全隐患。⑤服务项目与申报医保报销的手术数量不相一致。⑥病历资料管理混乱。

四、全面深化医疗保险制度改革的建议

一是深化医保制度改革。抓紧研究出台医保省级统筹实施方案，明确省级统筹的目标、要求和实施路径，加快推进医保省级统筹步伐。稳妥推进医保城乡一体化改革，出台推进医保城乡一体化改革试点方案。

二是深化医保支付方式改革，全面实施按病种分值付费，对紧密型医联体推广"罗湖经验"，推动优质医疗资源下沉基层，推动建立分级诊疗制度。

三是积极参与和支持医药卫生体制改革，充分发挥医保基础性作用，统筹推进医改工作，配套推进公立医院改革、家庭医生签约服务、医疗联合体建设等医改重点改革，合理设置医疗机构病种分值权重系数，大力支持高水平医院建设。

四是巩固完善大病保险精准支付政策，重点发挥在深度贫困地区、特定人群中的扶贫作用。

五是推进生育保险与医疗保险合并实施试点和长期护理保险试点发展。

六是加强医保基金监管，确保基金安全运行。

七是进一步推动省内外医疗保险异地就医直接结算工作,扩大职网医疗机构,将全省二级以上定点医疗机构和部分有需求的一级定点医疗机构纳入范围,满足参保人异地就医的需求。

第五章 工伤保险制度改革

工伤保险是指国家通过立法,以社会统筹的方式筹集基金,对在工作过程中遭受事故伤害或因患职业病而丧失劳动能力的职工以及因工死亡职工的遗属提供物质帮助的一种社会保险制度。经过40年的改革开放,广东基本建立起比较健全的工伤保险制度。

第一节 工伤保险制度改革发展历程

政务院1951年2月颁布、1953年1月修订的《中华人民共和国劳动保险条例》明确规定了工人和职员的因工负伤、残废待遇和因工死亡者的丧葬抚恤待遇。这一规定从法律上确立了我国的工伤保险制度。但是在"文化大革命"期间,中华人民共和国成立初期刚刚建立起来的工伤保险制度受到严重冲击,职工工伤保险制度基本上处于瘫痪状态,演变为企业自保。

党的十一届三中全会以后,广东省开启了以经济建设为中心的新征程。

在经济体制改革过程中,很多企业,特别是一些资金缺乏、技术力量薄弱的非公有制企业,对安全生产不够重视,工伤事故和职业病发生率都较高,职工的生命健康得不到很好的保障,工伤保险权益受到侵害。同时,城市工业建设的提速促使农村劳动力向城市转移,"新的劳动环境、劳动工具与劳动方式同样不可避免地带来新的劳动风险"①。

随着广东经济社会的发展,原有的工伤保险制度越来越不能适应开放型经济和人民群众,特别是广大职工的需求:首先,原职工工伤保险待遇偏低。伤残职工和工亡职工遗属没有一次性抚恤,供养亲属抚恤费只相当于死者本人工资的25%~50%,不能适当减轻工伤职工及其家庭因工伤带来的伤害和困难。完全丧失劳动能力的工伤职工退休待遇也偏低,加上国家未建立退休费和抚恤费随物价上涨而调整的制度,造成领取长期待遇的人生活水平逐步下降。其次,原工伤保险保护性较弱。原有工伤保险制度

---

① 丛春霞、刘晓梅主编:《社会保障概论(第3版)》,东北财经大学出版社2015年版,第249页。

没有建立工伤保险基金，也没有实行社会化管理，不能发挥工伤保险互助共济、共担风险的职能。小企业和微利、亏损企业经济能力脆弱，工伤待遇难以保障，中小企业自己往往不能抵御工伤风险。最后，缺乏明确的救济办法。原工伤保险缺乏强制性，部分企业未执行工伤保险规定，有的企业使用临时工只发工资不管伤亡待遇；有的企业隐瞒工伤事故，或者把工伤作为非工伤处理，导致职工权益得不到保障，企业安全生产也得不到工伤保险的制约。

为加快建立同经济体制改革相配套、保护广大职工生命健康安全权益的工伤保险制度，广东省根据本省实际情况积极探索改革传统的工伤保险制度，40年来取得了令人瞩目的成就。改革的发展历程可分为以下几个阶段。

一、改革试点阶段（1978—1992年）

1978年6月颁布的《国务院关于工人退休、退职的暂行办法》重新明确了因工致残完全丧失劳动能力者的退休费和护理费标准，但执行过程中，这些费用仍由企业行政支付，因而逐步出现了企业负担畸轻畸重的情况。

为探索建立适应改革开放形势发展需要的工伤保险制度，深圳经济特区从1984年起即组织力量进行调查研究，拟订工伤保险改革方案。1988年年底，劳动部在深圳首次召开了全国部分省市工伤保险制度改革座谈会，探讨工伤保险制度改革的基本思路。广东省在会上提出了建立工伤保险制度的初步建议，并计划在省内逐步开展试点工作。

1989年12月，东莞市政府颁布《东莞市职工工伤保险暂行办法》，在全省率先建立工伤保险制度。1990年2月，广东省劳动局转发东莞市职工工伤保险暂行办法，鼓励有条件的市县进行试点。

1990年4月，深圳市政府颁布《深圳经济特区工伤保险暂行规定》，自当年8月起实施社会工伤保险制度。

此后，广东省工伤保险的试点范围陆续扩大。到1991年年底，惠州、中山、梅州、河源等地以及省属驻穗单位相继开展了工伤保险改革试点。至1991年年末，全省共有91.05万人参加工伤保险。

二、深化改革阶段（1992—2002 年）

在总结试点经验的基础上，广东省政府于1992年1月颁布了《广东省企业职工社会工伤保险规定》，决定从当年3月1日起实施。这一《规定》符合广东省经济社会发展水平和保障劳动者权益要求，具有明显的进步性，在全国率先以法规形式从以下几个方面确立了工伤保险制度：一是扩大了工伤保险范围。打破了过去工伤保险只在国营企业和部分集体企业中实行的局限性，明确指出适用于广东省内的所有企业和实行企业管理的事业单位、城镇个体工商户及其所属全部职工。二是建立了社会工伤保险基金制度。按照"以收定支，略有节余"的原则，统一筹集工伤保险费用，改变了过去由企业直接支付、不设基金的模式，发挥了社会调剂保障职能，分散了企业的工伤风险，平衡了企业的负担，促进了安全生产和经济发展。三是确定了科学合理的评残标准，增加了一次性补偿待遇，提高了长期待遇水平，形成了待遇随职工工资增长相应调节的机制。四是明确要求市、县（区）应建立劳动能力鉴定委员会，由劳动、工会、卫生、医院、社会保险机构的有关人员组成，负责确定职工因工负伤医疗终结、评定残废等级，签发《残废鉴定证明书》等。但是当时所规定的待遇偏低，适用范围未包括机关、团体和事业单位，省、市调剂功能较弱，法律强制性不够等问题，尚不适应社会主义市场经济发展需要。

1996年8月，劳动部颁布了《企业职工工伤保险试行办法》，初步规范了全国的工伤保险制度。

为规范、完善全省的工伤保险制度，1998年9月，广东省人大常委会通过了《广东省社会工伤保险条例》。《条例》共8章53条，包括总则、工伤保险范围和劳动能力鉴定、工伤保险基金、工伤保险待遇、监督检查、法律责任、争议处理和附则，较为系统地规定了广东省社会工伤保险的方方面面，保障劳动者在因工伤残或职业病伤害后获得救治和经济补偿，以及对因工死亡职工亲属进行抚恤。与原有规定相比，《条例》有不少新突破：

一是扩大了参保范围，加大了对工人的保护力度。明确规定"本条例适用于本省行政区域内所有企业、事业单位、国家机关、社会团体、城镇个体经济组织及其所属全部员工"。并规定"未参加工伤保险的单位发生工伤事故，本条例规定的各项待遇全部由单位负责支付"。

二是明确了工伤保险范围和劳动能力鉴定。明确规定因10种情况导致的负伤、致残疾或死亡可以享受工伤保险待遇，规定了因3种情况不能享受工伤保险待遇的情形。

三是增加了保险基金的来源。明确指出工伤保险基金的来源包括单位缴纳的工伤保险费、工伤保险基金的银行存款利息、滞纳金、地方财政补贴以及法律、法规规定的其他收入。

四是增强了工伤保险基金的管理力度。明确要求工伤保险基金专款专用，各级人民政府、任何单位和个人不得挪用。取消了关于各级社会保险机构从工伤保险基金中提取管理费的规定。增加了强制措施，包括用实物变现抵偿债务、暂扣营业执照、对欠缴、拒缴单位法定代表人予以经济处罚等。

五是提高了工伤保险待遇的计发标准。规定了一次性工伤补偿待遇，并明确建立正常的调整机制。截至2000年年底，广东省参加工伤保险人数达到960.66万，比1999年增加124.66万人；全年省级工伤保险调剂金共调剂了400多万元给市县，确保了发生重大工伤事故的地区能够有效处理。①

三、全面推进制度建设阶段（2002—2012年）

进入21世纪后，我国劳动方面的立法发展迅速，2002年，广东省开始实施《职业病防治法》《安全生产法》。截至2002年年末，广东全省工伤保险参保人数达1049.91万，成为全国首个工伤保险参保人数突破千万的省份。

2003年国务院颁布《工伤保险条例》，提高了法律层次，扩大了工伤保险的覆盖范围，规范了工伤保险制度，推动工伤保险体系更完整。2004年1月《工伤保险条例》开始实施后，广东省于1月14日修订公布了新的《广东省工伤保险条例》，进一步健全了制度：一是进一步明确了参保范围。参保范围中增加了民办非企业单位和社会团体，并要求与用人单位建立劳动关系的职工或者雇工都应当缴纳工伤保险费。二是明确了管办分离原则。《条例》规定省、市、县（区）人民政府劳动保障行政部门负责本行政区域

---

① 刘永富主编：《中国劳动和社会保障年鉴2001》，中国劳动社会保障出版社2001年版，第404页。

内的工伤保险工作,各级社会保险经办机构具体承办工伤保险事务。三是视同工伤情况更加细化。明确指出了职工可享受除一次性伤残补助金以外的工伤保险待遇的4种情况。四是更加注重保护职工的合法权益。明确规定职工或者其直系亲属、工会组织认为是工伤但用人单位不认为是工伤的,由用人单位承担举证责任。对劳动能力鉴定的规定更加细化、可操作化,鉴定也更科学公正。五是工伤保险待遇更加合理。提高了住院期间伙食费标准,要求职工在因公负伤治疗期间工资福利待遇不变,规定所在单位负责停工留薪期间的护理费。对康复器具费用、因工伤残一次性待遇、因工伤残一至四级定期待遇、因工伤残护理费、因工伤残异地安置费、因工死亡丧葬费等方面进行了调整。六是强化了基金管理和监督,强化了法律责任。2006年,广东省印发《工伤康复管理的暂行办法》,该办法成为全国首个省级工伤康复管理办法。同年,广东省制定了《广东省工伤康复协议机构准入标准》《广东省工伤康复介入标准》《广东省工伤康复诊疗规范》,使全省工伤康复工作走上了规范化、标准化的轨道。

2010年10月,全国人大常委会通过的《中华人民共和国社会保险法》列专章对工伤保险做出规定。

为了与《社会保险法》相衔接,广东省人大常委会于2011年9月第二次修订公布《广东省工伤保险条例》。新条例在以下几个方面取得了新的突破:一是与上位法相衔接。在条例适用范围、工伤认定范围和程序、工伤保险待遇标准、监督管理与法律责任等方面的规定,均修改为与《社会保险法》、国务院《工伤保险条例》相一致,确保了上位法在广东省贯彻实施。二是明确了上位法授权地方配套的政策。对上位法授权由地方配套的政策,均规定了明确的标准或者基本的原则,并解决了若干时期遇到的新问题。三是建立了工伤康复管理制度。规定了用人单位、工伤职工或者其近亲属可以申请工伤康复,经劳动能力鉴定委员会确认,可以在工伤康复协议机构进行康复,切实保障了工伤职工的康复权益。四是增强了工伤保险待遇保障功能。规定了一至四级伤残退休人员应当参加基本医疗保险,应由单位缴纳的基本医疗保险费改由工伤保险基金承担。规定了一次性工伤医疗补助金和伤残就业补助金的计发基数就高原则和办理工伤保险参保登记次日起工伤保险关系生效。五是规范了工伤保险业务操作。明确了工伤保险缴费不足12个月时,按照实际缴费月数平均计算本人工资。规定了条例修订施行前已完成工伤认定的,在条例修订施行后发生的工伤保险待遇依照条例的新规定执行。

第五章 工伤保险制度改革

四、全面深化改革阶段（2012年至今）

党的十八大以来，广东省全面深化工伤保险制度改革，取得了新的发展。

一是推进建筑业按项目参加工伤保险。为进一步维护好工伤风险较高的建筑业职工特别是进城务工人员的工伤保障权益，2015年7月，广东省人社厅、省住建厅、省地税局、省安全监管局、省总工会联合下发《关于进一步做好我省建筑业工伤保险工作的实施意见》，要求进一步做好我省建筑业工伤保险工作，切实维护建筑业职工工伤保险权益。该《实施意见》要求按项目优先办理工伤保险，保费按工程造价一定比例一次性缴纳，明确违法分包转包工伤保险责任，以平均工资为"本人工资"待遇基数，多部门协力维护建筑工人工伤权益，为广东省200万建筑工人构筑了工伤保险保障基础。

二是调整完善工伤保险费率政策，降低工伤保险费率。2015年10月，广东省人力资源和社会保障厅、省财政厅、省地方税务局联合下发《关于调整完善我省工伤保险费率政策进一步加强基金管理有关问题的通知》，要求合理调控工伤保险基金结存规模，在保证工伤保险制度平稳运行的基础上，实现总体上降低工伤保险费率水平的目标；调整完善工伤保险费率政策，科学制定工伤保险行业基准费率和工伤保险费率浮动管理办法；进一步规范工伤保险基金管理，在2015年年底前实现工伤保险基金本地区范围内的统收统支管理，设立工伤保险市级储备金，按时上解省级储备金；人力资源社会保障、财政、地税部门要各司其职、配合协作，建立健全相关部门协作机制；建立工伤保险费率情况报备制度。

三是进一步完善工伤保险有关待遇调整机制。2016年9月，广东省人力资源和社会保障厅、省财政厅联合下发《关于进一步完善工伤保险有关待遇调整机制的通知》，要求进一步提高伤残津贴特别调整标准，从2016年1月1日起，一至四级工伤伤残职工的伤残津贴特别调整标准从150元提高至277元；进一步完善供养亲属抚恤金最低发放额标准确定机制，从2016年7月1日开始，各统筹地区供养亲属抚恤金最低发放额标准从300元/月调整至2016年本市城镇类的城乡低保标准，此后最低发放额标准每年7月1日按照当年本市城镇低保标准的调整而自动调整。其中，本统筹地区行政管辖范围内有两个或以上城镇低保标准的，按照最高的一个城镇低保标准确定。

四是不断推进工伤预防创新改革。党的十八大以来，广东加强工伤预防体系建设，省人社厅指导各地制定《工伤保险费率浮动管理办法》，并且根据工伤保险费收支率、工伤发生率等情况，定期调整用人单位的工伤保险缴费费率，推动工伤预防重心下移到企业；建立培训教育机制提高工伤预防技能，省人社厅通过"社保部门出资、多部门联合、专业机构提供培训服务"的方式，开展工伤预防培训教育，仅在2016年，全省就为职业健康培训项目投入了745万元，对340家工伤事故发生率、职业危害因素较高的参保企业的近6万名职工和管理人员进行了培训；建立部门协作机制构建齐抓共管格局，全省各级工伤保险部门与安监局、职业卫生部、住建厅等部门，在工伤预防宣传培训、信息共享、监督检查等方面开展合作。省人社厅与省住建厅、省地税局、省安监局举办培训班，对建筑施工企业进行相关政策培训。

五是工伤康复引领发展。党的十八大以来，广东省建立了以广东省工伤康复医院为中心，全省多家医院协议参加的工伤康复体系，每年能满足1万人的康复医疗。截止到2016年年末，广东省工伤康复医院已为超过1.5万名工伤职工提供工伤康复服务，工伤职工重返工作率达到82%。在政策方面，2018年4月，广东省总工会印发《广东省工伤探视扶助试点活动实施方案（试行）》，采用"工会+社工+义工"的模式，以广东省工伤康复医院为试点，开展工伤探视扶助活动，为符合条件的工伤职工提供"八位一体"服务。

第二节 广东省工伤保险制度改革的主要内容

一、不断扩大覆盖范围

根据《劳动保险条例》和《国务院关于工人退休、退职的暂行办法》的规定，1992年以前能享受工伤保险待遇的主要是国营企业和部分集体所有制企业。

1992年1月颁布的《广东省企业职工社会工伤保险规定》把工伤保险的范围扩大到广东省内的所有企业和实行企业管理的事业单位、城镇个体工商户及其所属全部职工。

1998年11月通过的《广东省社会工伤保险条例》把工伤保险的覆盖范围进一步扩大到全省所有企业、事业单位、国家机关、社会团体、城镇个体经济组织及其所属全部员工。2000年2月广东省政府颁布的《广东省社会工伤保险条例实施细则》进一步明确，国家机关公务员、财政全额拨款的事业单位、社会团体工作人员的社会工伤保险办法另行规定。

2004年1月修订的《广东省工伤保险条例》重新明确了工伤保险的覆盖范围，规定本省行政区域内的各类企业、个体工商户、民办非企业单位、国家机关、社会团体及事业单位应当为与之建立劳动关系的职工或者雇工缴纳工伤保险费。

2011年9月第二次修订的《广东省工伤保险条例》规定，本省行政区域内的企业、事业单位、社会团体、民办非企业单位、基金会、律师事务所、会计师事务所等组织和有雇工的个体工商户应当在生产经营所在地依法参加工伤保险，为本单位全部职工或者雇工缴纳工伤保险费。国家机关和与其建立劳动关系的职工，依照执行。

二、明确享受工伤待遇的条件

根据劳动部1953年颁布的《中华人民共和国劳动保险条例实施细则修正草案》的规定，工人职员在下列3种情况下负伤、残废或死亡时，应享受工伤待遇：①由于执行日常工作以及执行企业行政方面或资方临时指定或同意的工作；②在紧急情况下未经企业行政方面或资方指定而从事与企业有利的工作；③由于从事发明或技术改进的工作。

1992年1月颁布的《广东省企业职工社会工伤保险规定》明确职工因下列12种情况造成伤残或死亡的享受工伤保险待遇：①在本单位进行正常生产和工作，或从事单位领导或有关管理人员临时指定、同意的工作；②从事与本单位有关的科学研究试验、发明创造或技术改进工作；③在紧急情况下，未经单位领导指定而从事对单位有益的工作；④工作时间在本单位的生产工作区域内遭受非本人所能抗拒的意外灾害；⑤从事抢险救灾、维护社会和人民利益；⑥上下班时间按正常所经路线在上下班途中遭受非本人责任交通事故或其他意外事故；⑦因工在外地出差或外勤期间或工作调动途中非本人责任发生事故；⑧在本单位从事某种专业性工作引起职业病（符合国家卫生部公布的有关职业病规定）而造成的永久性完全残废或者死亡；⑨经县级以上（含县，下同）劳动能力鉴定委员会鉴定确认为因工致残伤口复发而死亡；⑩在执行本单位安排的生产工作任务中因病而猝然死亡；⑪经当地医疗事故技术鉴定委员会鉴定证明因医疗事故而造成伤残或死亡；⑫经市以上劳动行政部门确认其他可以比照因工伤残或者因工死亡享受工伤保险待遇。

同时明确规定，职工在下列3种情况下造成的负伤、残废或者死亡，不享受工伤保险待遇：①因工负伤后，本人故意加重伤情或无理拒绝接受医疗检查治疗；②本人故意行为（如自杀、自残、斗殴、酗酒等）或无证驾驶船舶、机动车辆；③本人的行为属违法犯罪行为。

1998年颁布的《广东省社会工伤保险条例》明确职工因下列10种情况造成伤残或死亡的可享受工伤保险待遇：①工作时间在本单位从事日常生产、工作；②从事单位临时指派的工作；③经单位同意，从事与本单位工作有关的科学研究及试验、发明创造或技术改造；④在紧急情况下，未经单位领导指定而从事有益于本单位的工作，或进行抢险救灾、救人等维护国家、社会和人民群众利益的行为；⑤在本单位从事某种专业性工作而引起职业病（符合卫生部公布的有关职业病规定）达到评残等级；⑥在上下班时间及必经路线上，发生非本人主要责任的交通事故，或遭受不可抗拒的意外伤害；⑦因公外出期间，发生非本人主要责任的交通事故或其他意外伤害，以及因意外事故失踪；⑧驾驶员工作期间发生交通意外事故；⑨在执行本单位安排的生产工作任务中因突发疾病而造成死亡或完全丧失劳动能力；⑩经劳动能力鉴定机构鉴定确认因工致残旧伤复发。

同时也规定职工因下列情况之一负伤、致残废或死亡的，不享受工伤保险待遇：①因工负伤后，本人故意加重伤情或无理拒绝接受医院检查治疗；②由于本人违法行为或故意行为（如自杀、自残、斗殴、酗酒、酒后开车、蓄意违章等）或无证驾驶船舶、机动车辆；③经人民法院依法判决认定为犯罪。

2004年修订的《广东省工伤保险条例》明确了应当认定为工伤的7种情形和应当视同工伤的5种情形。职工有下列情形之一的，应当认定为工伤：①在工作时间和工作场所内，因工作原因受到事故伤害的；②工作时间前后在工作场所内，从事与工作有关的预备性或者收尾性工作受到事故伤害的；③在工作时间和工作场所内，因履行工作职责受到暴力等意外伤害的；④患职业病的；⑤因工外出期间，由于工作原因受到伤害或者发生事故下落不明的；⑥在上下班途中，受到机动车事故伤害的；⑦法律、行政法规规定应当认定为工伤的其他情形。

职工有下列 5 种情形之一的，视同工伤：①在工作时间和工作岗位突发疾病死亡或者在 48 小时之内经抢救无效死亡的；②在抢险救灾等维护国家利益、公共利益活动中受到伤害的；③因工作环境存在有毒有害物质或者在用人单位食堂就餐造成急性中毒而住院抢救治疗，并经县级以上卫生防疫部门验证的；④由用人单位指派前往国家宣布的疫区工作而感染疫病的；⑤职工原在军队服役，因战、因公负伤致残，已取得革命伤残军人证，到用人单位后旧伤复发的。

职工有下列 3 种情形之一的，不得认定为工伤或者视同工伤：①因犯罪或者违反治安管理伤亡的；②醉酒导致伤亡的；③自残或者自杀的。

2011 年第二次修订的《广东省工伤保险条例》将原规定的"在上下班途中，受到机动车事故伤害的"这种应认定为工伤情形修改为"在上下班途中，受到非本人主要责任的交通事故或者城市轨道交通、客运轮渡、火车事故伤害的"，并将不得认定为工伤或者视同工伤的情形调整为如下 4 种情形：①故意犯罪的；②醉酒或者吸毒的；③自残或者自杀的；④法律、行政法规规定的其他情形。

三、逐步提高工伤保险待遇

未实行工伤保险制度改革前，广东省工伤职工的各项待遇按 1953 年修订的《劳动保险条例》和 1978 年颁布的《国务院关于工人退休、退职的暂行办法》的规定执行，费用由单位负担。

1992 年开始实施社会工伤保险以后，各项工伤保险待遇逐步转由工伤保险基金支付，待遇水平不断提高。

（一）工伤治疗期间的待遇

根据《劳动保险条例》的规定，工人与职员因工负伤，其全部治疗费、药费、住院费、住院时的膳费与就医路费，均由企业行政方面或资方负担。在医疗期间，工资照发。

1992 年 3 月开始实施的《广东省企业职工社会工伤保险规定》明确，达到残废评定标准、重伤或死亡的，其各项医疗费用由职工所在单位和工伤保险基金各负担 50%；未达到残废评定标准的，由职工所在单位负担；住院期间的伙食费由单位负担 2/3，本人负担 1/3，补助标准可参照出差补助标准掌握；职工因工负伤医疗终结确定为残废，必须安装假肢、镶牙、假眼和配置轮椅、拐杖等康复器具的，费用由职工所在单位和社会保险机构各负担50%。

1998年11月开始实施的《广东省社会工伤保险条例》提高了工伤保险基金的分担比例。职工因工负伤或患职业病时，医疗期间所需各项医疗费用（含挂号费、治疗费、药费、检验费、手术费、住院普通床位费、就医路费等），由工伤保险基金支付70%，职工所在单位支付30%。

2004年修订的《广东省工伤保险条例》不再实行工伤治疗费用由基金和单位分担的做法，明确规定：治疗工伤所需费用符合工伤保险诊疗项目目录、工伤保险药品目录、工伤保险住院服务标准的，从工伤保险基金支付。职工工伤医疗终结被鉴定工伤残疾等级后，必须安装假肢、矫形器、假眼、假牙和配置轮椅、拐杖等康复器具，或者康复器具需要维修或者更换的，由医院提出意见，经劳动能力鉴定委员会确认，所需费用按照国家规定的标准从工伤保险基金支付。

2011年9月第二次修订的《广东省工伤保险条例》进一步明确，职工住院治疗工伤、康复的伙食补助费由工伤保险基金按照不低于统筹地区因公出差伙食补助标准的70%支付。经批准转统筹地区以外门诊治疗、康复及住院治疗、康复的，其在城市间往返一次的交通费用及在转入地所需的市内交通、食宿费用，由工伤保险基金按照统筹地区人民政府规定的标准支付。

（二）因工伤残待遇

1978年颁布的《国务院关于工人退休、退职的暂行办法》规定，因工致残，由医院证明，并经劳动能力鉴定委员会确认，完全丧失劳动能力的，应该退休。其中饮食起居需要人扶助的，按本人标准工资的90%发给退休费，还可以根据实际情况发给一定数额的护理费，护理费标准一般不得超过一个普通工人的工资；饮食起居不需要人扶助的，按本人标准工资的80%发给退休费。患二、三期矽肺病离职休养的工人，如果本人自愿，也可以退休，退休费按本人标准工资的90%发给。

1992年3月开始实施的《广东省企业职工社会工伤保险规定》将因工伤残分为10个等级，重新明确了因工伤残退休金标准和护理费标准，并增设了一次性残废补偿金：①因工残废被鉴定为永久性完全丧失劳动能力的，由工伤保险基金根据残废等级发给残废退休金。残废退休金按本人因工负伤前上一年的月平均工资的一定比例按月发放至死亡为止，一级残废发

85%，二级发81%，三级发78%，四级发75%。残废退休金不得低于上年度本市、县企业职工月平均工资数，不得高于上年度本市、县企业职工月平均工资数的50%。残废退休金的30%与本市、县上年度企业工资增长指数挂钩，每年5月为调整基期。上年度企业工资负增长时，不作调整。②因工残废后进食、翻身、大小便、穿衣和洗漱、自我移动五项中至少两项不能自理的，由工伤保险基金发给护理费，标准为上年度本市、县企业职工月平均工资数的30%，根据本市、县企业职工工资增长情况，定期调整。③一次性残废补偿金以上年度当地企业职工月平均工资为计发基数，由工伤保险基金根据残废等级发给。具体标准为：一级残废发15个月，二级发14个月，三级发13个月，四级发12个月，五级发11个月，六级发10个月，七级发9个月，八级发8个月，九级发7个月，十级发6个月。

1998年11月开始实施的《广东省社会工伤保险条例》将"残废退休金"改称"残疾退休金"，计发标准改为：伤残一至四级者分别按本人上年度月平均工资的90%、85%、80%、75%计发；将"一次性残废补偿金"改称"一次性残疾补偿金"，计发标准改为：以所在市上年度职工月平均工资为基数计发，一级24个月，二级22个月，三级20个月，四级18个月，五级16个月，六级14个月，七级12个月，八级10个月，九级8个月，十级6个月。

2004年2月开始实施的《广东省工伤保险条例》（2004年修订版）将"残疾退休金"改称"伤残津贴"，计发标准不变；将护理费标准分为4档，按统筹地区上年度职工月平均工资的一定比例按月计发，一级为60%，二级为50%，三级为40%，四级为30%；将"一次性残疾补偿金"改称"一次性伤残补助金"，计发基数由所在市上年度职工月平均工资改为工伤职工本人工资，计发月数不变。

2012年1月开始实施的《广东省工伤保险条例》（2011年第二次修订版）调整了一次性伤残补助金标准，计发基数由所在市上年度职工月平均工资改为本人工资，计发月数改为：一级27个月，二级25个月，三级23个月，四级21个月，五级18个月，六级16个月，七级13个月，八级11个月，九级9个月，十级7个月。对本人要求解除或者终止劳动关系，终结工伤保险关系者，原由单位支付的一次性工伤医疗补助金改由工伤保险基金支付，一级伤残为15个月的本人工资，二级14个月，三级13个月，四级12个月，五级10个月，六级8个月，七级6个月，八级4个月，九级2个月，十级1个月。

（三）因工死亡待遇

《劳动保险条例》及其实施细则规定，工人与职员因工死亡时，由该企业行政方面或资方发给丧葬费，其数额为该企业全部工人与职员平均工资 2 个月。另由劳动保险基金项下，依其供养的直系亲属人数每月付给供养直系亲属抚恤费，其数额为死者本人工资的 25%～50%，至受供养者失去受供养的条件时为止。因工负伤致残完全丧失劳动力退职后死亡时，由劳动保险基金项下付给丧葬补助费，其数额为该企业全部工人与职员平均工资 1 个月。另由劳动保险基金项下，按其本企业工龄的长短，付给供养直系亲属救济费，其数额为死者本人工资 3～12 个月。

1992 年 3 月开始实施的《广东省企业职工社会工伤保险规定》将因工死亡职工的丧葬费标准改为本市、县上年度企业职工月平均工资 4 个月；将"供养直系亲属抚恤费"改称"供养直系亲属生活补助费"，标准为供养城镇户口一人者，每月按本市、县上年度企业职工月平均工资的 30% 发给，供养两人及两人以上者，按 50% 发给；供养农村或乡镇户口的，按城镇户口供养人标准的 70% 发给。孤老及孤儿按上列标准的 120% 发给。增设一次性抚恤金，标准为本市、县上年度企业职工月平均工资 20 个月，一次性发给供养直系亲属。

1998 年 11 月开始实施的《广东省社会工伤保险条例》将丧葬费标准调整为所在市上年度职工月平均工资 6 个月；将"供养直系亲属生活补助费"改称"供养直系亲属、配偶生活补助费"，计发基数改为所在市上年度职工月平均工资，计发比例不变；将一次性遗属抚恤金计发标准改为所在市上年度职工月平均工资 48～60 个月。

2004 年 2 月开始实施的《广东省工伤保险条例》（2004 年修订版）将"供养直系亲属、配偶生活补助费"改称"供养亲属抚恤金"，标准改为：配偶每月按照职工本人工资的 40% 计发，其他亲属每人每月按 30% 计发，孤寡老人或者孤儿每人每月在上述标准的基础上增加 10%。核定的各供养亲属的抚恤金之和不应当高于因工死亡职工生前的工资。原"一次性遗属抚恤金"改称"一次性工亡补助金"，标准为 48～60 个月的统筹地区上年度职工月平均工资。

2012 年 1 月开始实施的《广东省工伤保险条例》（2011 年第二次修订版）将一次性工亡补助金标准改为上年度全国城镇居民人均可支配收入的 20 倍。

四、调整工伤保险缴费标准

1992年1月颁布的《广东省企业职工社会工伤保险规定》明确,工伤保险基金按照"以支定收、略有储备"的原则征集,具体比例根据全省平均工伤事故发生率,在调查测算的基础上报省人民政府确定,定期调整。开始试行时可按全部职工工资总额0.5%～1.5%幅度,根据不同行业的危险程度和工伤事故发生频率适当划分档次收缴。工伤保险基金全部由单位负担,个人不缴纳。

1998年10月通过的《广东省社会工伤保险条例》规定,工伤保险费由单位按所属全部被保险人上年度月平均工资总额(统计口径)的5‰～15‰逐月缴纳,具体比例由社会保险部门和财政部门根据差别费率原则,按不同行业的危险程度和工伤事故发生频率测定,报同级人民政府批准执行。工伤保险可以实行浮动费率,社会保险部门根据单位一定时期内的工伤事故率、收支率以及其他评估标准,适度调整其费率,以鼓励单位搞好安全生产。

2004年修订的《广东省工伤保险条例》规定,工伤保险基金根据以支定收、收支平衡的原则筹集。统筹地区社会保险经办机构每年根据用人单位工伤发生率等情况,按照国家规定的行业差别费率及行业内费率档次确定单位缴费费率。用人单位缴纳工伤保险费的数额为本单位职工工资总额乘以单位缴费费率之积。

2011年第二次修订的《广东省工伤保险条例》明确,难以按照工资总额缴纳工伤保险费的行业,其缴纳工伤保险费的具体方式按照国家有关规定执行。

五、确定基金支付项目

1992年1月颁布的《广东省企业职工社会工伤保险规定》明确规定了工伤保险基金支付的各项工伤保险待遇,并规定各级社会保险机构按当月征收的工伤保险基金总额提取2%作为管理费。

1998年10月通过的《广东省社会工伤保险条例》取消了关于管理费的规定,增加了工伤预防费和工伤康复费用支出,明确规定社会保险部门按当年工伤保险费征收总额的一定比例提取工伤预防费,用于工伤预防宣传、教育和安全生产奖励；工伤保险结存基金的一定比例用于医疗康复和职业康复事业。

2004年修订的《广东省工伤保险条例》明确规定工伤保险基金用于下列支出项目：①工伤保险待遇；②职业康复费用；③工伤取证费和劳动能力鉴定费；④工伤预防费。其中，职业康复费用按照不超过上年度结存的工伤保险基金1/3的比例，工伤取证费和劳动能力鉴定费按照不超过上年度工伤保险基金实际收缴总额2%的比例，由社会保险经办机构于每年9月提出下年度的用款支出计划，报同级社会保险行政部门和财政部门审核同意后，列入下年度工伤保险基金支出预算，下年度据实列支。在保证储备金足额留存和上述①、②、③项费用足额支付的前提下，可以按照不超过上年度工伤保险基金实际收缴总额5%的比例，提取工伤预防费。

六、统筹层次与储备金制度

根据1992年颁布的《广东省企业职工社会工伤保险规定》，工伤保险基金90%留县（市、区）社会保险机构，作为支付职工工伤保险费用；10%作为储备金，储备金实行三级提留办法，4%留县（市、区）社会保险机构，3%上交市社会保险机构，3%上交省社会保险机构，用于重大事故调剂和伤残职工异地安置的调剂。

1998年10月通过的《广东省社会工伤保险条例》规定，工伤保险基金以市级为单位核算，在实行市级核算前，县级核算单位按工伤保险基金征收总额的15%上缴调剂金，其中9%交市，6%交省；已实行市级核算的，按工伤保险基金征收总额的6%上缴省。调剂金用于重大事故和伤残人员异地安置。

2004年修订的《广东省工伤保险条例》规定，工伤保险基金以地级以上市为单位核算。工伤保险基金应当建立储备金，市级统筹按工伤保险基金征收总额的15%建立储备金，其中，市级储备金留存10%，向省级储备金上解5%。储备金用于重大事故、伤残人员异地安置和基金不敷使用时的调剂。市储备金不足支付的，由省储备金调剂、市人民政府财政垫付。

第三节 工伤保险制度改革的成果

一、建立了比较完善的工伤保险法制基础

现阶段,根据《社会保险法》和国务院《工伤保险条例》,广东省建立了以《广东省工伤保险条例》为基础,以33项地方法规、规章、政策性文件为主体的工伤保险法制体系。该体系能够系统全面维护全省各行各业工伤保险参保人的合法权益,确保参保人及其家属在符合条件时更能够得到社会保障系统的支持和帮助。

二、参加工伤保险的人数不断增加

2006—2017年,广东省参加工伤保险的人数连年递增,环比增长分别为13.15%、8.9%、5.79%、9.13%、7.15%、4.04%、3.2%、1.2%、1%、3.95%、4.8%;2006年年末广东参加工伤保险的总人数为1868.2万人,而2017年年末就达到了3402.03万人,11年间增加了近1552万人。

三、工伤保险服务更加完善

预防、补偿、康复"三位一体"的工伤保险制度体系初步形成。2017年,全省享受工伤保险待遇人数15万人,领取伤残津贴6万人次,领取生活护理费3万人次,因工死亡0.2万人,供养亲属3万人。一次性伤残补助金人均3万元、一次性工亡补助金标准为67.23万元,人月均伤残津贴3270元,生活护理费2150元/人次,供养亲属抚恤金1225元/人次,工伤保险基金先行支付待遇1772人,费用8326万元。截至2017年年末,全省签订工伤保险服务定点协议医疗机构1771家;康复机构76家,辅助器具配置机构35家,工伤保险基金支付金额17.75亿元。

四、工伤保险基金规模不断上升

2006—2017年,广东省工伤保险基金收入大致呈上升趋势,特别是

2017年，达到77亿元，其中，征缴收入65亿元、利息收入9亿元。基金支出54亿元，其中，待遇支出50亿元、劳动能力鉴定费支出0.3亿元、工伤预防费支出0.7亿元、其他支出0.3亿元、上下级往来支出3亿元；累计结余275亿元，其中储备金56亿元。

第六章 失业保险制度改革

第一节 广东省失业保险制度改革历程

失业保险是指由国家和社会筹集基金，对那些由于非本人原因而失去工作的劳动者在一定期间内给予物质补偿的一种社会保险制度。享受失业保险待遇者要依法参加失业保险，且履行法定义务并符合法定条件。

相对于其他社会保险项目而言，我国失业保险制度的建立相对较晚。中华人民共和国成立初期，我国曾以失业救济为主要手段解决失业问题。但是，由于我国实行计划经济，不承认有失业，把失业人员称为待业人员，因此，当时建立的劳动保险制度中，并没有失业保险项目。

为了适应企业进入市场的需要，广东省从20世纪80年代初开始对劳动用工制度进行改革。从1983年开始，广东各地在新招用的工人中开始实行劳动合同制，并试行社会保险制度，其中包含失业保险的内容。

20世纪80年代中期，国家对国营企业进行改革，以打破长期实行的计划经济体制对企业的种种束缚，将长期经营不善、缺乏竞争活力、陷入破产或濒临破产的企业进行改组和关停并转，引发企业职工失业潮。[①] 但我国从政策制度上尚没有承认失业。

---

① 杨宜勇：《中国转轨时期的就业问题》，中国劳动社会保障出版社2002年版，第9—10页。

> **专栏 6—1**
>
> **江门开始失业保险制度探索**
>
> 1983 年 10 月,江门开始在新招收的合同制工人中试行社会保险制度,其中包含失业保险的内容。合同制工人投保已满 5 年,并符合下列条件的,待业(失业)期间可以享受生活困难补助费:(1)待业时间超过被辞退时由企业发给的补助工资月数;(2)非因个人不服从分配而造成的待业;(3)生活确有实际困难,经街道居委和区劳动服务站调查属实。生活困难补助费标准为每人每月 25 元,但连续补助月数最多不超过 3 个月。我省其他地区在试行合同制工人社会保险制度时,也均将合同制工人待业期间的生活困难补助费列为基金支付项目之一。

1986 年 7 月,国务院颁布《国营企业职工待业保险暂行规定》,仍然把失业称为待业。实际上,待业就是失业,国务院要求建立待业保险制度,标志着我国失业保险制度的正式建立。同年 9 月,广东省政府颁发了《广东省国营企业职工待业保险实施细则》,从当年 10 月 1 日起在全省正式实施失业保险制度。

40 年来,广东省失业保险制度的发展经历了 4 个阶段。

一、制度初创阶段(1983—1992 年)

1986—1992 年,广东省按国家规定实施了待业保险制度。待业保险制度是我国失业保险制度的雏形,虽然其实施范围较窄,待遇标准也不高,但实现了我国失业保险制度从无到有的突破。这一阶段,广东省失业保险工作取得如下进展:

一是实施国营企业职工待业保险制度。根据国务院《国营企业职工待业保险暂行规定》和《广东省国营企业职工待业保险实施细则》的规定,广东省从 1986 年 10 月 1 日起在全省国营企业职工及机关、团体、事业单位的劳动合同制工人中正式实施待业保险制度。待业保险基金主要来源于国营企业缴纳的待业保险费,主要用于支付宣告破产的企业的职工、濒临破产的企业法定整顿期间被精减的职工、企业终止或解除劳动合同的工人、企业辞退的职工可领取的失业救济金、医疗补助等待遇,还可以用于转业训练和建立培训设施，扶持待业职工进行生产自救，促进就业。待业职工和职工待业保险基金的管理，由当地劳动行政主管部门所属的劳动服务公司负责。

二是扩大待业保险制度实施范围。1986年12月，广东省劳动局、人事局转发劳动人事部《关于外商投资企业用人自主权和职工工资、保险福利费用的规定》，要求外商投资企业应按照所在地区人民政府的规定，缴纳中方职工待业保险基金。职工在职期间的保险福利待遇按照我国政府对国营企业的有关规定执行。

1988年4月，广东省政府颁布《广东省外商投资企业中方干部管理规定》，明确规定外商投资企业中方干部在职期间待业保险基金的缴纳标准，按当地全民所有制企业固定职工的标准执行。

1990年4月，广东省劳动局转发劳动部《私营企业劳动管理暂行规定》，明确规定私营企业职工参照《国营企业职工待业保险暂行规定》实行待业保险制度。

1991年10月，广东省劳动局转发劳动部《关于做好关停并转全民所有制企业职工安置工作的通知》。其中规定，经政府有关部门批准停产整顿的企业，在整顿期间发放职工生活费确有困难的，其职工经企业批准并到劳动部门办理待业登记手续后，可以比照濒临破产的企业在法定整顿期间被精减的职工的标准领取待业救济金；关停企业的劳动合同制工人，可以解除劳动合同，并按照国家规定标准领取待业救济金。

为满足改革开放迅速发展的需求，广州、深圳、珠海、佛山、中山、茂名、潮州等市逐步将失业保险覆盖范围扩大到集体企业、三资企业。

二、机制转换阶段（1992—2002年）

1992—2002年，是广东省失业保险制度发展的重要阶段。党的十二届三中全会确定了我国经济体制改革的目标是建立社会主义市场经济体制，将解决失业问题正式提上改革日程。待业保险顺理成章改为失业保险，实施范围也从国营企业扩大到各类企业和事业单位，在企业改革过程中所发挥的作用也越来越大。这一阶段，广东省失业保险工作取得如下进展：

一是出台《广东省职工失业保险暂行规定》。1993年4月，国务院发布《国有企业职工待业保险规定》，对待业保险制度进行修订。1993年11月，《中共中央关于建立社会主义市场经济体制若干问题的决定》中明确提出

"进一步健全失业保险制度"。"待业保险"从此时起正式改称"失业保险"。根据国家相关规定,结合本省实际情况,广东省政府于1996年5月颁布《广东省职工失业保险暂行规定》,对全省失业保险制度做了重大改革。实施范围从国有企业职工扩大到所有企业、个体经济组织、企业化管理的事业单位和与之形成劳动关系的劳动者,以及国家机关、非企业化管理的事业单位、社会团体和与之建立劳动合同关系的劳动者;缴费基数从职工标准工资总额改为本单位全部职工上年度月平均工资总额;失业救济金计发基数从职工本人标准工资改为职工所在市上年度职工月平均工资;失业保险的经办管理机构从各级劳动服务公司改为各级社会保险经办机构。

二是保障国有企业下岗职工基本生活。1998年以后,国有企业改革进入关键阶段,又恰逢亚洲金融危机的冲击,大量职工下岗,基本生活难以得到有效保障。为此,1998年5月中央召开了国有企业下岗职工基本生活保障和再就业工作会议,提出了在社会保障领域采取"两个确保"和建立"三条保障线"的重大举措。"两个确保",就是确保国有企业下岗职工的基本生活和确保企业离退休人员基本养老金按时足额发放;"三条保障线",是指国有企业下岗在再就业服务中心最长可领取3年的基本生活费,3年期满仍未实现再就业的可继续领取最多2年的失业保险金,享受失业保险金期满仍未就业的可申请城市居民最低生活保障金。①

1998年7月,为进一步做好国有企业下岗职工基本生活保障和再就业工作,广东省委、省政府要求国有企业按照国家相关规定成立再就业服务中心。再就业服务中心用于保障国有企业下岗职工基本生活和缴纳社会保险费的费用,原则上采取"三三制"的办法解决,即财政预算安排、企业负担、社会筹集(包括从失业保险基金中调剂)各1/3。其中,社会筹集的1/3资金主要从失业保险基金中调剂。失业保险的缴费比例,由企业工资总额的1%提高到3%,其中个人缴纳1%,企业缴纳2%。

三是颁布《广东省失业保险规定》。1998年12月,广东省政府颁布《广东省失业保险规定》,对失业保险的缴费标准、待遇标准、管理流程等重新做出规定。失业保险费从全部由单位负担改为由单位和个人共同承担,缴费比例从1%提高到3%;失业救济金改称失业保险金,计发标准从职工所在市上年度职工月平均工资的40%改为被保险人原单位所在地最低工资

---

① 胡晓义主编:《安国之策——实现人人享有基本社会保障》,中国人力资源和社会保障出版集团,2011年7月第1版,第139页。

标准的 80%。同时，进一步明确了领取失业保险金的条件和流程。

1999 年 6 月，为了与国务院 1999 年 1 月颁布的《失业保险条例》的规定相衔接，广东省对《广东省失业保险规定》中关于失业保险适用范围、失业保险费征缴、基金统筹层次、基金开支项目、失业保险费滞纳金等内容进行调整，并明确了农民合同制工人生活补助费的发放标准。

2000 年 9 月，广东省劳动和社会保障厅下发《关于失业保险有关问题的通知》，对各地推进失业保险工作中遇到的 12 个具体政策问题做了明确规定。

2002 年 5 月，广东省政府印发《广东省失业人员职业介绍和职业培训补贴办法》，明确职业介绍补贴和职业培训补贴的标准和管理流程。

三、规范运行阶段（2002—2012 年）

2002—2012 年，以《广东省失业保险条例》的颁布实施为标志，广东省失业保险进入规范运行的新阶段，在应对国际金融危机的过程中发挥了重要作用。这一阶段，广东省失业保险工作主要进展如下：

一是颁布实施《广东省失业保险条例》。2002 年 8 月，广东省人大常委会通过《广东省失业保险条例》，以地方性法规的形式对失业保险的原则、基金、待遇、管理、监督检查、法律责任等问题做出明确规定。《广东省失业保险条例》的颁布实施，标志着广东省失业保险正式走上了法制化轨道。

二是建立失业登记和失业保险监测制度。2004 年 9 月，为提高失业管理和失业保险宏观决策水平，劳动保障部决定在全国建立失业登记和失业保险监测制度。2006 年 10 月，为建立和规范覆盖城乡劳动者的就业和失业登记制度，广东省劳动保障厅印发《关于就业和失业登记管理的试行办法》，对《广东省就业失业手册》的发放与管理、就业登记、失业登记、失业人员档案管理等作出具体规定。同年，为加强失业保险业务管理，广东省劳动保障厅转发劳动和保障部办公厅《优化失业保险经办业务流程指南》，对失业保险登记管理、失业保险费征收、缴费记录、待遇审核与支付、财务管理、稽核监督等经办流程作出具体规范。

三是扩大失业保险基金支出范围试点，增强失业保险促进就业功能。为了提高失业保险基金的使用效率，发挥失业保险制度促进再就业的功能，国务院决定自 2006 年 1 月起在北京、上海、江苏、浙江、福建、山东、广东 7 个省（市）开展为期 3 年的扩大失业保险基金支出范围试点。试点地区的失业保险基金可用于职业培训补贴、职业介绍补贴、社会保险补贴、岗位补贴和小额担保贷款贴息支出等。2006年6月,广东省劳动保障厅、省财政厅印发《广东省失业保险基金扩大支出范围试点方案》,将广州、珠海、汕头、佛山、韶关、河源、惠州、中山、阳江、湛江和云浮11个地级以上市纳入失业保险基金扩大支出范围试点,并对试点的适用对象、支出项目、条件、使用额度、基金管理等做出明确规定。

2009年7月,国务院授予包括广东省在内的东部7省(市)增加失业保险基金支出项目的自主权,政策执行期限为一年。2009年12月,广东省人力资源和社会保障厅、省财政厅联合下发《广东省进一步扩大失业保险基金支出范围试点方案》,在各地级以上市开展为期一年的扩大失业保险基金支出范围试点,在保障失业人员基本生活的基础上,加大失业保险基金对预防失业和促进就业的投入。此后,人力资源和社会保障部与财政部于2011年、2013年两次延长广东等东部7省(市)扩大失业保险基金支出范围试点的时间。

四是发挥失业保险作用,应对国际金融危机。2008年国际金融危机爆发后,广东省按国家统一部署,调整失业保险政策,以切实发挥失业保险保障生活、促进就业、调控失业的作用,从而维护社会稳定。全省阶段性降低失业保险费率,允许困难企业在一定时期内缓缴失业保险费,并将失业保险基金用于社会保险补贴、岗位补贴和在岗职工职业技能培训补贴,帮助困难企业稳定就业岗位。在金融危机影响下,不裁员或少裁员、稳定和促进就业的企业,无论国有、集体还是民营、外资企业,只要按规定参加社会保险并履行缴费义务、符合有关条件,均可以申领包括社会保险补贴、岗位补贴以及在岗职工职业技能培训补贴在内的"稳岗补贴"。

为保障失业人员的基本生活,广东省从2009年9月起阶段性提高失业保险金标准,适当提高农民合同制工人一次性生活补贴标准。

五是规范失业保险市级统筹。2010年11月,广东省人力资源和社会保障厅转发人力资源和社会保障部《关于进一步提高失业保险统筹层次有关问题的通知》,要求各地继续推进失业保险市级统筹工作,按照"四统一"标准(即统一参保范围和对象、统一待遇项目及标准方法、统一基金管理和使用、统一经办流程和信息系统),完善本市统筹办法,为实行失业保险省级统筹奠定基础。

四、协调发展阶段（2012—2018 年）

2013 年以后，广东省通过修订《广东省失业保险条例》，进一步完善了失业保险制度，较好地发挥了失业保险保障失业人员基本生活和预防失业、促进就业的双重功效。这一阶段，广东省失业保险工作主要进展如下：

一是修订《广东省失业保险条例》。2013 年 11 月，广东省人大常委会修订通过《广东省失业保险条例》，自 2014 年 7 月 1 日起施行。修订后的《广东省失业保险条例》强化了失业保险保障生活、预防失业、促进就业的功能；明确了农民工与城镇职工缴费相同，明确了职工缴费基数上下限；规定了女性领取失业保险金期间生育可加发失业保险金，增设了求职补贴；完善了失业人员医疗保障办法，规定了失业人员技能鉴定可申领补贴，并增加了创业鼓励措施。

二是降低失业保险费率。2013 年 1 月，根据人力资源和社会保障部关于进一步完善失业保险费率动态调整机制、适当降低失业保险费率、减轻企业负担的要求，广东省明确要求各地适当调整失业保险费率，从 2013 年 4 月 1 日开始，用人单位费率从 2% 下调至 1.5%，个人费率从 1% 下调至 0.5%。从 2016 年 3 月 1 日起，广东省进一步将失业保险费率降低至 1%，其中用人单位费率由 1.5% 降至 0.8%，个人费率由 0.5% 降至 0.2%。

三是进一步支持企业做好稳定岗位工作。2015 年 4 月，广东省出台《关于进一步做好失业保险支持企业稳定岗位工作有关问题的通知》，将失业保险基金支持稳岗政策实施范围由兼并重组企业、化解产能过剩企业、淘汰落后产能企业这 3 类企业扩大到所有符合条件的企业。对采取有效措施不裁员、少裁员、稳定就业岗位、符合政策范围和基本条件的企业，按该企业及其职工上年度实际缴纳失业保险费总额的 50% 给予稳岗补贴，所需资金从失业保险基金中列支。

四是提高失业保险金标准。为进一步提高失业人员基本生活保障水平，根据《人力资源社会保障部财政部关于调整失业保险金标准的指导意见》，广东省从 2018 年 5 月 1 日起，将全省失业人员领取失业保险金标准由当地最低工资标准的 80% 提高到 90%。

第二节　广东省失业保险制度的改革内容

1986年以来,广东省失业保险制度从无到有,不断完善:覆盖范围从国营企业职工逐步扩大到城镇各类职工,基金来源从单位缴费到单位和个人共同缴费,待遇水平逐步提高,促进就业功能不断强化,管理措施不断完善。

一、覆盖范围

根据国务院1986年颁布的《国营企业职工待业保险暂行规定》,待业保险适用范围仅限于国营企业及其职工。《广东省国营企业职工待业保险实施细则》将适用范围扩大到国营企业所属的事业单位的职工(包括干部、固定工人、劳动合同制工人)以及机关、团体、事业单位的劳动合同制工人。

1986年12月,广东省将外商投资企业中方职工纳入待业保险覆盖范围。1990年4月,又将私营企业职工纳入待业保险覆盖范围。

1996年7月1日开始实施的《广东省职工失业保险暂行规定》将失业保险范围扩大到所有企业、个体经济组织、企业化管理的事业单位及其职工,以及与国家机关、非企业化管理的事业单位、社会团体建立劳动合同关系的职工。

1999年6月,根据《失业保险条例》的规定,广东省将失业保险范围扩大到各类事业单位及其全部职工。

2000年9月,广东省劳动和社会保障厅明确规定,城镇私营企业业主和城镇个体工商户雇主可以不参加失业保险,但必须为其所雇员工办理失业保险,缴纳失业保险费。

2002年10月开始实施的《广东省失业保险条例》将失业保险制度适用范围扩大到除公务员和参照公务员制度管理人员之外的省内所有单位及职工。

2013年11月修订公布的《广东省失业保险条例》进一步细化了失业保险的覆盖范围,明确广东省行政区域内下列单位和人员应当参加失业保险:①企业、非参照公务员法管理的事业单位和社会团体、民办非企业单位、基金会、律师事务所、会计师事务所等组织及其职工;②与劳动者建立劳动关系的国家机关、参照公务员法管理的事业单位和社会团体及与其建立劳动关系的劳动者；③有非军籍职工的军队、武警部队所属用人单位及其非军籍职工；④有雇工的个体经济组织及其雇工；⑤法律、法规、规章规定的其他单位和人员。

二、统筹层次和调剂金

根据《国营企业职工待业保险暂行规定》，职工待业保险基金由省、自治区、直辖市统筹使用，也即实行省级统筹。但广东省地区差距非常大，按当时条件难以做到省级统筹。因此，《广东省国营企业职工待业保险实施细则》规定，职工待业保险基金由市（地）包干使用，统筹调剂。县（市）提取的职工待业保险基金，每月向市（地）上缴一定比例的款额，作为市（地）范围内统筹调剂之用。上缴比例和调剂办法，由市（地）确定。

1993年4月颁布的《国有企业职工待业保险规定》明确，待业保险基金实行市、县统筹，省、自治区可以集中部分待业保险基金调剂使用。据此，1996年5月颁布的《广东省职工失业保险暂行规定》明确，失业保险基金以市、县为核算单位，省、市适量调剂使用。各市按收缴基金总额的10%提取调剂金，其中70%留本市在市属各县间调剂使用，30%交省在各市之间调剂使用。

1999年6月，广东省规定失业保险基金在条件成熟的设区的市实行全市统筹；条件不成熟的设区的市可实行市本级与所设各区统筹，待条件成熟时再逐步过渡到包括所辖县（市）在内的全市统筹。

2002年8月颁布的《广东省失业保险条例》规定，失业保险基金实行地级市统筹，省人民政府可以根据实际情况决定实行全省统筹。实行全省统筹前，各市应当按照当年失业保险基金征收总额3%的比例向省上解调剂金。各市上缴调剂金后，失业保险基金不敷使用时，由省级调剂金调剂、地方财政补贴。

2013年11月修订公布的《广东省失业保险条例》规定，失业保险基金按照国家规定逐步实行省级统筹。实行省级统筹前，失业保险基金由各地级以上市统筹。各统筹地区应当按照省人民政府规定的比例向省上缴调剂金，用于失业保险基金不敷使用时的调剂和省人民政府批准的预防失业、促进就业支出。各统筹地区按时足额上缴调剂金后，失业保险基金不敷使用时，由省级调剂金调剂、地方财政补贴。

三、缴费标准

1986 年颁布的《广东省国营企业职工待业保险实施细则》规定，待业保险费按本企业全部职工标准工资总额的 1% 缴纳；机关、团体、事业单位按本单位劳动合同制工人标准工资总额的 1% 缴纳。

1996 年颁布的《广东省职工失业保险暂行规定》调整了失业保险缴费基数，失业保险费由单位按照本单位全部职工（机关、事业单位按建立劳动合同关系的人员）上年度月平均工资总额的 1%（未纳入工资总额管理的单位，按上一年本市职工平均工资的 1% 乘以单位全部职工人数）按月缴纳。

为确保下岗职工的基本生活，广东省根据国务院相关规定，从 1998 年 7 月 1 日起将失业保险费率由单位工资总额的 1% 提高到 3%，其中单位缴纳 2%，个人缴纳 1%。

根据国务院《失业保险条例》的规定，从 1999 年 7 月起，单位招用的农民合同制工人个人不缴纳失业保险费。

2000 年 9 月，广东省劳动和社会保障厅明确规定，职工缴纳失业保险费的工资基数应与其缴纳养老保险费的缴费工资一致，单位缴纳失业保险的基数应等于本单位全部参加失业保险职工缴费工资之和。

2009 年 1 月，为减轻企业负担、稳定就业局势、积极应对国际金融危机，广东省阶段性降低失业保险费率。单位和个人费率之和按不同统筹区分别确定，广州、深圳、珠海、惠州、东莞、中山、江门和佛山等市最低为 1%，汕头、韶关、河源、茂名、肇庆、清远、潮州、揭阳和云浮等市最低为 2%，其余当期基金收不抵支的市暂不降低。

从 2013 年 4 月 1 日起，广东省降低全省失业保险费率，用人单位费率下调至 1.5%，个人费率下调至 0.5%。同时，允许有条件的市根据本地实际情况，开展失业保险浮动费率试点，在确保失业保险基金收支平衡的前提下，对一定时期内不减员或者少减员的用人单位，再适当下调费率。

2013 年 11 月修订公布的《广东省失业保险条例》规定，职工缴费工资不得低于失业保险关系所在地级以上市最低工资标准。本人工资高于失业保险关系所在地级以上市上年度在岗职工月平均工资 3 倍的，以失业保险关系所在地级以上市上年度在岗职工月平均工资的 3 倍为基数计算缴费。

从 2016 年 3 月 1 日起，广东省失业保险费率暂由 2% 降至 1%，其中用人单位费率降至 0.8%，个人费率降至 0.2%。实施用人单位失业保险浮动费率试点的市，基准费率按照全省统一的用人单位费率 0.8% 执行。

四、失业保险基金支付范围

根据国务院 1986 年颁布的《国营企业职工待业保险暂行规定》，职工待业保险基金的开支项目共 7 项：①宣告破产的企业职工和濒临破产的企业法定整顿期间被精减的职工，在待业期间的待业救济金；②宣告破产的企业职工和濒临破产的企业法定整顿期间被精减的职工，在待业期间的医疗费、死亡丧葬补助费、供养直系亲属抚恤费、救济费；③宣告破产的企业离休、退休职工和濒临破产的企业法定整顿期间被精减而又符合离休、退休条件职工的离休、退休金；④企业辞退的职工和终止、解除劳动合同的工人，在待业期间的待业救济金和医疗补助费；⑤待业职工的转业训练费；⑥扶持待业职工的生产自救费；⑦待业职工和职工待业保险基金的管理费。

国务院 1993 年颁布的《国有企业职工待业保险规定》将待业保险基金开支项目调整为 6 项：①待业职工的待业救济金；②待业职工在领取待业救济金期间的医疗费、丧葬补助费，其供养的直系亲属的抚恤费、救济费；③待业职工的转业训练费；④扶持待业职工的生产自救费；⑤待业保险管理费；⑥经省、自治区、直辖市人民政府批准，为解决待业职工生活困难和帮助其就业确需支付的其他费用。

1996 年 5 月颁布的《广东省职工失业保险暂行规定》所规定的失业保险基金开支项目与《国有企业职工待业保险规定》基本相同，只是将"待业救济金"改为"失业救济金"。

1998 年 7 月，根据国家相关规定，失业保险费率从 1% 提高到 3% 后，基金新增部分集中用于国有企业再就业服务中心下岗职工基本生活保障和为其缴纳社会保险费。

1998 年 12 月颁布的《广东省失业保险规定》所列的失业保险基金开支项目，设"促进再就业费用"取代原来的"待业职工的转业训练费"和"扶持待业职工的生产自救费"，增设"失业保险期间的生育补助金"，并将"失业救济金"改为"失业保险金"。

1999 年 6 月，广东省取消"失业保险期间的生育补助金"和"促进就业费用"，增加"领取失业保险金期间接受职业培训、职业介绍的补贴"，并明确各级失业保险经办机构停止从失业保险基金中提取管理费。

2006年1月，根据劳动和社会保障部关于适当扩大失业保险基金支出范围试点的规定，广东省失业保险基金新增社会保险补贴、岗位补贴和小额担保贷款贴息支出项目。

2009年12月，根据国家相关规定，广东省进一步扩大失业保险基金支出范围，新增职业技能鉴定补贴、高技能人才公共实训基地设备购置经费补助、劳动和社会保障信息化建设经费补助等3个支出项目。

2012年5月，人力资源和社会保障部《关于东部7省（市）扩大失业保险基金支出范围试点有关问题的通知》明确，失业保险基金促进就业的支出项目包括职业培训补贴、职业介绍补贴、职业技能鉴定补贴、社会保险补贴、岗位补贴、小额贷款担保基金、小额贷款担保贴息。失业保险基金支出项目不得形成固定资产，不得用于人员经费、公用经费等应由部门预算安排的支出。

五、享受失业保险待遇条件

根据《国营企业职工待业保险暂行规定》和《广东省国营企业职工待业保险实施细则》，可享受待业保险待遇的职工包括4类人员：①宣告破产的企业的职工；②濒临破产的企业法定整顿期间被精减的职工；③企业终止、解除劳动合同的工人；④企业辞退的职工。发生下列4种情况之一的，停止享受待业救济待遇：①领取待业救济金超过规定期限的；②已重新就业（包括从事个体劳动）的；③无正当理由，两次不接受有关部门介绍就业的；④待业期间受劳动教养或被判刑的。

1996年5月颁布的《广东省职工失业保险暂行规定》将可享受失业保险待遇人员范围扩大到7类人员：①依法宣告破产或终止的单位的职工；②濒临破产的企业在法定整顿期间被精减的职工；③按照国家有关规定被撤销、解散单位的职工；④按照国家有关规定停产整顿单位被精减的职工；⑤终止或者解除劳动合同的职工；⑥单位辞退、除名或者开除的职工；⑦依照法律、法规规定或者按照省人民政府规定可以享受失业保险待遇的其他职工。停止享受失业保险待遇的情形扩大到7种：①领取失业救济金期限届满的；②参军、升学或出境定居的；③已重新就业的（包括从事个体经营和临时工作，其收入水平超过失业救济金水平的）；④在领取失业救济金期间被劳动教养或被判刑的（监外执行者除外）；⑤办妥退休手续，领取养老金的；⑥无正当理由，两次不接受劳动行政部门所属的就业服务机构介绍就业的。

1998年12月颁布的《广东省失业保险规定》要求领取失业保险金须同时具备4个条件：①在法定劳动年龄内非自愿性失业（指排除自动离职和因个人原因由个人提出解除劳动合同的两种情形以外的失业）；②本人及单位按规定参加失业保险并连续缴费满一年以上；③进行失业登记；④有求职要求并接受职业介绍和就业指导。停止领取失业保险金的情形共8种，新增加的两种情形是：无正当理由，两次不接受政府有关部门组织的就业训练等再就业服务活动的；法律、法规规定的其他情形。

2002年8月颁布的《广东省失业保险条例》对享受失业保险待遇的条件重新做了规定，明确同时具备下列条件的失业人员可以领取失业保险金，并按规定享受其他失业保险待遇：①按规定参加失业保险，所在单位和本人已按规定履行缴费义务满一年或者缴费不满一年但本人仍有领取失业保险金的期限的；②非因本人意愿中断就业的；③按规定已办理申请领取失业保险金手续，并有求职要求的。停止享受失业保险待遇的具体情形调整为7种：①重新就业的；②应征服兵役的；③移居境外的；④享受基本养老保险待遇的；⑤被判刑收监执行或者被劳动教养的；⑥无正当理由，连续两次或者累计3次拒不接受当地劳动保障行政部门或者其指定机构介绍工作的；⑦法律、行政法规规定的其他情形。

根据《社会保险法》的规定，2013年11月修订通过的《广东省失业保险条例》调整了享受失业保险待遇的条件。失业人员符合下列条件的，从失业保险基金中领取失业保险金：①失业前用人单位和本人已经缴纳失业保险费满一年的；②非因本人意愿中断就业的；③已经进行失业登记，并有求职要求的。失业人员在领取失业保险金期间有下列情形之一的，停止领取失业保险金，并同时停止享受其他失业保险待遇：①重新就业的；②应征服兵役的；③移居境外的；④享受基本养老保险待遇的；⑤无正当理由，拒不接受当地人民政府指定部门或者机构介绍的适当工作或者提供的培训的。失业人员在领取失业保险金期间被判刑收监执行或者被强制隔离戒毒的，中断领取失业保险金，其失业保险金领取期间中断计算。中断原因消除后，失业人员可以继续申领失业保险金。

六、失业保险待遇

根据《国营企业职工待业保险暂行规定》和《广东省国营企业职工待

业保险实施细则》，待业保险待遇包括待业救济金、医疗补助金、死亡丧葬补助费等。

待业救济金以职工离开企业前两年内本人月平均标准工资额为基数，按以下办法发放：①宣告破产的企业职工和濒临破产的企业法定整顿期间被精减的职工，在宣告破产和宣告濒临破产法定整顿期以后，工龄在5年和5年以上的，最多发给24个月的待业救济金，其中：第1～12个月，每月为本人标准工资的60%至75%，第13～24个月，每月为本人标准工资的50%；工龄不足5年的，最多发给12个月的待业救济金，每月为本人标准工资的60%～75%。②终止、解除劳动合同的工人，在扣除已发给本人的生活补助费的月份后，按照①项规定领取待业救济金。③企业辞退的职工，按照①项规定领取待业救济金。职工待业救济金的具体发放期限和标准由市（地）确定。

医疗费、医疗补助费，每月不少于5元，发放期限同待业救济金的发放期限一致，从停发工资的月份起逐月发给。患病或非因工负伤，医疗期满后不能从事原工作而被解除劳动合同的工人，必须扣除企业或单位发给的医疗补助费的月份后，才能开始享受待业期间的医疗补助费。

死亡丧葬补助费，按当地企业两个月的平均工资计发。供养直系亲属抚恤费、救济费，按当时固定工有关规定的标准执行。

1996年5月颁布的《广东省职工失业保险暂行规定》将"待业救济金"改为"失业救济金"，调整了失业救济金、医疗费计发标准，并增设了生活困难补助金。失业救济金月标准为所在市上年度职工月平均工资的40%。失业救济金的领取期限根据职工失业前连续缴纳失业保险费的年限确定：缴费年限不满1年的，不能领取；满1年不满4年的，每缴1年可领取1个月失业救济金；满4年以上的，超过4年的部分每满1年可领取两个月，但最长不超过24个月。国有企业和城镇集体所有制单位中原是干部、固定工身份的职工，在单位参加失业保险前按国家规定计算为连续工龄的年限视为已缴费年限。再次失业的，过去已领取失业救济金的缴费年限不得重复计算。

失业职工医疗费按不超过上年度所在市职工月平均工资3%的比例随救济金按月发放，具体标准由各市参照当地职工平均门诊费水平及其他有关因素确定，不享受失业救济金时即行停止。患严重疾病（不包括因打架斗殴、参与违法犯罪活动而致伤致病）的，在所在市、县社会保险管理部门同意的医院住院治疗，其医疗费个人负担确有困难的，可酌情给予不超过医疗费50%的补贴。

夫妻同时失业的，有法定赡养、抚养义务的或有其他特殊困难的失业职工，经申请给予不超过本人4个月失业救济金的生活困难补助金；领取失业救济金期满之日距法定退休年龄5年以下，并且没有重新就业的失业职工，可以继续领取生活困难补助金，直到其再就业或达到退休年龄为止。

1998年12月颁布的《广东省失业保险规定》将"失业救济金"改为"失业保险金"，计发标准调整为被保险人原单位所在地最低工资标准的80%，领取期限与原失业救济金相同。失业人员在领取失业保险金期间的医疗费，按不超过原单位所在地最低工资标准10%的比例，随失业保险金按月发给。具体标准由各市参照当地职工平均门诊费水平及其他有关因素确定，不享受失业保险金时即行停止。同时还规定，失业人员在领取失业保险金期间生育，且符合国家和省计划生育规定的，可以申领女职工生育补助金。

1999年6月，为落实《失业保险条例》的规定，广东省取消失业女职工生育补助金支出项目，并明确农民合同制工人生活补助费计发标准。单位已为农民合同制工人连续缴纳失业保险费1年以上，劳动合同期满未续订或者提前解除劳动合同的，一次性生活补助费按以下标准计发：缴纳失业保险费满1年的按其失业前月平均缴费工资的12%发给，以后每多缴纳1个月加发月平均缴费工资的1%。

1999年9月，根据国家关于提高3条保障线水平的要求，广东省从1999年7月1日起将失业保险金水平提高30%。

2002年8月颁布的《广东省失业保险条例》维持了失业保险金、医疗补助金的领取期限和计发标准。但增加了领取期限结转的规定：失业人员停止享受失业保险待遇后，其未领取期限自行结转至下次失业时合并计算，合并计算后的领取期限最长为24个月。同时规定，已参加基本医疗保险的职工，失业后在领取失业保险金期间继续参加当地的基本医疗保险，原由用人单位缴纳的基本医疗保险费改由失业保险基金负担，原由职工个人缴纳的基本医疗保险费由社会保险经办机构从其失业保险金中代扣代缴，医疗补助金和住院医疗费补贴相应取消。

2009年9月起，广东省阶段性提高失业保险待遇。失业保险金标准在2008年的基础上提高15%。农民合同制工人生活补助费计发标准改为：缴纳失业保险费满1年的按其失业前月平均缴费工资的20%发给，以后每多缴纳1个月加发月平均缴费工资的2%。

根据《社会保险法》的规定，从 2011 年 7 月 1 日起，失业人员领取失业保险金期间在失业保险关系所在地参加职工基本医疗保险，享受基本医疗保险待遇。失业人员应当缴纳的基本医疗保险费从失业保险关系所在地失业保险基金中支付，个人不缴纳基本医疗保险费。

2013 年 11 月修订的《广东省失业保险条例》增加了 3 项待遇：①求职补贴，标准为本人失业前 12 个月平均缴费工资的 15%，领取期限最长不超过 6 个月；②女性失业人员生育加发失业保险金，标准为生育当月本人失业保险金的 3 倍；③技能鉴定补贴，失业人员领取失业保险金期间在本省参加职业技能鉴定的，在取得相应国家职业资格证书后可以领取职业技能鉴定补贴，标准为当次职业技能鉴定费。规定了可以一次性领取失业保险金的两种情形：一是失业人员在失业保险金领取期限未满前重新就业，就业后签订 1 年以上劳动合同并参加失业保险满 3 个月的，可以向原失业保险金领取地社会保险经办机构申请一次性领取已经核定而尚未领取期限一半的失业保险金，不足 1 个月的部分按照 1 个月计算，并相应计算为领取期限。剩余的尚未领取期限与再次失业时的领取期限合并计算。二是失业人员在失业保险金领取期限未满前开办企业、民办非企业单位或者从事个体经营的，凭营业执照或者登记证书及纳税证明，可以向原失业保险金领取地社会保险经办机构申请一次性领取已经核定而尚未领取期限的失业保险金，并相应计算为领取期限。

根据国家相关规定，广东省从 2018 年 5 月 1 日起，将全省失业人员领取失业保险金标准由最低工资标准的 80% 提高到 90%。

七、失业保险关系转移衔接

1986 年颁布的《广东省国营企业职工待业保险实施细则》规定，劳动合同制工人户口在省内其他市、县城镇的，终止、解除劳动合同后，由企业所在地劳动服务公司将其在享受待业救济金最高期限内应发给的待业救济金和医疗补助费总额的一半，一次过转到原居住地劳动服务公司，由原居住地劳动服务公司包干使用，按当地同类工人的发放期限和标准，发给待业救济金和医疗补助费。

1996 年 5 月颁布的《广东省职工失业保险暂行规定》明确，失业职工原单位所在地与户籍所在地不同的，若户籍在本省，由原单位所在地的社会保险经办机构或其指定的机构将其可享受的全部失业救济金和医疗费一次性转给其户籍所在地的社会保险经办机构或其指定的机构发放；若户籍不在本省，由原单位所在地的社会保险经办机构或其指定的机构负责发放。

2002年4月，广东省劳动和社会保障厅转发劳动和社会保障部办公厅的通知，明确规定城镇企事业单位成建制统筹地区转移或职工在职期间跨统筹地区转换工作单位的，失业保险关系应随之转迁，其在转出前单位和职工个人缴纳的失业保险费不转移。同年9月，广东省劳动保障厅、省财政厅、省人事厅、省编办转发劳动保障部等4部门的通知，明确规定公务员和参照、依照公务员制度管理的工作人员，其进入企业、事业单位工作前按国家和省规定计算的连续工龄视同失业保险缴费年限，与以后的缴费年限合并计算。

2002年8月颁布的《广东省失业保险条例》规定，失业人员可以选择在原单位所在地或者户籍所在地享受失业保险待遇的，按规定办理失业保险关系转移手续。失业保险待遇按转入地的标准执行，由转入地社会保险经办机构按规定发放。失业人员原单位与户籍不在同一统筹地区和户籍跨统筹地区迁移需要转移失业保险关系的，按国家规定计算的享受失业保险待遇所需资金一并转移。单位成建制跨统筹地区转移和职工跨统筹地区变换工作单位的，失业保险关系随之转移，所涉及基金不转移。

2013年修订的《广东省失业保险条例》规定，失业人员领取失业保险金期间在本省行政区域内跨统筹地区重新就业并参加失业保险的，失业保险关系随本人转移，转移前的尚未领取期限与再次失业时的领取期限合并计算。职工、未领取失业保险金的失业人员在本省行政区域内跨统筹地区就业并参加失业保险的，失业保险关系随本人转移，缴费时间累计计算。户籍在本省行政区域内、统筹地区外的失业人员，符合失业保险金领取条件的，可以选择在统筹地区或者户籍所在地享受失业保险待遇。选择在户籍所在地享受失业保险待遇的，应当办理失业保险关系转移手续，失业保险待遇按照户籍所在地标准执行，由户籍所在地社会保险经办机构支付。

八、促进就业支出

根据《广东省国营企业职工待业保险实施细则》规定，从待业保险基金中提取的促进就业费用包括待业职工的转业训练费和扶持待业职工的生产自救费。转业训练费，应用于训练场地、师资、教材、教学用具方面的开支；生产自救费，属周转性质的无息贷款，应用于扶持为安置待业职工而兴办的生产、服务事业。

1996年5月颁布的《广东省职工失业保险暂行规定》明确，在保证失业保险基金支付的前提下，失业职工转业训练费和生产自救费，按上年度收缴的失业保险基金总额的5%和结余部分的20%提取，由劳动行政部门管理，专项审批，专款专用。各市按转业训练费和生产自救费提取总额的10%提取调剂金，其中，70%留各市在市属县区间调剂使用，30%交省在各市之间调剂使用。

1998年12月颁布的《广东省失业保险规定》明确，促进再就业费用按上年度职工工资总额1%征收的失业保险基金总额的5%和结余部分的20%提取，促进再就业费用提取后纳入再就业基金管理，专项审批，专款专用。

1999年6月，根据《失业保险条例》的规定，广东省取消"促进就业费用"，改为"领取失业保险金期间接受职业培训、职业介绍的补贴"。

2002年5月印发的《广东省失业人员职业介绍和职业培训补贴办法》规定，职业介绍和职业培训补贴列入失业保险基金预算，按照失业人员的职业介绍和职业培训的实际发生额和规定的补贴标准，从基金中直接列支。所需补贴经费不能按比例预先从失业保险基金提取，不得在失业保险基金外设立专项资金。每年补贴所列支总金额，应根据实际需要，按不超过上年度征缴失业保险基金总额的一定比例实行控制，最高比例不得超过8%，如实际发生额确需超过控制比例，必须报省劳动保障行政部门、省财政部门审批。

2006年6月印发的《广东省失业保险基金扩大支出范围试点方案》规定，失业保险基金促进再就业支出包括职业培训补贴、职业介绍补贴、社会保险补贴、岗位补贴和小额担保贷款贴息支出，试点地区每年从失业保险基金中用于促进再就业的支出最高比例原则上不得超过上年度失业保险费征收总额的20%，其中用于失业人员的职业培训补贴和职业介绍补贴支出最高比例不得超过8%。

2009年12月印发的《广东省进一步扩大失业保险基金支出范围试点方案》规定，试点期间，在确保失业人员失业保险待遇按时足额发放的前提下，从失业保险基金中安排一定比例的基金用于预防失业、促进就业的各项支出，最高支出比例不得超过上一年年末基金累计结余的40%。

九、对失业人员的管理

1986年颁布的《广东省国营企业职工待业保险实施细则》规定，破产企业职工，濒临破产企业法定整顿期间被精减的职工，终止、解除劳动合同的工人，企业辞退的违纪职工，应到当地劳动服务公司办理待业登记，领取《待业职工证》，凭证享受待业救济待遇和介绍就业。

1996年颁布的《广东省职工失业保险暂行规定》明确，职工失业时，按以下程序申领失业保险待遇：①凭原用工单位出具的失业证明和提供的有关材料，在离开单位或劳动争议结案后30日内，到单位所在地的劳动行政部门办理失业登记手续，领取《失业职工证》；②凭《失业职工证》和身份证到单位所在地的社会保险管理部门办理申领失业保险待遇有关手续；失业保险待遇从办好手续的下月起由失业职工户籍所在地的社会保险经办机构或其指定机构发放。

2002年通过的《广东省失业保险条例》规定，失业人员应当凭身份证、失业证或者流动人员就业证按月到社会保险经办机构办理领取资格验证，说明求职和接受职业指导、职业培训情况。出现停止享受失业保险待遇情形的，应当如实报告。经验证具备领取资格的，凭社会保险经办机构开具的单证到指定的发放机构领取失业保险金，同时按规定享受其他失业保险待遇。无正当理由连续两个月不按规定办理领取资格验证手续的，视同已重新就业。

第三节 广东省失业保险制度改革的成效

广东省失业保险制度的建立和发展，有效保障了失业人员的基本生活，助推了企业改革和劳动用工制度改革，促进了失业职工再就业，维护了社会稳定。

一、建立了较为完善的失业保险法规政策体系

广东省失业保险制度建立之初，采用政府规章的形式明确规定失业保险的主要政策，先后颁布了《广东省国营企业职工待业保险实施细则》《广东省职工失业保险暂行规定》《广东省失业保险规定》《广东省失业人员职

业介绍和职业培训补贴办法》等规范性文件。2002年颁布、2014年修订的《广东省失业保险条例》,进一步以地方性法规的形式对失业保险政策进行规范。这些法规规章,确保了各个时期失业保险制度的正常运行。

二、基本实现了对全省各类城镇职工全覆盖

1996年以前,广东省参加失业(待业)保险的主要是国有企业职工。随着失业保险制度的不断完善,广东省失业保险覆盖范围也不断扩大,逐步覆盖了全省除了公务员以外的各类职工(含进城务工人员)。从图6-1可以看出,广东省失业保险参保人数呈逐年上升趋势,特别是1997年、2000年、2013年实现了3次跳跃性增长。截至2017年年末,全省参加失业保险人数达到3164万人,是1994年年末参保人数89万人的35.6倍。

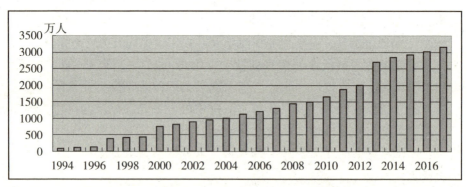

图6-1 1994—2017年广东省失业保险参保人数

三、有效保障了失业人员的基本生活

据不完全统计,仅2003—2017年,全省按月享受失业保险金的失业人员累计达476万人(如图6-2所示),全省累计支付失业保险金、医疗补助费、一次性生活补助金以及丧葬抚恤金等失业保险待遇267亿元。

失业保险金水平不断提高。1996年以前,广东省的失业保险金(待业救济金)按失业人员本人标准工资的一定比例计发;1996年7月起,失业保险金按本市上年度职工月平均工资的40%计发,具体计发标准每年7月调整一次;1999年1月起,广东省的失业保险金按当地企业职工最低工资

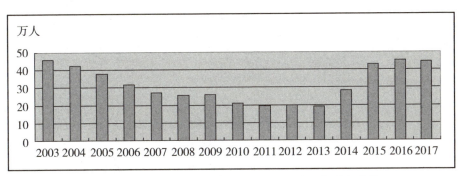

图 6-2　2003—2017 年广东省按月领取失业保险金人数

标准的 80%（2018 年 5 月起改按 90%）计发，具体计发标准随企业最低工资标准的调整而相应提高。从 2018 年 7 月 1 日起，广东省执行新的企业职工最低工资标准，全省共分为 4 类片区 5 个标准。与此相对应，全省失业保险金月计发标准共 5 个：深圳市 1980 元，广州市 1890 元，珠海、佛山、东莞、中山 4 市为 1548 元，汕头、惠州、江门、肇庆 4 市为 1395 元，韶关、河源、梅州、汕尾、阳江、湛江、茂名、清远、潮州、揭阳、云浮 11 市为 1269 元（见图 6-3）。

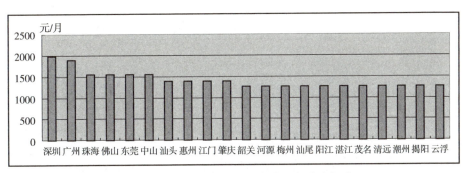

图 6-3　广东省各地 2018 年失业保险金标准

四、促进就业力度不断增强

失业保险基金在保障失业人员基本生活的同时，按规定还可用于促进失业人员就业和帮助企业稳定就业岗位。据不完全统计，2003—2017 年，全省失业保险基金用于促进就业的各项费用累计达 169 亿元（见图 6-4）。

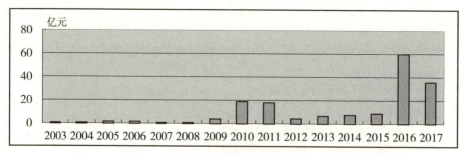

图6-4 2003—2017年广东省失业保险基金促进就业支出情况

五、失业保险基金保障能力越来越强

随着参保人数的不断增长和缴费工资水平的提高,广东省失业保险基金规模越来越大。2017年,全省失业保险基金收入114亿元,支出72亿元。截至2017年年末,全省失业保险基金累计结余683亿元(见图6-5)。多年来,失业保险基金较好地发挥了"蓄水池"的作用,在经济环境不好时,适时降低费率、扩大支出,帮助企业稳定就业岗位,促进失业职工再就业。

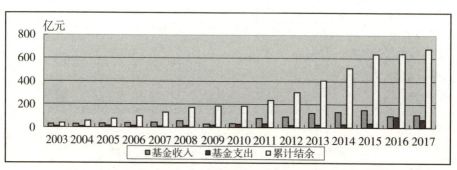

图6-5 2003—2017年广东省失业保险基金收支和累计结余

第七章 生育保险制度改革

生育保险是指职业妇女因生育而暂时中断劳动,由国家或单位为其提供生活保障和物质帮助的社会保险制度。① 通过提供生育津贴、与生育有关的医疗费用、生育休假等待遇,帮助女职工或男职工的配偶在生育时安全度过生育期,并使婴儿得到必要的照顾和哺育。②

第一节 广东省生育保险制度改革历程

我国的生育保险制度始建于1951年,是《中华人民共和国劳动保险条例》所规定的劳动保险制度的组成部分。当时规定,女工人与女职员生育,产假期间工资照发,并由劳动保险基金项下付给生育补助费,其数额为5尺红市布,按当地零售价给付。党的十一届三中全会以后,广东省逐步对生育保险制度进行改革,开展生育保险基金社会统筹,并逐步完善相关规定。

40年来,广东省的生育保险制度改革经历了4个阶段:1978—1992年为探索阶段,1992—2002年为改革阶段,2002—2012年为全面推进改革阶段,2012年至今为全面深化改革阶段。

一、探索阶段（1978—1992年）

1978—1992年,广东省职工的生育待遇由单位负责支付。生育保险制度改革方面主要取得如下进展:

一是广东省人大常委会1980年2月通过的《广东省计划生育条例》规定,符合计划生育政策的女职工可享受适当延期产假时间等优待。

二是重新明确女职工的生育待遇。1988年6月国务院颁布的《女职工劳动保护规定》重新规定了女职工的产假期限,同时明确废止了《劳动保

---

① 尹蔚民主编:《中华人民共和国社会保险法释义》,中国劳动社会保障出版社2010年版,第195页。

② 艾红林:《生育保险制度的历史演变》,《煤矿现代化》,2005年第4期,第84页。

险条例》中有关女工人、女职员生育保险的规定。1988年9月，劳动部发布《关于女职工生育待遇若干问题的通知》，明确了女职工怀孕流产时的带薪假期时间，并规定女职工怀孕期间的检查费、接生费、手术费、住院费和药费由所在单位负担。1989年1月，广东省政府颁布《广东省女职工劳动保护实施办法》，细化了相关规定。

由于没有建立生育保险基金，生育费用由企业各自负担，致使女职工较多的单位负担较重。随着经济体制改革的深化，矛盾越来越突出，用人单位不愿招用女职工，女职工就业难成了社会问题。

二、改革阶段（1992—2002年）

为了切实维护职工合法权益，减轻女职工较多的单位的经济负担，促进公平就业，广东从20世纪90年代初开始探索生育保险制度改革。改革从各市试点做起，形成基层先行、摸石探路、相互借鉴、全面开展的改革特点。

一是鼓励各地开展生育保险费用社会统筹试点。1991年4月，佛山市在全省率先开展女职工生育保险费用社会统筹试点。1992年3月，广东省劳动局、财政厅转发经省政府批准的《广东省省属、中央、部队驻穗企业、事业单位女职工生育保险办法》，在省属、中央、部队驻穗企业、事业单位开始实施女职工生育保险社会统筹试点，此后，江门、肇庆、珠海、云浮相继参保省属驻穗单位的办法，开展生育保险社会统筹试点。截至1994年年底，全省参加生育保险人数75.03万人。

二是按劳动部规定试行生育保险。1995年4月，广东省转发劳动部颁发的《企业职工生育保险试行办法》，要求各地按照《试行办法》及省政府的有关规定积极开展生育保险。《试行办法》规定，生育保险按属地原则试行社会统筹，根据"以支定收，收支基本平衡"的原则筹集资金，由企业按照其工资总额的一定比例向社会保险经办机构缴纳生育保险费，建立生育保险基金，职工不缴纳生育保险费。生育保险费的提取比例可根据费用支出情况适时调整，但最高不得超过工资总额的1%。产假期间的生育津贴，生育的检查费、接生费、手术费、住院费、药费，因生育引起疾病的医疗费由生育保险基金支付。

1995年7月至2002年，广州、清远、汕尾、汕头、阳江、中山、东莞、韶关、惠州相继开展生育保险试点。

三、全面推进改革阶段（2002—2012年）

2002年以后，广东省加大了生育保险改革力度，推动了生育保险制度改革的快速发展。

一是指导各地加快推进生育保险工作。2003年8月，广东省劳动保障厅印发《关于加快推动生育保险工作的通知》，要求已开展生育保险的地区要努力扩大覆盖面，完善生育保险管理办法，规范管理，提高生育保险的社会化管理程度和服务水平。尚未开展生育保险的地区要在年内出台生育保险管理办法。各地在开展基本医疗保险制度的同时，应同步开展生育保险工作，可以按照"三统三分"的思路进行管理，即医疗生育两项保险统一参保、统一征缴、统一管理；分定费率、分别列账、分开支付。

2004年10月，广东省劳动保障厅转发劳动保障部办公厅《关于进一步加强生育保险工作的指导意见》。《指导意见》提出，要协同推进生育保险与医疗保险工作，生育保险实行医疗机构协议管理，积极探索生育医疗费用的结算办法，逐步实现社会保险经办机构与协议管理医疗机构直接结算。省劳动保障厅要求，尚未开展生育保险的地区，应充分利用医疗保险制度的基础，可先将生育医疗费用列入医疗保险费或公务员医疗补助费。

二是出台《广东省职工生育保险规定》。2008年4月，广东省政府印发《广东省职工生育保险规定》，标志着广东省统一的生育保险制度走上法制化轨道。《规定》从生育保险基金、待遇、管理和监督、法律责任四方面对生育保险进行了规范。之后，全省21个地级统筹区按统一规定开展了生育保险。

三是降低生育保险费率以应对国际金融危机。2009年1月，广东省劳动保障厅、省财政厅、省地税局三部门联合下发《关于发挥社会保险功能扶持企业发展积极应对国际金融危机有关问题的通知》，明确规定广东各地级以上市在确保参保人员生育待遇水平不降低和基金不出现缺口的前提下，2009年1月至12月可适当降低城镇职工生育保险的费率。

四是推进生育保险市级统筹。为提高全省生育保险制度的运行水平，广东省政府办公厅于2010年7月下发《关于加快推进我省基本医疗保险和生育保险市级统筹工作的通知》，提出了市级统筹的4项实施标准：一是统一政策，要求地级以上市在统筹区域内实行统一的生育保险政策；二是统一缴费标准和待遇计发标准，要求各地市根据本地的实际情况，合理确定全市统一的生育保险缴费基数、缴费比例以及待遇水平;三是统一基金统筹管理,要求生育保险基金纳入市级基金财政专户进行统筹管理,同时要求各地市统一编制生育保险基金收支预决算并组织实施,建立基金征缴、支出的激励约束和责任分担机制;四是统一经办管理,要求统一业务经办管理服务流程以及考核办法,并建立全市统一的医保信息系统和覆盖全市的医保信息网络平台。①

五是制定《生育保险药品目录》以保障参保人员合理用药需求。为贯彻落实党中央、国务院和广东省委、省政府深化医药卫生体制改革的重要举措,完善医疗、工伤、生育保险制度,保障参保人员合理用药需求,提高人民群众的医疗保障水平,逐步实现人人享有基本医疗保障的目标,广东省人力资源和社会保障厅于2010年9月印发《广东省基本医疗保险、工伤保险和生育保险药品目录(2010年版)》,在《国家基本医疗保险、工伤保险和生育保险药品目录(2009年版)》的基础上,根据临床医药科技进步与本省参保人员用药需求变化,适当扩大了用药范围和提高了用药水平。西药部分和中成药部分所列药品为基本医疗保险、工伤保险和生育保险基金准予支付费用的药品。其中,基本医疗保险、工伤保险和生育保险基金均准予支付费用的西药品种1274个,中成药1128个,民族药48个,仅限生育保险基金准予支付费用的西药品种5个。中药饮片部分所列中药饮片为基本医疗保险、工伤保险和生育保险基金不予支付费用的中药饮片,包括中药饮片127种及1个类别。生育保险在药品费用支付时不分甲、乙类。

六是落实《社会保险法》所规定的生育保险待遇。2011年7月,《社会保险法》开始实施以后,广东省各地及时调整生育保险政策,落实该法所规定的各项生育保险待遇(包括女职工生育医疗费用、生育津贴、职工未就业配偶生育医疗费用)。

四、全面深化改革阶段(2012年至今)

2012年以后,广东省进一步全面深化生育保险制度改革,生育保险工作得到新的发展。

一是修订完善《广东省职工生育保险规定》。2015年1月,广东省修订

---

① 刘大江:《广东省将基本实现医疗和生育保险市级统筹》,《中国社会报》,2017年7月23日。

颁布新的《广东省职工生育保险规定》。此次修订，重点是落实《社会保险法》，结合广东实际，强化生育保险在保障职工生育期获得的基本医疗和生活保障、均衡用人单位费用负担、促进公平就业的功能，对保障劳动者权益、提升群众健康水平、完善全省生育保险制度体系将起到十分重要的作用。

二是重新规定女职工产假天数。为了实施《女职工劳动保护特别规定》，2016年12月广东省政府颁布了《广东省实施〈女职工劳动保护特别规定〉办法》，于2017年2月起施行。该办法对女职工的产假天数重新做了明确规定。

三是更新生育保险药品目录。2017年，人力资源和社会保障部印发了新的《国家基本医疗保险、工伤保险和生育保险药品目录（2017年版）》。从2017年10月1日起，广东省基本医疗保险、工伤保险和生育保险统一执行2017年版国家药品目录的西药、中成药、中药饮片和36种谈判药品。参保人员使用目录内西药、中成药、36种谈判药品和目录外中药饮片所发生的费用，由基本医疗保险、工伤保险和生育保险按规定支付。

四是开展生育保险与基本医疗保险合并实施试点。2017年1月，国务院办公厅印发《生育保险和职工基本医疗保险合并实施试点方案》，提出按照保留险种、保障待遇、统一管理、降低成本的思路，在广东省珠海市等12个城市开展两项保险合并实施试点。试点在2017年6月启动，试点期限为1年左右。试点内容包括：①统一参保登记，参加职工基本医疗保险的在职职工同步参加生育保险。②统一基金征缴和管理，生育保险基金并入职工基本医疗保险基金，统一征缴。③统一医疗服务管理，两项保险合并实施后实行统一定点医疗服务管理。④统一经办和信息服务，两项保险合并实施后，要统一经办管理，规范经办流程。①

---

① 白天亮：《十二个城市上半年启动试点生育保险和医保合并实施后待遇不变》，《人民日报》，2017年2月5日。

第二节 生育保险制度改革的主要内容和政策措施

一、覆盖范围

《广东省职工生育保险规定》实施以前,广东省对生育保险的实施范围没有统一规定。各地在生育保险试点过程中,一般根据本地实际情况,采取循序渐进的办法,逐步扩大覆盖范围。

2008年7月开始实施的《广东省职工生育保险规定》首次对全省生育保险覆盖范围做出明确规定。本省行政区域内的企业、个体经济组织、民办非企业单位等组织和与之形成劳动关系的劳动者以及国家机关、事业单位、社会团体和与其建立劳动合同关系的劳动者,应参加生育保险。

2015年修订的《广东省职工生育保险规定》重新明确了职工生育保险的覆盖范围。本省行政区域内的国家机关、企业、事业单位、社会团体、民办非企业单位、基金会、律师事务所、会计师事务所等组织和有雇工的个体工商户及其全部职工和雇工都应参加生育保险。用人单位及其职工按照属地管理原则在用人单位注册登记地参加生育保险。用人单位为国家机关、人民团体的,在单位所在地参加生育保险。中央驻粤单位、省属单位及其职工,有非军籍职工的军队、武警部队所属用人单位及其非军籍职工,在本单位参加职工基本医疗保险所在地参加生育保险。

二、基金来源

广东各地在试行生育保险期间,生育保险费有的采取按参保人数定额征收的办法。例如,佛山市1991年实施生育保险试点时,规定生育保险费按每人每月4元缴纳。省属、中央、部队驻穗单位1992年开始试行生育保险时,明确生育保险费由单位按全部职工工资总额的0.4%缴纳,但实际操作时,按当时平均工资水平折算成每人每月1元的标准缴纳。有的采取按单位缴费工资总额的一定比例缴纳。例如,广东省人大常委会1993年11月通过的《广东省珠海经济特区职工社会保险条例》规定,珠海特区生育保险费由用工单位按照缴费工资的0.5%缴纳。

劳动部1994年12月颁布的《企业职工生育保险试行办法》规定,生育保险根据"以支定收，收支基本平衡"的原则筹集资金，由企业按照其工资总额的一定比例向社会保险经办机构缴纳生育保险费，建立生育保险基金。生育保险费的提取比例由当地人民政府根据计划内生育人数和生育津贴、生育医疗费等项费用确定，并可根据费用支出情况适时调整，但最高不得超过工资总额的1%。职工个人不缴纳生育保险费。

2008年4月广东省人大常委会颁布的《广东省职工生育保险规定》明确，生育保险基金由下列各项资金构成：用人单位缴纳的生育保险费；生育保险基金的利息；生育保险费滞纳金；财政补贴和依法纳入生育保险基金的其他资金。生育保险费由用人单位按月缴纳。职工个人不缴纳生育保险费。用人单位按照本单位职工工资总额的一定比例缴纳生育保险费。生育保险缴费比例由所属统筹地区人民政府根据生育保险待遇的项目和费用确定，并根据费用支出情况适时调整，最高不超过本单位职工工资总额的1%。

2015年1月修订颁布的《广东省职工生育保险规定》将缴费基数从"单位职工工资总额"细化为"单位上月职工工资总额"。用人单位上月职工工资总额超过所在地级以上市上年度在岗职工月平均工资的3倍乘以本单位职工人数之积的，按照所在地级以上市上年度在岗职工月平均工资的3倍乘以本单位职工人数之积计算。新成立的单位无上月职工工资的，以本单位本月职工工资总额为基数计算。具体缴费比例在不高于费基1%的前提下，由统筹地区人民政府确定后实施。用人单位无上月职工工资的，以本单位本月职工工资总额为基数计算。

三、基金支付范围

劳动部1994年12月颁布的《企业职工生育保险试行办法》规定，女职工产假期间的生育津贴，女职工生育的检查费、接生费、手术费、住院费和药费，以及女职工生育出院后因生育引起疾病的医疗费，由生育保险基金支付。

《广东省职工生育保险规定》明确，生育保险待遇包括5项：生育医疗费、生育津贴、一次性分娩营养费、计划生育手术费用、男职工假期津贴。除了生育医疗费应当由基金支付以外，其余4项是否由基金支付由统筹地区人民政府确定。同时明确，生育保险基金不予支付下列费用：不符合国家和省城镇职工基本医疗保险和生育保险的药品目录、诊疗项目、医疗服务设施项目及相关就医管理规定的费用;因为医疗事故发生的费用;分娩期外治疗生育并发症的费用。

2010年颁布的《社会保险法》规定,用人单位已经缴纳生育保险费的,其职工享受生育保险待遇;职工未就业配偶按照国家规定享受生育医疗费用待遇。所需资金从生育保险基金中支付。生育保险待遇包括生育医疗费用和生育津贴。生育医疗费用包括生育的医疗费用、计划生育的医疗费用以及法律、法规规定的其他项目费用。

根据《社会保险法》的规定,2014年11月修订的《广东省职工生育保险规定》明确,生育保险基金支付范围包括参保职工的生育医疗费用和生育津贴以及职工未就业配偶的生育医疗费用待遇,并细化了生育医疗费的具体项目。职工享受的生育医疗费用包括下列各项:①生育的医疗费用,即女职工在孕产期内因怀孕、分娩发生的医疗费用,包括符合国家和省规定的产前检查的费用,终止妊娠的费用,分娩住院期间的接生费、手术费、住院费、药费及诊治妊娠并发症的费用。②计划生育的医疗费用,包括职工放置或者取出宫内节育器;施行输卵管、输精管结扎或者复通手术,人工流产,引产术等发生的医疗费用。③法律、法规、规章规定的其他项目费用。职工未就业配偶享受的生育医疗费用待遇,参照职工所在统筹地区城镇居民基本医疗保险生育医疗待遇标准执行。从生育保险基金中支付生育医疗费用,应当符合国家和省规定的生育保险药品目录和基本医疗保险诊疗项目、医疗服务设施标准。不属于生育保险基金支付范围的生育医疗费用,按照规定纳入基本医疗保险基金支付范围。

同时,明确下列医疗费用不纳入生育保险基金支付范围:①因医疗事故发生的应当由医疗机构承担的费用;②应当由公共卫生或者计划生育技术服务项目负担的费用;③应当由基本医疗保险基金或者工伤保险基金支付的费用;④在国外或者港澳台地区发生的医疗费用;⑤法律、法规、规章规定不应当由生育保险基金支付的其他医疗费用。

四、领取待遇条件

根据2008年4月省颁布的《广东省职工生育保险规定》,职工享受生育保险待遇,应当同时具备下列条件:用人单位为职工累计缴费满1年以上,并且继续为其缴费;符合国家和省人口与计划生育规定。

2014年11月修订的《广东省职工生育保险规定》放宽了领取生育保险

待遇的条件，明确用人单位已经按时足额缴纳生育保险费的，其职工享受生育保险待遇；职工未就业配偶享受生育医疗费用待遇。

五、生育保险待遇

广东省各地试行生育保险费用统筹期间，各地的生育保险待遇标准各不相同，大体有如下3种做法：

一是定额包干。生育保险基金一次性向生育职工的单位支付规定额度的生育保险待遇，由单位包干使用。例如，1992年颁布的《广东省省属、中央、部队驻穗企业、事业单位女职工生育保险办法》规定，一次性支付的生育保险待遇由单位用于产妇分娩期间的医药费、产假工资、物价补贴、奖金及产妇营养补助费，标准为顺产1500元，难产或多胞胎1800元；1993年8月调整为顺产的1600元，难（剖腹）产或多胞胎的2000元，并增设吸引产、牵引产、钳产标准，为1800元；1996年1月起，由定额分档计发改为以上年度省直职工月平均工资为基数分档计发，顺产发给3.5个月，牵引产、吸引产、钳产发给4个月，剖腹产或多胞胎发给4.5个月，怀孕4个月以上流产发给1.5个月，怀孕3个月以下（包括3个月）流产的发给1个月。

二是按项目支付，根据产妇的实际情况支付各项生育保险待遇。1993年11月广东省人大常委会通过的《广东省珠海经济特区职工社会保险条例》规定，女职工从怀孕第3个月起的常规保健检查费以及分娩诊疗费、普通药费、手术费和住院费，由生育保险基金支付。分娩时，由生育保险基金支付一次性分娩营养补助费，其中顺产的按相当于上年度社会月人均工资的25%计发；难产或双胞胎以上的按相当于上年度社会月人均工资的50%计发。女职工的计划生育金，从分娩第2个月起由生育保险基金按相当于本人在分娩前一年月平均缴费工资按月支付，支付时间按照省有关产（休）假假期计算。分娩或者产假期间因疾病需住院或者门诊治疗的，享受医疗保险待遇。职工施行节育手术的医疗费用和按照省有关规定的营养补助费，由生育保险基金支付。

三是定额包干与按项目支付相结合。例如，1995年7月开始实施的《广州市企业职工生育保险实施细则（试行）》规定，参加生育保险的职工（不包括计划生育中施行节育者），符合计划生育规定的，生育或流产时，可享受下列待遇：①生育津贴。女职工按规定享受产假期间的生育津贴，按本单位上年度职工月人平缴费工资计发。每日的假期工资＝本单位上年度职工月人平缴费工资÷30（天）。②生育医疗费。女职工生育医疗费（包括检查费、接生费、手术费、住院费、药费及生育出院后产假期内因生育引起疾病的医疗费）分别按顺产1600元；难产或多胞胎2400元；流产：怀孕不满4个月300元，满4个以上至7个月以下800元，满7个月以上按顺产标准计发。③一次性分娩营养补助费。女职工生育顺产的按上年度市属企业职工月平均工资的25%计发，难产或多胞胎的按50%计发。

2008年4月颁布的《广东省职工生育保险规定》明确，生育保险待遇包括：生育医疗费（女职工在孕期、产期内，因为妊娠、生育或者终止妊娠发生的符合规定的医疗费用）；生育津贴（女职工产假期间享受生育津贴。生育津贴以所属统筹地区上年度在岗职工月平均工资为基数，按规定的产假期计发。生育津贴低于本人工资标准的，由用人单位补足）；一次性分娩营养补助费（按所属统筹地区上年度在岗职工月平均工资的一定比例计发，具体比例由统筹地区人民政府确定）；计划生育手术费用（包括职工因为计划生育实施放置或者取出宫内节育器、流产术、引产术、绝育及复通手术所发生的医疗费用）；男职工假期津贴（已参保的男职工按规定享受的看护假假期津贴，以所属统筹地区上年度在岗职工月平均工资为基数，按规定的假期时间计发）；除生育医疗费应当支付外，其余项目是否支付由各统筹地区人民政府结合当地实际情况自行决定。

2015年修订的《广东省职工生育保险规定》进一步明确了享受生育保险待遇项目（包括生育医疗费用和生育津贴）和标准，细化了生育医疗费用支付范围和生育津贴计发办法。其中，生育医疗费用包括：①生育的医疗费用，即女职工在孕产期内因怀孕、分娩发生的医疗费用，包括符合国家和省规定的产前检查、终止妊娠、分娩住院期间的医疗费用。②计划生育的医疗费用，包括职工放置或者取出宫内节育器，施行输卵管、输精管结扎或者复通手术、人工流产、引产术等发生的医疗费用。③法律、法规、规章规定的其他项目费用。生育津贴：按照职工生育或者施行计划生育手术时用人单位上年度职工月平均工资除以30再乘以规定的假期天数计发。用人单位上年度职工月平均工资，按照社会保险经办机构核定的本单位上一自然年度参保职工各月工资总额之和除以其各月参保职工数之和确定。用人单位无上年度职工月平均工资的，生育津贴以本单位本年度职工月平均工资为基数计算。

2015年《广东省职工生育保险规定》还理顺了生育津贴与工资的关系，

职工已享受生育津贴的,视同用人单位已经支付相应数额的工资。生育津贴高于职工原工资标准的,用人单位应当将生育津贴余额支付给职工;生育津贴低于职工原工资标准的,差额部分由用人单位补足。并明确职工原工资标准为职工依法享受产假或者计划生育手术休假前12个月的月平均工资。职工享受假期前参加工作未满12个月的,按其实际参加工作的月份数计算。此外,特殊人员生育保险待遇问题也得到明确:一是职工失业前已参加生育保险的,其在领取失业保险金期间发生符合本规定的生育医疗费用,从生育保险基金中支付。二是职工达到法定退休年龄后发生符合本规定的生育医疗费用,从生育保险基金中支付。三是职工未就业配偶享受的生育医疗费用待遇,参照职工所在统筹地区城镇居民基本医疗保险生育医疗待遇标准执行,从生育保险基金中支付。但职工未就业配偶已享受城乡居民基本医疗保险、城镇居民基本医疗保险、新型农村合作医疗的生育待遇或者在领取失业保险金期间相应待遇的,不再享受生育医疗费用待遇。四是对未办理就医确认手续或未按规定就医的,给予一次性生育医疗费用补贴,补贴限额标准为本市同等级定点医疗机构定额结算标准的60%。

六、产假规定

1953年修订的《劳动保险条例》和《劳动保险条例实施细则》规定,女工人与女职员生育,产前产后共给假56天;怀孕在3个月以内小产的,给假15天;怀孕在3个月以上不满7个月小产的,给假30天。产假期间,工资照发。

1980年通过的《广东省计划生育条例》规定,终身只生一个孩子,已采取有效措施,保证不再生育者,母亲产后享受3个月的产假待遇。产后结扎输卵管,按产假另加21天。

国务院1988年7月颁布的《女职工劳动保护规定》对女职工的产假重新做了规定:女职工产假为90天,其中产前休假15天。难产的,增加产假15天。多胞胎生育的,每多生育一个婴儿,增加产假15天。女职工怀孕流产的,其所在单位应当根据医务部门的证明,给予一定时间的产假。1953年1月政务院修正发布的《中华人民共和国劳动保险条例》中有关女工人、女职员生育待遇的规定同时废止。

1989年1月颁布《广东省女职工劳动保护实施办法》规定,女职工产假为98天,其中产前休假15天。生育时遇有难产的(如剖腹产、Ⅲ度会阴破裂者），可增加产假30天。属于执行计划生育政策的，按《广东省计划生育条例》有关规定增加产假。女职工怀孕不满4个月流产的，应根据医务部门的意见，给予15～30天的产假；怀孕4个月以上（含4个月）流产的，给予42天产假。

1992年修订的《广东省计划生育条例》规定，凡领取《独生子女优待证》者，产妇除享受国家规定的产假外，增加35日的产假。1998年9月修订版规定，男方享受10日的看护假。

国务院2012年4月发布的《女职工劳动保护特别规定》延长了产假天数。女职工生育享受98天产假，其中产前可以休假15天；难产的，应增加产假15天；生育多胞胎的，每多生育1个婴儿，可增加产假15天。女职工怀孕未满4个月流产的，享受15天产假；怀孕满4个月流产的，享受42天产假。

2015年12月修订的《广东省人口与计划生育条例》重新调整了奖励假和陪产假的天数，符合法律、法规规定生育子女的夫妻，女方享受30天的奖励假，男方享受15天的陪产假。

2016年12月发布的《广东省实施〈女职工劳动保护特别规定〉办法》规定，女职工生育享受98天产假，其中产前可以休假15天；生育时遇有难产的，增加30天产假；生育多胞胎的，每多生育1个婴儿，增加15天产假；符合法律、法规规定生育子女的，按照《广东省人口与计划生育条例》的有关规定享受奖励假。女职工怀孕未满4个月终止妊娠的，根据医疗机构的意见，享受15～30天产假；怀孕4个月以上7个月以下终止妊娠的，享受42天产假；怀孕满7个月终止妊娠的，享受75天产假。

2018年5月修订的《广东省人口与计划生育条例》规定延长了奖励假的天数。符合法律、法规规定生育子女的夫妻，女方享受80天的奖励假，男方享受15天的陪产假。

七、保险关系转移接续

2008年颁布的《广东省职工生育保险规定》明确了异地就医办法和职工在省内跨统筹地区变换工作单位生育保险关系转移办法。参保女职工在异地妊娠、生育或者终止妊娠的，可以到统筹地区社会保险经办机构办理异地就医手续。异地就医发生的生育医疗费在统筹地区规定的给付标准内的，按照实际发生额由生育保险基金支付，超出部分不予支付。参保职工在省内跨统筹地区变换工作单位的，应当办理生育保险关系转移手续，转移生育保险缴费年限，转入地社会保险经办机构应当准予转入。跨省变换工作单位的，转移手续按照国家有关规定办理。

2015年修订的《广东省职工生育保险规定》明确，职工在本省行政区域内跨统筹地区参加生育保险的，其缴费时间累计计算。各统筹地区社会保险经办机构应当为有需要的职工出具缴费凭证。职工和职工未就业配偶在职工最后参保地按照规定享受待遇。

第三节 生育保险制度改革取得的成就

一、完成扩大覆盖面任务成效显著

截至2017年年末，全省参加生育保险的人数达到3310万人，与2016年3161.89万人相比，生育保险参保人数增加148.11万人，增加了4.7%。2013年以来，全省参加生育保险的人数的年平均增长率为6.77%（见图7-1）。

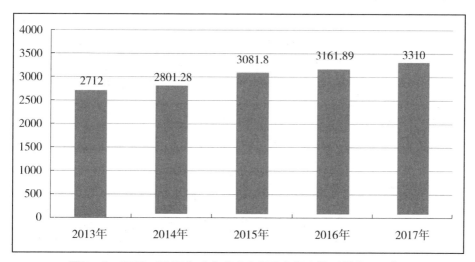

图7-1 2013—2017年广东省生育保险参保人数（单位：万人）

数据来源：2013—2017年广东省社保信息披露

二、生育保险基金规模平稳增长

生育保险的筹资原则是"以支定收、收支基本平衡"，统筹地区可以根据基金状况、待遇享受人数等确定缴费费率。多年来，广东省生育保险基金平稳增长，总收入和总支出规模不断扩大。2013—2017 年，在全省生育保险基金总收入方面，2017 年总收入 87 亿元，比 2016 年增加 13.66 亿元，增长 18.6%；比 2013 年增加 48.48 亿元，年平均增长 31.2%。在全省生育保险基金总支出方面，2017 年总支出 111 亿元，比 2016 年增加 50.16 亿元，增长 82.4%；比 2013 年增加 83.42 亿元，年平均增长 59.07%。2017 年度，全省生育保险基金累计结余达 93 亿元，有效保障参保职工享受生育保险待遇（见图 7-2）。

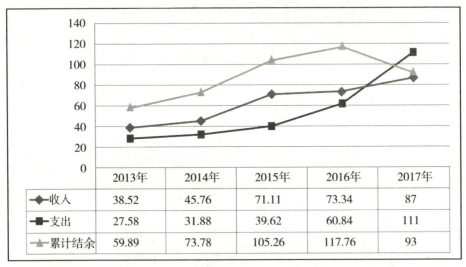

图 7-2　2013—2017 年广东省生育保险基金收入、支出、累计结余（单位：亿元）

数据来源：2013—2017 年广东省社保信息披露

三、生育保险待遇水平不断提升

近年来，国家计划生育政策调整，育龄人口"二胎"生育意愿提高，生育保险待遇水平持续提高，生育医疗费用和生育津贴不断提升。2017 年全省享受生育保险待遇职工共 170 万人次，比 2016 年增加 52.24 万人次，增长 44.3%；比 2013 年增加 124.97 万人次，年平均增长 55.71%（见图 7-3）。2017 年全省平均生育医疗费用 6181 元/人次，比 2016 年增加 167 元/人次，增长 2.7%；比 2013 年增加 1654 元/人次，年平均增长 10.94%。2017 年全省平均生育津贴 13846 元/人次，比 2016 年增加 548 元/人次，增长4.1%；比2013年增加4300元/人次，年平均增长13.2%（见图7-4）。

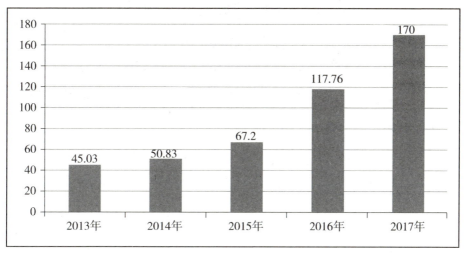

图7-3 2013—2017年广东省享受生育保险待遇人次（单位：万）

数据来源：2013—2017年广东省社保信息披露

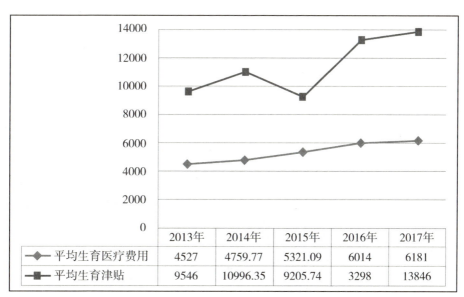

	2013年	2014年	2015年	2016年	2017年
平均生育医疗费用	4527	4759.77	5321.09	6014	6181
平均生育津贴	9546	10996.35	9205.74	3298	13846

图7-4 2013—2017年广东省享受生育保险待遇情况（单位：元/人次）

四、参保职工对生育保障服务基本满意

广东省生育保险制度改革近40年以来,保障对象范围不断扩大,生育保险待遇不断提升,基本保障了广大参保女职工生育期间的需求。参保女职工对生育期间的医院医疗技术水平及医疗设备和生育医疗的服务态度等方面普遍比较满意,但对收费标准等方面,认为有待完善。参保女职工对医院存在不满的地方主要有生育费用过高、床位少、产前检查过多、产后恢复提供的帮助少等问题。定点医疗机构应继续巩固优势、改善不足,让参保职工享受到更高水平的医疗卫生服务,进一步提升参保职工的满意度。

第八章　社会救济和社会福利制度改革

社会救济和社会福利制度是中国社会保障体系的两个重要内容，二者在社会保障体系中各有其独特的功能和作用。完善的社会救济和社会福利制度对改善民生和缓解相对贫困有着重要的作用。党的十九大报告指出，要"统筹城乡社会救助体系，完善最低生活保障制度……完善社会救助、社会福利、慈善事业、优抚安置等制度，健全农村留守儿童和妇女、老年人关爱服务体系"，更加凸显出社会救济和社会福利制度在当代中国民生社会保障体系中的重要地位。

第一节　社会救济和社会福利制度改革的基本情况

社会保障制度是在历史上的社会救济制度的基础上，经过建立与工业社会相适应的社会保险制度以及适应社会发展而兴起的各种福利事业而不断发展壮大的。中华人民共和国成立初期，在政府长期行政实践下，我国的社会福利制度与社会救济制度虽然处于并列地位，但长期如影随形。改革开放以来，尤其是20世纪80年代中期以来，随着我国经济社会转型，市场化、工业化、城市化的推进，家庭小型化、人口老龄化的趋势强劲，社会结构与社会环境发生重大变化，社会成员对健全的社会保障体系的诉求日益增长，1985年《中共中央关于制定国民经济和社会发展第七个五年计划的建议》中第一次明确提出要建立包括社会保险、社会救济、社会福利、优抚安置四部分在内的社会保障体系框架。随着近40年的发展，我国社会救济和社会福利制度体系发生了重大变化，二者的分别逐渐明显。

一、社会救济制度改革的成就

（一）社会救济制度的内涵

社会救济制度是指国家与社会面向由贫困人口与不幸者组成的社会脆弱群体，提供款物救济和扶助的一种生活保障政策。它通常被视为政府的当然责任或义务，采取的也是非供款制与无偿救助的方式，目标是帮助社会脆弱群体摆脱生存危机，以维护社会秩序的稳定。社会救助的外延，包括灾害救济、贫困救济和其他针对社会脆弱群体的扶助措施。①

社会救济制度的主要内容包括生活救助、医疗救助、教育救助、住房救助、灾害救助、生活救助等。②其中，生活救助是指国家对陷入生活困境的个人和家庭提供满足最低生活需要的现金和实物资助，帮助他们维持最基本的物质生活；医疗救助是指政府在低收入者患病时给予一定的医疗费用补助；教育救助是指国家和社会团体为了保障适龄人口能获得接受教育的机会，从物质上对贫困地区和贫困学生在不同时段提供援助；住房救助是指国家向低收入家庭或其他需要保障的特殊家庭提供现金补贴或直接提供住房；灾害救助是指国家和社会向因遭受自然灾害侵袭而失去生活保障的社会成员提供一定物质帮助；生产救助是指政府对具有一定生产经营能力的贫困户，从政策、资金、思想、技术、信息等方面给予扶持，使其通过生产经营活动拜托贫困。除此之外，有些国家还实行丧葬救助、护理救助、法律救助等。在这些具体的社会救济制度之中，生活救助在整个社会救济中处于核心地位，其他社会救济项目虽然只是针对某一方面而言的，但有时会具有重叠性，即某一些或者某一个家庭可能同时会享受其中几项社会救济待遇。

（二）社会救济制度的不断拓展

社会救济制度的前身是我国古代官方社会中对贫困者和其困难家庭提供帮助的制度。作为一种保障社会成员生存权利的社会保障形式，社会救济制度在保障最低生活、促进社会公平、维护社会稳定、平滑经济波动等方面具有重要的作用。

改革开放以来，经过40年的发展，我国的社会救济制度不断完善，体系更加健全，取得了很大的成就。社会救济制度经历了社会救济项目、救济对象由少到多，救济政策、救济措施逐步健全和完善的变化。首先，社会救济制度体系基本形成。社会救济已经成为国家的一项基本的社会制度，形成了以《社会救助暂行办法》为基本法规，包括各级政府系列制度规范

---

① 郑功成：《社会保障学》，商务印书馆2000年版，第13-14页。
② 李珍：《社会保障理论》（第四版），中国劳动社会保障出版社2018年版，第304-305页。

在内的社会救济规范体系,社会救济项目每年的经费也都基本上纳入了中央和地方财政的财政预算。其次,社会救助体系更加完善。以城乡最低生活保障制度为基础,包括医疗救助、教育救助、特困家庭救助、住房救助、法律援助、流浪乞讨人员救助、灾后困难救助,以及各种特殊情况的突发困难的救助在内的"8+1"社会救助体系基本形成。该社会救助体系既能合理地针对各种困难,也较好地覆盖各类困难人群的体系,反贫困功能日益突出。再次,社会救助制度覆盖面初具规模,政府社会救助支出总体上呈增长态势。此外,我国的社会救助制度在总体上受到了各级政府的重视和民众的支持。社会救助体系在我国保障贫困人员的基本生活、缓解贫困、维护社会稳定方面做出了巨大贡献。① 在此大背景下,改革开放40年来广东省社会救济制度改革也稳步推进。2017年广东省第十二届人民代表大会常务委员会第三十四次会议通过了《广东省社会救助条例》,标志着广东省的社会救济制度及其体系更加健全和完善,相关法律保障更加健全。

二、社会福利制度改革的成就

(一)社会福利制度的特点

在西方国家,社会福利属于"大福利论"所包含的范畴,是指一切改善和提高人民物质生活和精神生活的社会措施,不仅包括社会保障的内容,也包括公共文化、免费教育、公共卫生和家庭津贴等,其覆盖的对象是全体国民,提供的福利既包括物质生活方面又包括精神生活方面,是广义上的。我国所使用的社会福利概念是一种狭义上的概念,主要是对社会弱势群体提供的带有福利性质服务与保障措施,是对社会保险制度的补充,同时也指国家出资兴办的、旨在为全体成员谋利益的各种福利性事业和提供的各种福利性补贴。②

其特点主要有3个:一是保障方式凸显了社会化福利服务,强调通过服务保障提高社会成员的生活水平。社会化福利服务既有面向所有社会成员的公共文化服务、公共教育服务、公共卫生服务、社区服务等,也有面向

---

① 李珍:《社会保障理论》(第四版),中国劳动社会保障出版社2018年版,第320页。
② 李珍:《社会保障理论》(第四版),中国劳动社会保障出版社2018年版,第323-324页。

弱势或特殊群体的服务,后者是社会福利服务的重点内容。它可以看作是社会组织运用专业技能对一些容易成为弱势群体的人给予关注、提供服务、实施帮扶等,如对伤残病弱者、妇女、老年人和儿童,以及其他特殊群体如移民、精神病患者、吸毒者等。① 二是它以社会津贴作为重要的保障方式。社会津贴是政府基于社会成员普遍(普惠)性需求和个性化的特殊需求而提供的资金保障,前者如免费教育、儿童津贴等,后者如高龄老人津贴、残疾人津贴等。它具有很强的针对性,不与收入挂钩,不需经家庭经济调查,也不必履行缴费义务,只要是法定范围内的居民即可获得普惠性福利津贴,如果符合年龄、身心残障等资格条件的,还可享受选择性福利津贴。三是有一定的"发展性"和"享受性"价值取向。社会福利是基本生活保障基础上的更高层次的保障,虽然其中有对社会弱者提供的福利服务的内容,但更多的是满足社会大众有支付能力的物质文化需求,它有利于提升社会成员的幸福感和获得感。

(二) 社会福利制度的主要内容②

社会福利主要包含公共福利、特殊福利、职业福利、社会津贴以及社区服务等内容(见图8-1)。其中,公共福利是指国家通过直接投资、税收减免、财政补贴等手段,举办的各种旨在提高全体社会成员的生活质量和福利水平的社会福利项目,它包括公共教育福利、公共卫生福利、公共文化娱乐福利以及住房福利等;特殊福利是指民政部门为残疾人、孤儿、生活无着落的老人等具有特殊需要而又无力自理的人举办的福利事业,包括老年人福利、残疾人福利和妇女、未成年福利等;职业福利是与就业相关的,以工作单位为实体,以本单位职工生活质量提高为目而组织实施的福利设施或福利补贴的总称;社会津贴是国家为了实现其总路线、总方针而对立法或政策范围内的国民提供保证一定生活水平的资金的社会福利项目;社区服务(又称"社区型社会保障服务")是在政府的倡导和组织下,由社区居民自主建立起来的自治性的和自我服务的、小型多样的社会福利和社会服务体系。其组成框架图如下:

---

① Handel, Gerald. Social Welfare in Western Society, New York: West Publishing Company, 1992.

② 李珍:《社会保障理论》(第四版),中国劳动社会保障出版社2018年版,第330-335页。

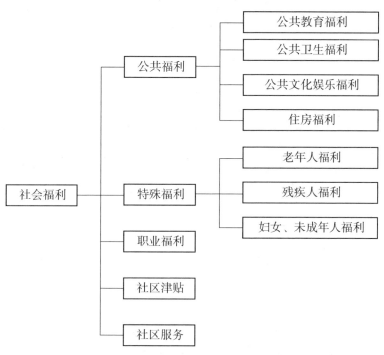

图 8-1　社会福利体系主要框架图

（三）社会福利制度改革的不断拓展

改革开放前我国的社会福利制度采取"国家负责、板块分割、封闭运行"的模式，主要包括民政福利、职工福利和公共福利三大板块。① 其中，民政福利是指由政府相关民政部门主办的社会福利机构（如收养孤寡老人、孤儿或弃婴和残疾人的福利院、精神病院等）、安排残疾人就业的社会福利企业和农村五保供养等；职工福利是指由职工所在单位为职工提供的集体福利设施，如宿舍、食堂、浴室、理发室、托儿所、幼儿园、文化宫、俱乐部等，以及生活困难补助、冬季宿舍取暖补贴、探亲补贴等福利补贴；公共福利是指由政府财政提供的城镇居民的价格补贴（社会津贴）和国家举办的教育、文化、卫生、体育事业方面的公共福利。但由于此阶段的社会福利制度设计与目标导向的缺乏，此时的社会福利制度未能完全与社会

---

① 宋士云：《新中国社会福利制度发展的历史考察》，《中国经济史研究》，2009年第3期。

救济制度区分开，很多工作与内容存在交叉和重合部分。

改革开放以来，经过40年的发展，我国社会福利事业逐渐由救济型向福利型，由供养型向康复型转变，标志着我国的社会福利走过了一条由最初与社会救济难分彼此到最终独立于社会救济之外的发展之路。① 由于我国处于经济社会全面转型的特殊时期，社会主义制度的优越性和本质上的公平性以及公众对社会福利需求的日益提高，使新型社会福利制度的建设和发展成为中国特色社会保障制度的重要内容，其社会福利的性质逐渐强化和凸显，取得了瞩目成绩。

三、社会救济制度与社会福利制度的不同侧重

虽然从理论上讲，社会救济制度与社会福利制度有很强的趋同性和包容性，二者都是以为社会弱势群体提供帮助为重要任务，且一些贫困性福利项目与贫困救济的对象高度重合。社会救济制度与社会福利制度两种手段常常是组合使用，呈现出一种相互包容、相辅相成的状态。但是二者的边界已经基本清楚，有着明显的区别。主要体现在三方面。一是社会救助和社会福利在我国社会保障体系中的各自定位基本明确，并形成了明显区别于对方的体系：社会救助体系——城乡最低生活保障、农村五保供养、灾民救助、教育救助、医疗救助、住房救助、司法救助、法律援助、城市生活无着的流浪乞讨人员救助、临时救助等；社会福利体系——老年人福利、残疾人福利、儿童福利、教育福利、职工福利、社区服务、公共福利等。二是社会救助和社会福利已形成了明显区别于对方的保障方式，前者主要采取现金和实物保障，后者主要提供设施、社会化服务和社会津贴。三是从中央民政部到地方各级民政局已分别建立社会救助管理体系和社会福利管理体系，且在行政管理体制上，社会救助和社会福利的边界也日益分明（见表8-1）。自1978年中华人民共和国民政部设立至今，社会救济（助）与社会福利行政管理体制经历了4次大的调整：1978年，民政部内设农村社会救济司和城市社会福利司；1988年将农村社会救济司调整为救灾救济司，将城市社会福利司调整为社会福利司，至此，二者在行政体制上有了比较明确的分野；1998年进一步调整为社会福利与社会事务司、救灾救济司、低保司，同时在民政部原基层政权建设司的基础上设立基层政权

---

① 王振耀：《社会福利和慈善事业》，中国社会出版社2009年版，第22-23页。

和社区建设司,以推动社区建设与社区服务;2008年再次调整为社会福利与慈善事业促进司、社会救助司、救灾司。

表8-1　社会救助与社会福利的区别

	社会救助	社会福利
保障对象	法定范围内的贫困者	法定范围内的社会成员
资格条件	需经家庭经济状况调查	普惠性:国民或居民 选择性:年龄、身体残障状况等
保障方式	资金和实物	服务和设施、社会津贴
保障水平	基本(最低)生活水平	基本生活水平;改善或提高生活质量
保障时限	临时性	常态化
责任主体	政府主导,辅之以社会捐助	政府、非营利组织、社区、家庭、保障对象个人、营利性组织(市场)
在社会保障体系中的地位作用	最后一道安全防线 基本生活保障	最高层次的保障 增强社会成员的幸福感

第二节　社会救济制度的建立和完善

作为基于贫困人口的经济支持制度,社会救济制度是政府和社会干预贫困问题、减少贫困的重要工具,在保障城乡居民生活、化解社会矛盾、促进社会公平、保证经济体制改革进行等方面具有重要的意义。①

我国社会救助制度模式的选择及其发展,既与特定时期的社会条件、经济发展状况有关,也受到经济体制、用工方式以及社会保障制度的制约。改革开放以来,经过近40年的发展,我国的社会救济制度不断完善,功能更加健全,已经逐步建立起新型的社会救济制度,初步形成了综合救助与专项救助相结合的社会救助体系。

---

① 李珍:《社会保障理论》(第四版),中国劳动社会保障出版社2018年版,第291页。

一、社会救济制度初步建立（1978年以前）

中华人民共和国成立初期，由于久经战争，全国城乡贫困人口众多，面对大批需要救济的灾民、难民、贫民、散兵游勇、失业人员和无依无靠的孤老残幼等，1950年4月，中央人民政府组织召开中国人民救济代表会议，会议确定了"在政府领导下，以人民自救自助为基础开展人民大众的救济福利事业"的基本救济原则。会后成立中国人民救济总会，并确立救灾救济的工作方针是"在自力更生原则下，动员与组织人民实行劳动互助，实行自救、自助、助人"。1950年7月，第一次全国民政会议将救灾救济确定为内务部的重点工作之一，并设立社会司主管全国社会救济工作。1953年7月，内务部增设救济司，主管农村救灾和社会救济事务。各级政府也相应设立了专门的职能机构，社会救济工作随之在全国范围内广泛展开。我国的社会救济制度已经初步建立，此时的社会救济具有明显的突击性紧急救济特征，针对不同人群采取不同救济政策。主要救济形式有五：一是政府为困难群众发放救济款物；二是发动慈善募捐，组织群众互助互济；三是通过遣散、教育、改造等方式，解决游民、娼妓等问题；四是妥善安置农村流入城市的难民、灾民和贫民；五是通过发展生产、以工代赈来解决失业人员等基本生活问题。

进入计划经济体制时期，随着国民经济的全面恢复，人民的物质生活有了明显改善，城乡困难人员大量减少，社会救济的对象、内容和方式都发生了新的变化，我国社会救济工作开始由大规模的、突击性的紧急救助走上经常化、规范化轨道，城乡救济也开始呈现二元经济结构特征，并逐步建立起了定期定量和临时救济相结合的救济制度。这一时期定期定量救济对象是城市的孤老病残的"三无人员"和农村的"五保户"等。而临时救济主要是面向城市没有固定职业、没有固定收入的困难居民家庭，以及城乡的家庭人口多、劳动力少，或遭遇突发事故而使家庭生活发生临时困难而又无力自救，影响基本生活的社会成员等。这一时期，由于我国依托城市企事业单位和农村集体经济组织的保障福利制度体系总体较为健全，且加上当时社会救济制度主要是针对"三无人员"，故而规模一直不大，社会救济制度总体亟待改革。

二、快速恢复和发展时期（1978—1992 年）①

党的十一届三中全会以后，我国社会主义现代化建设事业进入新的历史时期，同其他民政工作一样，对困难群众的社会救济得到党和政府的高度重视。1978 年 5 月，民政部正式恢复成立，在设置的 7 个司局级单位中，农村社会救济司主管农村社会救济工作，城市社会福利司主管城市社会救济工作。各级民政部门也迅速建立了社会救济专门工作机构，这为社会救济各项政策的制定和实施提供了组织保障。1983 年 4 月召开的第八次全国民政会议明确新时期我国社会救济工作的基本方针是"依靠群众，依靠集体，生产自救，互助互济，辅之以国家必要的救济和扶持"。

农村贫困救济是这一时期社会救济工作的重点，针对改革开放初期农村贫困面较大的情况，农村救济采取的主要措施有三：一是探索定期定量救济。救济对象主要是农村常年生活困难的特困户、孤老病残人员和精减退职老职工，一般按照一定周期（按季节或按月）给予固定数额的救济金或救济粮等实物，以保障其基本生活；对其他贫困人口，则通过灾民荒情救济的方式给予临时救济。1985 年，农村享受国家定期救济的人数达到百余万人，临时救济的人数更多。二是继续完善农村五保供养救助。中央明确从村提留和乡统筹（即"三提五统"）经费中列支资金用于农村五保供养。1985 年起，全国逐步推行乡镇统筹解决五保供养经费的办法，以保证五保对象的基本生活来源。1994 年国务院颁布的《农村五保供养工作条例》再次明确五保供养经费由"村提留或乡统筹"中列支。据不完全统计，从 1978—1996 年，农村集体用于五保供养和贫困户补助的资金总计达 200 多亿元。三是通过开发式扶贫改善农村贫困状况。针对农村绝对贫困人口主要集中在"老、少、边、穷"地区的现状，国家开展了有计划、有组织、大规模的农村扶贫开发。扶贫工作的深入开展使农村绝对贫困人口逐年减少，到 1994 年，我国农村没有解决温饱的贫困人口由 1978 年的 2.5 亿人减少到 7000 万人，贫困人口占农业总人口的比例下降到 7.6% 左右，基本实现了到 20 世纪末解决农村贫困人口温饱问题的战略目标。

城市社会救助工作也得到快速恢复和发展。1979 年 11 月，民政部召开

---

① 刘喜堂：《建国 60 年来我国社会救助发展历程与制度变迁》，《华中师范大学学报》（人文社会科学版），2010 年第 4 期，第 19 - 26 页。

全国城市社会救济福利工作会议,明确城镇救济对象主要是"无依无靠、无生活来源的孤老残幼和无固定职业、无固定收入、生活有困难的居民。对中央明文规定给予救济的人员,按规定办理"。从救济对象看,享受社会救济的特殊人员范围扩大到"文革"受迫害人员、平反释放人员、返城知青、台胞台属以及宽大释放的原国民党县团级以下人员等,之后又将释放"托派"头子、错定成分人员、被解散文艺剧团生活无着落人员、高校毕业生有病人员、解除劳动教养人员、刑事罪犯家属等纳入特殊救济范围。到20世纪80年代中期,全国特殊救济对象大约有20多种。从救济标准看,从80年代初开始,各地民政部门在深入调查的基础上,根据当地经济发展和物价上涨情况分别调整了定期救济标准。从资金投入看,国家不断增加城市社会救济费的支出额度。据不完全统计,1979年全国城市享受定期救济的人数为24万,支出社会救济费1785万元,平均每人每年75元;1989年,全国城市享受定期救济的人数为31万,支出社会救济费8450万元,平均每人每年273元。1992年,城镇困难户得到救济和补助的人数是908万,和1985年的376.9万人相比,增加了2.4倍多。

这一时期的社会救济工作虽然得到比较快的恢复和发展,但并未突破原有体制和框架,城乡社会救济分别按各自路径发展。救助经费的投入缺乏必要的保障机制;救助工作的随意性较大,救助对象认定、救助标准和救助程序有待进一步完善等。从总体上看,这一时期的社会救济制度具有过渡性特征,无论是制度设计、具体操作,还是资金投入,都与困难群众的救助需求存在较大差距,城乡贫困问题依然十分突出。

三、转轨时期(1992—2012年)[①]

20世纪90年代,随着市场经济体制的确立和国有企业的改革,引发了大量的下岗失业,城市贫困人口迅速增加。1986年我国登记失业人数264万人,1990年达到383万人,1996年上升到553万人,2001年剧升到680万人。此时,相对贫困问题也日益凸显。据《1996年社会蓝皮书》提供的数据,东部地区城镇居民收入比中、西部地区高40%以上;非国有制企业职工收入比国有制企业高1/3。1997年中国城镇10%最高收入户与5%最低

---

① 刘喜堂:《建国60年来我国社会救助发展历程与制度变迁》,《华中师范大学学报》(人文社会科学版),2010年第4期,第19-26页。

第八章 社会救济和社会福利制度改革

收入户家庭平均人均收入之比为4.71∶1。基尼系数也由1978年的0.180上升到2000年的0.467。此时,传统的社会救济方式已经不能满足人们日益增长的救助需求,迫切要求建立新的社会救济制度及体系。在这一背景下,我国以最低生活保障制度为核心的新型社会救助体系得到确立并发展。

居民最低生活保障制度最先在上海启动。经市政府同意,1993年上海市民政局、财政局等部门联合下发《关于本市城镇居民最低生活保障线的通知》,并于当年6月1日开始实行。这个通知的下发标志着我国社会救济制度改革拉开了序幕。当时,上海市的低保标准为月人均120元,保障人口仅有7680人。对家庭收入调查、资格认定、标准测算、资金发放等程序都还处于摸索中。之后,民政部积极推广上海市改革社会救助制度的经验和做法。1994年5月,第十次全国民政工作会议明确把"对城市社会救济对象逐步实行按当地最低生活保障线标准进行救济"列入"民政工作今后五年乃至本世纪末的发展目标",并在东南沿海地区进行试点。几个月后,厦门市在全国率先发布《厦门市最低生活保障暂行办法》。武汉、重庆、兰州、沈阳等城市也开始着手调研并制定政策。随后几年,在民政部的努力推动下,建立城市低保制度的地区越来越多。到1997年8月底,全国建立城市低保制度的城市总数已达206个,占全国建制市的1/3。

在总结各地经验的基础上,1997年9月2日,《国务院关于在全国建立城市居民最低生活保障制度的通知》(国发〔1997〕29号)下发,通知不仅规定了城市低保制度的救助范围、救助标准、救助资金来源等政策界限,而且明确提出在全国建立这一制度的时限要求,即在1999年年底之前,全国所有城市和县政府所在地的城镇,都要建立这一制度。同时,建立城市低保制度也写进了《中华人民共和国国民经济和社会发展"九五"计划和2010年远景目标纲要》,成为"九五"期间国家重点推进的一项工作,在全国全面推进。至1999年9月底,全国所有667个城市、1638个县政府所在地的镇,全部建立了城市低保制度。1999年9月28日,国务院正式颁布《城市居民最低生活保障条例》。条例的颁布和实施,标志着我国城市低保制度正式走上法制化轨道,也标志着这项工作取得突破性重大进展。城市低保工作在经历了各地的探索创新和完善推广后,终于进入全面实施和规范管理的新阶段。到2001年11月,国务院办公厅又下发《关于进一步加强城市居民最低生活保障的通知》(国办发〔2001〕187号),明确要求"尽快把所有符合条件的城镇贫苦人口纳入最低生活保障范围"。至2002年第三季度,全国享受城市低保的人数达到1960万,占当时全国非农业人口总数的 5.6%，基本实现了应保尽保的目标。

在启动城市低保的同时，农村低保制度也开始在一些地区探索建立。1996 年 12 月，民政部办公厅印发《关于加快农村社会保障体系建设的意见》（民办发〔1996〕28 号），提出"凡开展农村社会保障体系建设的地方，都应该把建立最低生活保障制度作为重点，即使标准低一点，也要把这项制度建立起来"。1996—1997 年，吉林、广西、甘肃、河南、青海等省区先后以省政府名义出台相关文件，规定资金主要从村提留和乡统筹中列支，推进农村低保工作。2001 年，农村低保建制县市曾达到 2037 个。到 2002 年，全国绝大多数省份都不同程度地实施了农村低保，全国救助对象达到 404 万人，年支出资金 13.6 亿元，其中地方政府投入 9.53 亿元，农村集体投入 4.07 亿元。对于尚无法建立农村低保制度的地区，2003 年 4 月，民政部下发《关于进一步做好农村特困户救济工作的通知》（民办发〔2003〕6 号），要求按"政府救济、社会互助、子女赡养、稳定土地政策"的原则，继续实行农村特困户救助制度，即对达不到"五保"条件但生活极为困难的鳏寡孤独人员、丧失劳动能力的重残家庭及患有大病而又缺乏自救能力的困难家庭，按照一定数额的资金或实物标准，定期发放救济物资。2006 年 10 月，中共中央十六届六中全会第一次提出在全国"逐步建立农村最低生活保障制度"的要求。同年 5 月 23 日，国务院常务会议专题研究农村最低生活保障问题；6 月 26 日，国务院召开"在全国建立农村最低生活保障制度工作会议"，研究完善有关政策措施，对在全国建立农村最低生活保障制度进行部署；7 月 11 日，国务院印发《关于在全国建立农村最低生活保障制度的通知》（国发〔2007〕19 号），对农村低保标准、救助对象、规范管理、资金落实等内容做出了明确规定，要求在年内全面建立农村低保制度并保证低保金按时足额发放到户。中央财政当年安排 30 亿元农村低保专项补助资金。至此，农村低保进入全面实施的新阶段。到 2007 年 9 月底，全国 31 个省（自治区、直辖市）、2777 个涉农县（市、区）已全部建立农村低保制度。

城乡低保制度的实施初步解决了困难家庭吃饭、穿衣等日常生活问题，但仍无法满足他们在就医、就学以及住房方面的专门需求。为此，民政部适时提出以低保为核心建设新型社会救助体系①，在城乡低保之外，努力推

---

① 2004 年中共十六届四中全会提出要"健全社会保险、社会救助、社会福利和慈善事业相衔接的社会保障体系"，官方首次将"社会救济"的表述改为"社会救助"。

动五保供养、医疗救助、住房救助、教育救助、临时救助等救助制度的发展，着力为困难群众打造一张能够保障其基本生活的社会安全网。其中，新修订的《农村五保供养工作条例》于2006年3月实施，新条例把农村五保供养资金纳入财政预算，规定五保供养标准不得低于当地村民平均生活水平，并将五保供养服务机构建设纳入当地经济社会发展规划，从而建立起以财政供养为基础的新型农村五保供养制度，实现了农村五保由农村集体供养向国家财政供养的根本性转型；城乡医疗救济制度体系也逐步建立。2003年11月，民政部、卫生部、财政部联合下发《关于实施农村医疗救助的意见》（民发〔2003〕158号），揭开了医疗救助制度建设的序幕。2005年3月，国务院办公厅转发民政部、财政部等《关于建立城市医疗救助制度试点工作的意见》（国办发〔2005〕10号），计划用两年时间进行试点，之后再用2～3年时间在全国建立起管理制度化、操作规范化的城市医疗救助制度。城乡医疗救助主要采取两种方法：一是资助城乡低保对象及其他特殊困难群众参加新型农村合作医疗或城镇居民医疗保险；二是对新农合或城镇医保报销后，自付医疗费仍然困难的家庭，民政部门给予报销部分费用的二次救助。廉租住房制度建立。1999年4月，建设部发布《城镇廉租住房管理办法》，初步明确、规范了城镇廉租住房的来源、供给、管理、审批和监督等有关问题。2003年12月，建设部、财政部、民政部等联合发布《城镇最低收入家庭廉租住房管理办法》，进一步明确和细化了城镇廉租住房制度的操作程序。这一时期的廉租住房主要提供给城镇低保家庭。为彻底解决城市低收入家庭住房困难，国务院于2007年8月发布《关于解决城市低收入家庭住房困难的若干意见》，将住房救助的范围扩大到城市低收入家庭，将住房救助的形式由单纯的实物配租扩大到发放租赁补贴和实物配租相结合。2008年10月，民政部等部委又联合发布《城市低收入家庭认定办法》（民发〔2008〕156号），从而为住房救助的实施奠定了基础，临时救助制度更加健全。2007年6月，民政部下发《关于进一步建立健全临时救助制度的通知》（民发〔2007〕92号），对临时救助的对象、标准、程序等进行了规范。之后北京、天津、内蒙古、黑龙江、浙江、江苏、江西、湖南、湖北、重庆、陕西等多个省（区、市）均建立了这项制度，临时救助发展为新型社会救助体系的重要内容。以低保为核心，医疗救助、住房救助、教育救助、临时救助等多项救助制度为补充的新型社会救济体系逐步建立。

在此改革转型的大背景下，广东省社会救济制度改革也取得了突破性进展。在中央政策的指导下，结合广东省实际，1998年广东省第九届人民代表大会常务委员会第七次会议通过了《广东省社会救济条例》，这标志着广东省的社会救助逐步走向制度化和法治化，社会救助工作的实施也更加规范。条例明确社会救济是各级人民政府对本行政区域内具有广东省常住户口且无法维持基本生活的人员给予的救助。同时条例规定各级人民政府应当将社会救济纳入国民经济和社会发展规划，设立社会救济专项经费；组织社会力量帮助有劳动能力的救济对象开展生产自救；提倡和鼓励国家机关、企业事业单位、社会团体、集体经济组织和个人捐赠资金和物资，支持社会救济事业；鼓励和支持志愿者为救济对象服务。各级人民政府民政部门主管本行政区域的社会救济工作，负责社会救济的组织、协调、指导和管理。财政、审计、监察、劳动、人事、统计、教育、社会保险等行政管理部门和工会等组织各负其责，积极配合民政部门做好社会救济工作。此时社会救济的形式有最低生活保障救济（城镇）、五保供养（农村）、自然灾害救济、临时救济等形式。该条例自1999年3月1日起开始施行，除中间进行了几次修正外，直至2017年新的《广东省社会救助条例》出台才废止。

案例：阳江市江城区积极贯彻《广东省社会救济条例》，积极开展基层低保规范化化建设活动，制定下发了《阳江市江城区城乡居（村）民最低生活保障制度暂行实施细则》《江城区城乡最低生活保障对象家庭收入核算办法》和《江城区城乡特困人员医疗救助实施办法》，着力完善城乡最低生活保障机制，初步实现了"健全制度、规范操作、提高素质、改善条件、促进公开"的目标，2009年年初，区辖的双捷镇被广东省民政厅授予"全省基层低保规范化建设典型单位"荣誉称号，同年2月，白沙街道大岗村荣获"全国基层低保规范化建设典型单位"荣誉称号。

四、健全完善时期（2012年至今）

随着社会经济的发展，人们对社会救助提出的新的需求，我国的新型社会救助体系也更加健全和完善，形成了以最低生活保障制度为核心，特困人员供养制度、受灾人员救助制度、医疗救助制度、教育救助制度、住房救助制度、就业救助制度、临时救助制度以及社会力量共同参与的"8+1"模式。2014年2月，国务院公布了《社会救助暂行办法》，对我国社会救济体系做

第八章　社会救济和社会福利制度改革

出了法制规范。明确规定：国家鼓励单位和个人等社会力量通过捐赠、设立帮扶项目、创办服务机构、提供志愿服务等方式，参与社会救助。在以政府为主体的前提下，积极倡导社会力量参与，以更好地解决贫困人口的生活和其他问题，企业、社区以及各种社会团体的慈善行为成为社会救助的有益补充。

广东省的社会救济制度改革也在持续推进，社会救济制度体系不断健全。2010年7月23日，广东省第十一届人民代表大会常务委员会修订了《广东省社会救济条例》条例，对一些以往难以界定的内容进行了进一步界定，如家庭成员明确为"共同生活的家庭成员"，明确采取虚报、隐瞒、伪造等手段，骗取社会救济款物的，均属于冒领。同时，有了一些变化：第一，农村五保供养标准由原来的乡、民族乡、镇人民政府规定统一为由省人民政府制定和公布。第二，社会救济程序更加精简，转变为由户主（救济对象是孤儿的，由其监护人代理）向户口所在地的乡、民族乡、镇或者街道办事处提出书面申请，由乡、民族乡、镇或者街道办事处初审后，报县级人民政府民政部门审批。2017年7月27日，广东省第十二届人民代表大会常务委员会第三十四次会议通过了《广东省社会救助条例》，明确社会救助制度应"保障公民的基本生活，促进社会公平，维护社会和谐稳定"，同时"社会救助制度坚持托底线、救急难、可持续，与其他社会保障制度相衔接，社会救助水平与经济社会发展水平相适应"。同时，还规定：工会、共青团、妇联、残联、红十字会、慈善组织根据职责或者章程参与社会救助，开展社会帮扶活动；鼓励和支持自然人、法人和其他组织参与社会救助。此外，条例还对最低生活保障、特困人员供养、受灾人员救助、医疗救助等做了明确规定。对于社会力量参与，条例鼓励依法设立的慈善组织根据法律法规以及章程的规定参与社会救助，并鼓励单位和个人通过设立、主办、承办、协办、冠名帮扶项目，或者捐赠、创办服务机构，提供志愿服务等方式参与社会救助；社会力量参与社会救助，按照国家和省有关规定享受财政补贴、税收优惠、费用减免等政策。条例解决了困扰当前社会救助工作救助对象"认定难"、救助制度"碎片化"、救助对象"覆盖窄"和救助"人情保"的难题，与以往的条例相比，制度设计更加全面，制度统筹力度更大，也更加注重诚信监管、社会参与和便民利民。

党的十八大以来，随着社会救济制度的不断完善和健全，广东省的社会救助也实现了新的跨越。从2012年起，连续4年纳入省"十件民生实事"，全省社会救助水平大幅提升。城乡低保标准月人均达到510元（城镇)、400元(农村),月人均补差达到410元(城镇)、200元(农村),分别比2010年提高172%和147%,在全国排名从第29名、第22名均提高到第6名;农村五保集中、分散供养标准年人均分别为8400元、6500元,分别比2010年提高115%和233%,在全国排名分别从第14名提高到第5名;年均每人次住院医疗救助1708元,比2010年提高266%,在全国排名从第29名提高到第13名。①

"十三五"时期以来,广东省更加注重社会救助体系的完善。主要从以下方面入手②:第一,完善城乡最低生活保障制度。健全低保对象认定办法,完善经济状况信息化核对机制,优化审核审批程序,全面实现动态管理下的应保尽保。健全低保标准自然增长机制,推进城乡低保统筹发展,逐步缩小城乡低保标准差距;城乡低保补差水平保持在全国前列。探索开展低收入家庭认定工作,研究支出型贫困家庭救助支持政策。加强低保与就业救助、扶贫开发等政策衔接,鼓励有劳动能力和劳动条件的低保对象依靠自身努力脱贫增收。第二,健全城乡特困人员救助供养制度。落实特困人员基本生活救助和护理照料救助合法权益,完善基本生活和护理照料救助标准制定程序。健全特困人员供养标准自然增长机制,确保特困人员基本生活随着经济社会发展而同步提高。加快特困人员供养服务机构建设,充分发挥兜底保障功能,优先为完全或者部分丧失生活自理能力的特困人员提供集中供养服务。全力推进公办特困人员供养服务机构服务供给侧改革,通过公建民营、公办民营等社会化方式,提升发展活力和生存能力,提升供养服务供给效率和质量,满足失能半失能特困供养人员的护理需求。第三,健全重特大疾病医疗救助制度。资助城乡低保对象、特困供养人员、低收入对象参加城乡居民基本医疗保险,完善医疗救助与医疗保险经办服务数据共享机制,健全医疗救助"一站式"即时结算服务,实现城乡医疗救助与基本医疗保险、大病保险、疾病应急救助及各类补充医疗保险、商业保险等制度的衔接。开展为低保家庭成员和特困供养人员购买商业保险试点工作。低收入救助对象、因病致贫家庭重病患者和县级以上人民政府规定的其他特殊困难人员医疗救助按照重点救助对象的比例执行。第四,

---

① 数据来源于广东省民政厅关于印发《广东省民政事业发展"十三五"规划》的通知(粤民发〔2016〕197号)。
② 广东省民政厅关于印发《广东省民政事业发展"十三五"规划》的通知(粤民发〔2016〕197号)。

全面实施临时救助制度。规范救助标准和程序，切实缓解群众突发性、紧迫性、阶段性基本生活困难，提高临时救助水平。逐步推广"救急难"综合试点经验。第五，完善流浪乞讨人员救助管理工作体系。推进救助管理机构规范化建设，规范流浪乞讨人员临时食宿、疾病救助、协助返乡等救助管理服务流程和标准，全面启用全国救助管理信息系统和全国救助寻亲网，推动解决长期滞留人员落户和安置难题。第六，扎实推进精准扶贫定点帮扶工作。按照"扶贫富民、扶贫富村"的要求，帮助定点帮扶村脱贫致富，确保与全省同步全面建成小康社会。加强农村最低生活保障制度与扶贫开发政策衔接，建立对象认定、标准设定、动态管理联动机制。2018年精准脱贫3年攻坚结束后，对无法依靠产业扶持和就业帮助脱贫的家庭实行政策性保障兜底，将所有符合条件的贫困家庭纳入低保范围，实行兜底脱贫。加大对原中央苏区、欠发达革命老区和少数民族地区脱贫攻坚的扶持力度。统筹完成援疆援藏任务。

第三节 社会福利制度的建立和完善

随着经济体制改革的进行，我国经济和社会发生深层次转型和变化，特别是在经济体制的市场化改革目标确定后，迫切要求建立与之相适应的社会福利制度。① 为解决经济体制改革所带来的社会福利制度与经济制度不协调的问题，社会福利制度的改革也势在必行。

我国社会福利制度的改革和发展深受我国的传统文化、社会历史、政治经济发展战略的影响，我国社会福利制度始建于20世纪50年代，随着我国以国家保障为主、适应计划经济体制要求的社会保障制度的建立，国家开始创建新型社会福利制度。社会福利制度创建时期的主要任务就是对中华人民共和国成立前遗留下来的社会福利设施进行改造，使它们成为官办的社会福利设施。当时政府接管了一些旧的慈善团体和救济机构，并在此基础上加以改造建立起社会福利院、敬老院、儿童教养院等，收养安置了无依无靠、无生活来源的孤寡老人和孤残儿童等，并开始探索建立职工福利制度，如职工探亲补贴和职工冬季取暖补贴等，拓展社会福利制度的实施范围。之后，在"大跃进"，特别是"文革"时期，我国的社会福利事业

---

① 成海军：《三十年来中国社会福利改革与转型》，《马克思主义与现实》，2011年第1期，第180－185页。

受到重创,随着内务部的取消,全国 300 多家疗养院、福利院等福利机构不复存在,整个国家的社会保障制度停滞不前。十一届三中全会以后,我国的社会福利制度亟待恢复与改革。总体来看,我国社会福利制度改革主要经过了以下几个阶段①。

一、恢复调整时期(1976—1986 年)

"文化大革命"结束以后,作为国家福利事务主管部门的民政部得以重建,社会福利的工作重点是重建各级工作组织体系,恢复、调整、扩大业务范围以及明确工作任务。1982 年 4 月,民政部发布并实施《城市社会福利事业单位管理工作试行办法》,对城市福利院等的管理提出了相应的要求。1981 年 3 月,中国残疾人福利基金会成立,标志着中国残疾人福利事业开始走向社会化。在职工福利方面,国家重新修改和增设了职工的生活补贴和各种福利待遇,同时把企业职工福利经费的提取与企业经营绩效相连接,规定了在企业基金中分配福利基金的一系列办法。对社会福利制度中的不合理的、与市场经济不相适应的现象进行了一系列的改革,改变由国家和企业包社会福利事业的单体制,发动和依靠社会力量,调动社会各方积极性,发展社会福利事业。到 1986 年,民政部制定新的五年规划,则较明确地提出了社会福利事业改革发展纲要,包括变单一的由国家负担为国家、集体、个人三方共同负担,由救济型福利事业转变为供养与康复相结合型服务方式,扩大城乡社会福利企业的规模,以便为残疾人创造更多的就业机会,并争取非政府组织的支持等。② 明确的方针政策使这一时期的社会福利事业得到了迅速恢复与发展,新时期的社会福利工作朝着社会化的方向逐步发展,由此也拉开了社会福利事业快速发展的序幕。1984 年民政部"漳州会议"之后,开始改革与发展社会福利机构,通过政府财政拨款、集体投入、发行福利彩票、社会捐赠、服务收费多渠道筹集社会福利经费,面向全社会开展形式多样的系列化服务。

---

① 李珍:《社会保障理论》(第四版),中国劳动社会保障出版社 2018 年版,第 338 - 342 页。

② 黄黎若莲:《中国社会主义的社会福利——民政福利工作研究》,中国社会科学出版社 1995 年版,第 89 页。

二、快速发展时期（1986—2000年）

1986年"七五"计划（1986—1990年）的颁布实施标志着社会福利事业进入了一个全新的快速发展时期，福利事业的管理引起了政府的重视，相关立法进程明显加快。1987年6月，经国务院批准，中国社会福利有奖募捐委员会在北京成立，并通过了《中国社会福利有奖募捐委员会章程》《发行社会福利有奖募捐券试行办法》。1988年3月，中国残疾人联合会成立。进入20世纪90年代，民政部全面论述了"社会福利社会化"的指导思想、发展目标、具体内容、实施步骤和具体措施，社会福利改革由制度调整进入制度转型。1990年12月，《中华人民共和国残疾人保障法》颁布，以法律条文的形式明确了残疾人享有的康复、教育、劳动就业、文化生活、社会福利等权益。1992年4月，《中华人民共和国妇女权益保障法》颁布，明确规定了妇女应享有的各项权益。1993年4月和8月，民政部先后发布《国家级福利院评定标准》《社会福利业发展规划》，提出了社会福利院与社会福利企业的发展规划与相关标准。1994年1月，国务院颁布《农村五保供养工作条例》；同年8月，国务院颁布《残疾人教育条例》，首次用法规的形式对残疾人教育问题做出规范；同年12月，民政部先后发布《中国福利彩票管理办法》《有奖募捐社会福利资金管理使用办法》，对福利彩票这一新兴的筹集福利资金重大举措进行了相应的规范。1996年8月，《中华人民共和国老年人权益保障法》的颁布首次为保障老年人的合法权益提供了法律依据。1997年4月，民政部与原国家计划委员会联合发布《民政事业发展"九五"计划和2010年远景目标纲要》，进一步明确了福利社会化的改革目标和政策取向。1999年6月，第九届全国人大常委会十次会议通过《中华人民共和国公益事业捐赠法》，以法律的形式规范社会捐赠；同年12月，民政部先后颁布《社会福利机构管理暂行办法》《关于开展民办非企业单位复查登记工作意见》，开始将各种福利机构与公益机构纳入统一、规范的轨道。

在这一阶段，社区服务成为社会福利改革的新视角。80年代后的企业改革使单位的各种社会职能被剥离，"单位人"转为"社会人"，企业剥离的服务职能须由社区来承接。人口老龄化和家庭小型化对社区服务的需求凸显。建立一个独立于企事业单位之外的社会福利体系和社会化服务网络，需要社区发挥作用。"社区服务"应运而生，成为中国社会福利社会化的一个重要载体,接受了由原来单位承担的大部分社会职能,因地制宜地为特殊困难群体和有需求的社会成员提供各种福利服务,成为具有中国特色的社会福利社会化的最有效的实现途径。1987年,"城市社区服务工作座谈会"启动社区服务。1993年,《关于加快发展社区服务业的意见》指出,社区服务业作为新时期探索社会福利社会办和职工福利向社会开放的一条新路子,具有福利性、群众性、服务性、区域性等特点;鼓励国有企事业单位、城镇集体经济、民办企业及个人以资金、房产、设备、技术、信息、劳务等形式投入社区服务业;鼓励港澳台同胞、海外侨胞和国外人士、团体、企业在中国兴办社区服务设施;对敬老院、托老所、弱智儿童启智站免征固定资产投资调节税。[①] 以社区服务为新的突破点,我国社会福利事业改革快速发展。

这一时期,广东省社会福利事业也迅速发展,民办社会福利机构如雨后春笋出现。1998年5月28日,广东省人民政府颁布了《广东省民办社会福利机构管理办法》,办法对民办社会福利机构的申办受理、审批发证、执业管理、法律责任等做了明确的规定,办法自1998年8月1日起施行,对加强广东省民办社会福利机构的管理,维护民办社会福利机构的合法权益,促进社会福利事业的发展起到了重要作用。

三、全面发展时期(2000—2018年)

进入21世纪以后,我国社福利事业进入全面发展时期,主要体现在对原有制度的完善与资源的开拓方面。2000年2月,国务院办公厅《转发民政部等部门〈关于加快实现社会福利社会化意见〉的通知》,提出投资主体多元化、服务对象公众化、服务方式多样化、服务队伍专业化,与志愿者队伍相结合等指导意见,社会福利社会化方式更加成熟。同年12月,由民政部社会福利与社会事务司和联合国儿童基金会等多家单位联合举办的"首届全国社会福利理论与政策研讨会"的召开,标志着中国社会福利事业进入了理论与实践全方位发展的新时期。一方面,有关老年人权益、妇女权益、未成年人保护等方面的立法均通过修订以及制定相应的法规而进一步完善,社会福利也开始向法制化方向迈进,初步形成了以《中华人民共

---

① 成海军:《三十年来中国社会福利改革与转型》,《马克思主义与现实》,2011年第1期,第180-185页。

和国宪法》为基础，由《残疾人保障法》《收养法》《老年人权益保障法》等60多部相关法律法规组成的保护老年人、残疾人、孤儿、特殊困难群体合法权益的法制体系。如有关残疾人事业方面，不仅于2008年4月通过了《中华人民共和国残疾人保障法》的修订案，对其内容做了重要的修改与完善，此前还由国务院制定或修订了《残疾人教育条例》《残疾人就业条例》等法规。另一方面，社会福利资源得到了开拓，政府对福利事业的投入有了增长，福利彩票的发行额持续大幅度上升，由此筹集到的福利基金为老年人福利事业、残疾人福利事业的发展提供了相应的经费保障。[1] 经过多年的改革与发展，我国已基本建成了以国家兴办的社会福利机构为示范、其他多种所有制形式的福利机构为骨干、社区服务为依托、居家养老为基础的社会福利服务网络，完成了由民政福利向社会福利的转变。

在社会福利改革整体的带动下，农村社会福利制度改革也在全面推进，在推进城乡一体化、共同享有社会福利资源方面做了许多探索，逐步建立起与市场经济体制相匹配的社会福利制度，实现了改革开放以来我国农村社会福利制度的重大变化和政策调整。在保障困难群众生活方面，2006年民政部启动"霞光计划"，用5年时间投入50亿元，建设和改造农村五保供养服务设施。在养老保障方面，2009年国务院发布《关于开展新型农村社会养老保险试点的指导意见》，将个人缴费、集体补助和政府补贴相结合，与家庭养老、土地保障、社会救助等政策措施相配套，保障农民60岁以后能够享受到国家普惠式的养老金。在社会福利的提供手段方面，2008年民政部推出了以"农村社会工作为重点，立足民政福利事业单位，辐射广大城乡社区"的"万载模式"，为满足农民的社会福利需求树立了典型。

广东省社会福利制度也进入了全面发展时期，社会福利水平大幅提升。随着民办社会福利事业的蓬勃发展，为规范对民办社会福利机构的管理，维护民办社会福利机构及其服务对象的合法权益，促进社会福利事业的发展，2009年1月13日，广东省政府第十一届25次常务会议通过了《广东省民办社会福利机构管理规定》。2017年2月17日，广东省政府第十二届96次常务会议《广东省民办社会福利机构管理规定》对其进行了修订，规定"鼓励自然人、法人或者其他组织依法举办社会福利机构，支持民办社会福利机构的发展，民办社会福利机构按照国家和本省规定享受扶持和优惠政策"，并明确县级以上人民政府民政部门是民办社会福利机构的业务主

---

[1] 郑功成：《中国社会保障30年》，人民出版社2008年版，第185-186页。

管部门，负责本行政区域内民办社会福利机构的监督管理工作。发改委、公安厅、财政厅、人力资源和社会保障厅、国土资源厅、住房和城乡建设厅、商务厅、卫计委、工商行政管理局、食品药品监管局等部门，按照各自职责，做好民办社会福利机构的管理工作。同时，规定明确"民办社会福利机构是非营利性的社团组织，是广东省社会福利事业的组成部分，各级人民政府应予鼓励和支持。民办社会福利机构享受与政府、集体举办的社会福利机构同等的政策"，同时也对民办社会福利机构的设立、变更与终止、监督管理、优惠扶持、法律责任等做了明确的界定。

党的十八大以来，广东省十分注重社会福利事业改革工作的推进，不断完善儿童和残疾人福利服务保障制度。主要从以下3个方面着手：一是健全儿童福利制度。不断拓展儿童福利保障范围，逐步形成服务专业、覆盖城乡的儿童福利体系。健全孤儿基本生活最低养育标准自然增长机制。加强困境儿童保障工作，推进基层儿童福利服务体系建设，进一步健全基本生活、医疗、教育、住房、就业等困境儿童保障制度，推动儿童福利制度由补缺型向适度普惠型发展。二是加强未成年人保护和农村留守儿童关爱保护工作。健全未成年人保护制度体系，增强全社会关爱保护儿童的意识，总结推广未成年人社会保护试点工作经验，建立完善家庭、政府、学校、社会齐抓共管的农村留守儿童关爱保护工作体系，建立健全监测预防、发现报告、应急处置、监护干预等农村留守儿童救助保护工作机制，有效遏制侵害农村留守儿童权益行为。儿童成长环境更为改善、安全更有保障，儿童留守现象明显减少。三是健全残疾人权益保障制度。推进建立以补贴制度、服务体系和优待政策为主体的适度普惠型残疾人福利体系。完善困难残疾人生活补贴和重度残疾人护理补贴制度，逐步提高补贴标准。探索建立残疾人康复辅具配置补贴制度，协调推进残疾人供养、托养服务体系建设。①

总体来看，改革开放40年来，广东省十分注重社会福利事业改革工作的推进，各项福利事业均取得了不俗成就。以养老福利事业的发展为例，一方面，广东省注重加快社区养老服务设施建设。按照就近就便、小型多样、功能配套的要求，在社区中建设和改造一批托老所、日间照料服务中心、星光老年之家、老人活动中心等社区养老服务设施。另一方面，不断

---

① 广东省民政厅关于印发《广东省民政事业发展"十三五"规划》的通知（粤民发〔2016〕197号）。

拓展居家养老服务内容。以日托照顾和上门服务为主要方式，为居家老年人提供生活照料、家政服务、康复护理、医疗保健等服务。逐步建立起县（市、区）、街道（乡镇）、社区（村）三级社区居家养老服务设施和网络。鼓励各类社会服务企业和中介组织参与社区居家养老服务。此外，积极开展广东省居家养老服务示范活动。全省已打造了多家具有示范作用的多功能居家养老服务示范中心，初步建立了以保障高龄、独居、空巢、失能和低收入老人为重点，借助专业化养老服务组织、养老服务信息平台以及养老服务站点，提供生活照料、家政服务、康复护理、医疗保健等服务的居家养老服务体系框架。

此外，广东省还积极引导和鼓励社会力量积极参与养老服务，推动医养结合养老服务。在扶持民办养老机构方面，广东省和各地方政府多年来都不断加大力度。如2013年，《广东省民政厅　广东省国土资源厅　广东省住房和城乡建设厅关于解决养老服务设施建设用地问题的通知》中，提出各地要制定养老服务设施建设用地规划、统筹安排的要求，明确了落实用地政策的指导性和操作性的意见，以及明确了政府相关职能部门的分工协助事项；2014年《广东省发展改革委　广东省民政厅关于进一步落实广东省人民政府加快社会养老服务事业发展意见价格优惠政策的通知》中，明确了落实民办养老机构的用水用电用气和固定电话、有线电视及宽带网的优惠政策及操作办法，21个地市和顺德区也都出台了扶持民办养老机构资助办法；2015年省政府印发的《广东省人民政府关于加快发展养老服务业的实施意见》要求各级各地要根据城乡规划布局，统筹规划建设各类养老服务设施，鼓励社会力量兴办规模化、连锁化的养老机构，支持民间资本对企业厂房、商业设施及其他可利用的社会资源进行整合、改造，用于养老服务。并提出要鼓励港、澳、台、华侨和外国资本在广东省设立养老机构，开展养老服务。全省各地也都从实际出发，采取养老机构内设医疗机构、医院举办养老机构、养老机构与周边医院合作等方式，为收住的老年人提供医疗支撑服务。如广州友好老年服务中心内设护理院医疗机构，罗湖区福利中心内设医疗门诊部，佛山市南海区福利中心内设康复医院，广东江南医院开展养老护理临终关怀业务，广州新海医院开办新海养老院等。①

---

① 以上资料及数据来源于广东省民政厅官网，http://www.gdmz.gov.cn/gdmz/zxtabl/201208/737bd07177bf4cf28ba14d61a36ed765.shtml。

第四节　社会优抚安置等其他制度改革的基本情况

一、社会优抚安置的主要成就

社会优抚安置是由国家或政府出面，对有特殊贡献的人员实行的一种保障制度，它在社会保障项目中占据突出的地位，是国家优先安排的保障项目。作为我国社会保障体系的特殊部分，实施范围仅限于现役军人及其家属、革命伤残人员、复员退伍军人（包括退伍红军老战士）、革命烈士家属、因公牺牲及病故军人家属，涵盖拥军优属活动、伤残军人安置、退役军人就业安置、军人抚恤、军烈属优待、军用两地人才培养等。社会优抚安置保障措施包括优待、抚恤、养老和安置3类。其中，优待是对符合条件的军人及其家属给予物质、精神生活上的照顾和帮助；抚恤，即对符合条件的军人及家属给予伤残抚恤或死亡抚恤待遇；养老和安置是对符合条件的军官给予离、退休养老的待遇，并给予工作安排。①

作为社会保障制度的一个重要组成部分，社会优抚安置具有其他社会保障所不同的特点：第一，保障对象不同。社会优抚安置以军人及其家属为保障对象，国家法规、政策对此有明确的、具体的规定，从而具有严格的身份限制，被保障者是一个特殊的群体。第二，保障范围全面且综合。与社会保险、社会福利、社会救助相比，社会优抚安置不是社会保障制度的某一个方面，而是以整体的综合项目被包容在国家社会保障制度中，它是社会保险、社会福利、社会救助等制度的综合，可以肩负起对军人的全面保障责任。如军人的伤残抚恤，军官的离、退休养老制度等，均属于社会保险范畴；社区对其家属的照顾及扶持，应归属于社会救助范畴；交通方面，优先购票、半价优惠、邮资免费应属于社会福利范畴。第三，保障措施及制度规范且健全。社会优抚安置制度自新中国成立以后就开始确立，国家制定的专门法规对其保障对象、保障范围、保障手段、保障标准、保障形式、管理体制等都有明确的法律规定，规章制度十分健全。第四，保障待遇优厚。相对于其他保障对象而言，社会优抚安置对象对国家和社会的贡献和牺牲要大，因此，其保障水平和标准要普遍高于其他社会保障项

---

① 于凌云：《社会保障：理论 制度 实践》，中国财政经济出版社2008年版，第9页。

目的水平和标准,这体现了国家对军人社会保障对象的重视和优待。

新中国成立初期至"文化大革命"前,我国的优抚保障工作在继承历史传统的基础上,制定颁布了一系列法规,积累了一整套工作经验,在全国范围内已初步形成了统一的优抚安置保障体系。改革开放以来,社会优抚制度出现新的转机,焕发出新的活力。1987年,国务院依据《中华人民共和国兵役法》的有关规定,发布实施了《退伍义务兵安置条例》,对安置保障应遵循的原则做了相应的调整和发展。《军人抚恤优待条例》和《革命烈士褒扬条例》等法律法规,形成了我国新时期开展优抚安置工作的基本法规,有力地推动了优抚安置工作向法制化方向迈进。

二、社会优抚的不断完善

社会优抚是针对军人及其家属所建立的社会保障制度,是指国家和社会对有特殊贡献者及其家属提供褒扬和优惠性质的物质帮助,以保障其生活不低于当地一般生活水平的制度。作为社会保障制度的重要组成部分,社会优抚制度的建立对于维持社会稳定,保卫国家安全,促进国防和军队现代化建设,推动经济发展的社会进步具有重要的意义。

社会优抚制度包括优待制度和抚恤制度。其中,优待制度是指军人享受的医疗待遇、伤残优抚以及在与其他群众同等条件下,享有就业、入学、救济、贷款、分配住房的优先权等,国家还对生活困难的退伍军人和军烈属实行困难补助,以保障他们的生活水平;抚恤制度包括现役军人的死亡抚恤和伤残抚恤两种。死亡抚恤是指国家对革命烈士、因公牺牲和病故军人家属以发放抚恤金的形式实行的抚慰保障。根据有关规定,因公牺牲和病故的国家机关(包括民主党派、人民团体)工作人员、人民警察也参照执行;伤残抚恤是国家对按规定取得革命伤残人员身份(包括伤残军人、伤残机关工作人员、伤残人民警察、伤残民兵民工)的人员,根据其伤残性质和丧失劳动能力及影响生活能力的程度,以现金津贴形式给予的抚慰保障。

中华人民共和国成立前夕,具有宪法性质的《中国人民政治协商会议共同纲领》就规定,"革命烈士和革命军人家属,其生活困难者应受国家和社会优待,参加革命战争的伤残军人和退伍军人,应由人民政府给予安置,使其谋生立业"。新中国成立之初,政府颁布了一系列优抚优待的法规,《革命军人牺牲病故褒恤暂行条例》《民兵兵工伤亡褒恤暂行条例》《革命残废军人优待抚恤暂行条例》等规定，建立起了以军人及其家属为对象的优抚制度。当时的规定主要涉及优待和抚恤问题，后来逐步扩展到安置、养老等措施和服务上。1984年，第六届中国人大二次会议上通过了《中华人民共和国兵役法》，其中对军人的抚恤、优待、退休养老、退役安置等问题做了具体规定，国家、社会、群众三结合的抚恤优待制度逐步建立。1988年7月，国务院和中央军委发布了《军人抚恤优待条例》，这是我国第一部综合性较强的优抚法规，经过2004年的修订，成为规范我国优抚工作的核心法规。2011年，国务院和中央军委对该条例再次进行了修订，主要是对条例的死亡抚恤、优待等相应条款进行了调整，并增加了第十二条"现役军人死亡被批准为烈士的，依照《烈士褒扬条例》的规定发给烈士遗属烈士褒扬金"和第三十二条"烈士遗属依照《烈士褒扬条例》的规定享受优待"，更加保障了国家对军人的抚恤优待，我国优抚工作体系也得到进一步完善。

退役军人是社会优抚工作的重要面向群体。党的十八大以来，党和政府高度重视退役军人工作，2015年11月在中央军委改革工作会议上，习近平主席指出，要"在国家层面加强对退役军人管理保障工作的组织领导，健全服务保障体系和相关政策制度"，明确了在国家层面加强对退役军人管理保障工作的组织领导。2018年4月，国务院组建了退役军人事务部，将民政部的退役军人安置职责，人社部的军官转业安置职责，以及中央军委政治工作部、后勤保障部有关职责整合。当前，该部门已联合军地12个部门出台了加大扶持退役军人就业创业力度、提高退役士兵安置质量、规范和拓宽悬挂光荣牌工作、提高抚恤补助标准4个政策性文件；有关帮扶援助困难退役军人、移交安置滞留部队的军休干部和伤病残军人、量化平衡优抚对象待遇等多个政策性文件也正在研究制定中，更好地为退役军人服务、让军人成为全社会尊崇的职业提供了保障，是我国的社会优抚工作取的重要硕果。

三、社会安置的不断完善

社会安置保障是指国家和社会依法对退役军人提供就业、养老等安置的社会保障制度。安置保障的主要对象包括退伍义务兵、转业志愿兵、军队转业和离退休干部等。安置保障的目标：使退役军人获得必要的就业、生活保障和政治优待，以维护军队的战斗力，实现退役军人与社会的最优结合。

20世纪50年代，国务院相继批准颁布了《复员建设军人安置暂行办法》《关于安置复员建设军人工作的决议》《关于处理义务兵退伍的暂行规定》等法规，以解决复员军人安置问题。1987年，国务院依据《中华人民共和国兵役法》的有关规定，发布实施了《退伍义务兵安置条例》，对安置保障应遵循的原则做了相应的调整和发展，复员军人安置工作更加规范。其中，城镇退役军人安置实行按系统分配任务、包干安置以及鼓励先进、鞭策后进、区别对待的方针；农村退役军人安置遵循"从哪里来到哪里去"的政策，大力开发使用退伍军地两用人才，支持、扶助他们招工、自主创业。帮助回乡退伍军人解决生产、生活、住房等方面的困难，尤其帮助单身、伤残和带病回乡军人解决实际困难；对于军队离退休干部的安置问题，为改变新中国成立之初实行的对老弱病残军官采取由荣军教养院终身供养、军队干部休养团留养或者发给生产资助金复员回乡等安置办法，1981年和1982年，国务院和中央军委分别颁布了《关于军队干部退休的暂行规定》和《关于军队干部离职休养的暂行规定》，逐步建立起了军队干部退休和休养制度。

进入新时代，结合中央和政府的相关政策和法规，广东省积极推进社会优抚安置制度改革，全面落实社会优抚安置政策。党的十八大以来，广东省支持部队建设项目近4000个，创建全国双拥模范城（县）16个，省级双拥模范城（县）99个，累计投入抚恤资金69.5亿元，抚恤补助金人均年递增12.3%以上，义务兵家庭优待金户年均达到6700元，接收安置退役士兵12.5万人，有6万多名退役士兵参加各类职业技能培训，接收军休人员4204人。[①]

[①] 数据来源于广东省民政厅关于印发《广东省民政事业发展"十三五"规划》的通知（粤民发〔2016〕197号）。

第九章　社会保障的监管与服务

社会保险管理服务的内容，全国社会保险标准化技术委员会在综合专家意见和实地调研的基础上，将其定义为"管理体制、统筹层次、经办模式、服务供给、基金管理、能力建设、交流合作、运行监督"8个大模块和42个子模块，内容极其广泛。而本章"不断完善社会保障的监管与服务"内容，则主要围绕广东在社会保障发展改革40年中，特别是党的十八大以来，社会保险经办服务管理以及基金征缴、监管等方面发展改革中的重点内容。主要包括：社会保险基金征缴及管理、基金监督、经办服务管理标准化建设、社保业务信息化及档案规范化建设、退休人员社会化管理服务等内容。这些内容虽然各自具有不同的形态体现，但构成了社会保险经办业务管理服务的有机整体，客观反映了广东省各级人社部门及社保经办机构，在贯彻落实党的十八大以人民为中心的社会保险大政方针、政策、维护基金安全完整，以及完善服务保障改革发展中所做的积极努力和取得的突出成效。在此基础上，也指出了广东省社会保险管理服务中存在的主要矛盾和问题，并提出了相应的意见和建议。

第一节　广东社会保险基金的征缴及管理

一、基金征缴管理

社会保险费的征缴管理，从全国各省、市的做法来看，基本分为地税征收和社保自行征收两种模式。这两种模式在全国总体各占50%。而广东社会保险基金的征缴是伴随着广东省社会保险发展改革和"五险合一"的经办管理体制而不断调整和完善的，先后经历了3个不同发展阶段。

（一）探索阶段（1978—1992年）

1978年，党的十一届三中全会确定了我国改革开放，全党以经济建设为中心的重大决策。广东作为改革开放的先行地，为配合企业改革发展，率先在部分国有和集体企业中试行养老保险改革探索。但初期采取的是粗放式的政府引导、企业自行管理的方式。20世纪80年代，随着我国社会化管理服务体系的不断建立，社会保险管理服务逐渐从企业剥离出来，建立由统筹地区政府主导的社会保险经办管理机构。1984年6月，广东省劳动局、中国工商银行广东省分行联合印发《关于中国工商银行办理社会劳动保险基金的通知》，明确对全民单位、集体单位退休基金由负责统筹的社保经办机构在当地的中国工商银行信托部开户，对征集的基金采取托收无承付结算的办法收取，分类专户存储和支付，做到专款专用。

（二）改革发展阶段（1992—2008年）

1993年，广东省社会保险事业局成立，负责统筹协调管理全省社保基金扩面征缴工作，企业按规定应缴纳的社会保险基金，由企业按规定足额计提，个人缴纳部分由企业代扣代缴。全省各统筹地区社保经办机构直接通过银行自行组织征缴，基金实行统收、统支。而纳入省本级管理的省属行业企业因参保人数多、业务量大，加之省本级社保经办能力不足，1994年分别成立"电力、水利、煤炭、冶金"4个省属行业社保办事处。1998年，中央驻粤行业单位养老保险业务全部下放纳入省本级统一管理，在管理上暂时保留了原铁路、邮政、电信、银行、有色金属、人寿保险、财产保险等行业社保办事处，具体负责代办本行业的社保业务，接受省社保管理局指导管理。初期基金采取预收、预支的办法，在逐步完成数据清理后，行业与社保局进行差额结算。这种由社保经办机构统收、统支的管理方式一直延续至1999年年末。

在此期间，基金征缴管理有3个方面的特征：一是社保改革处于早期探索向深化发展过渡时期，各项工作千头万绪，管理制度有待建立，业务开展异常艰难；二是省属与中央行业原自行管理的社保业务相继下放省属管理后，省级社保业务量大增，给基金及业务管理带来挑战，基金征缴及管理经历了边接收、边清理、边规范的艰难过程；三是由于当时全省各项政策措施跟不上，加之政策宣传不到位，参保单位和参保个人对缴纳社保费积极性不高。为了推动扩面征缴工作开展，全省各级社保经办机构攻坚克难，在机构不健全、人员编制少、保障经费不足、管理手段落后的情况下，全力以赴组织人员走村串户，深入企业现场开展政策宣传和基金征缴工作，虽然在此阶段的社保业务开展困难重重，但通过全省社保部门积极地改革探索，取得了较大成绩，为全省后续社会保险扩面征缴及管理奠定了很好的基础。

1999年11月,广东省政府下发《关于我省各级社会保险费统一由地方税务机关征收的通知》(粤府〔1999〕71号),决定从2000年1月起,全省各级社会保险费统一由地方税务机关征收(深圳市仍由社保机构征缴)。征缴流程为:每月末,各级社保经办机构汇总次月应征缴各险种信息,通常以纸质凭据或刻制电脑光盘为数据载体,后来珠三角信息发达的地区改由通过网络传递方式,将每月应征缴数据邮寄或发送到同级地税部门;地税接收数据后,与税收同步向参保单位实施基金征缴;然后地税部门分别将征缴信息通过纸质收缴凭证或数据倒盘方式,传递给同级社保机构记录个人权益账户;资金按实际征缴到账数,分险种直接划入社保经办机构在同级财政部门开设的社保基金财政专户,这种地税代征模式一直延续至2008年年底。

上述这种代征模式,因当时社保信息化手段滞后,难以与地税部门实现信息对接,加之征管责任不到位,其直接带来的问题,一是企业欠费多,基金难以按期征缴到账。省直乃至全省均出现了大量企业欠费,给后续基金欠费清理和社保部门办理企业职工退休待遇核定带来了较大困难。为此,广东省社保基金管理局从2005年起,先后组织全省开展大规模欠费数据清理和社保数据质量年活动。省本级与广州市地税局为清理省直代征社保费数据,还专门成立了专项清理工作小组,采取逐年逐单进行对碰清理方式,查清并补充了大量征缴信息;东莞市为做好清理工作,全局干部职工足足用了1年的时间加班加点组织开展大规模数据清理。开展全省社保数据清理工作,为全省后续做好社保业务的精细化管理,维护参保人社保权益,打下了扎实的管理基础。二是地税、财政、社保对账难的问题长期困扰。由于社保费征缴涉及的部门多、管理战线长,加之部门间责任不明确,给社保经办机构业务管理、个人权益记录等带来了诸多困扰,期间虽然地税、社保采取了很多措施,但仍然难以从根本上得到解决,成为每年审计的焦点。

地税代征期间,虽然矛盾和问题凸显,但在各级人社部门及社保经办机构与地税部门的通力合作下,广东省五项社会保险参保人数从2000年的3425万人次,逐年递增到2008年的9570万人次,年均增长率13.7%;基金征缴收入从2000年的189亿元,逐年递增到2008年的1121亿元,年均增长率24.9%(见图9-1、图9-2)。

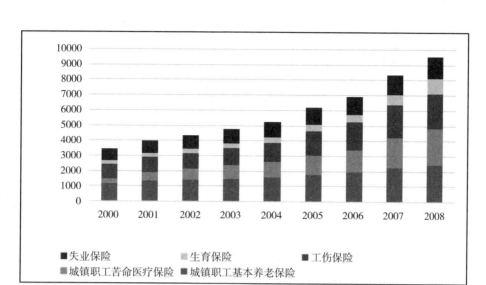

图 9-1 2000—2008 年广东省社会保险参保人次数（单位：万人次）

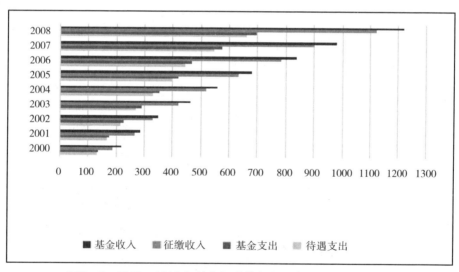

图 9-2 2000—2008 年社会保险基金收支情况（单位：亿元）

（三）总结完善阶段（2008 年至今）

为解决全省社保费由地税部门代征模式所带来的种种问题，明确地税与社保各方职责，2008 年 9 月，广东省劳动和社会保障厅、省地方税务局下发《关于强化社会保险费地税全责征收促进省级统筹的通知》（粤劳社〔2008〕23 号），决定自 2009 年 1 月起，由地方税务机关全面负责社会保险费征缴环节中的缴费登记、申报、核定、征收、追欠、查处、调剂金收缴、基金划解财政专户等相关工作。对此，广东省社会保险费征缴进入地税全责征缴时期。各级社保部门通过信息化提升，从省级地税社保费征缴专网中，直接实时接收地税部门发送的征缴数据信息，社保经办机构完全凭地税发送的征缴数据记录参保人个人权益账户，基金由地税部门直接分险种划入同级财政社保基金财政专户。

通过对基金征缴管理模式的再次调整，管理职责更加明确，工作效率和征缴数据质量也得到了更大的提升。至此，广东省社保基金五大险种的征缴及管理形成了"保费地税全责征收、基金财政专户统管、待遇社保核发、资金银行社会化发放，人大、审计、行政监督"的新模式。但深圳市为社保机构征缴，东莞市仍为地税代征，城乡居民养老保险、城乡居民医疗保险基金为各级社保经办机构征收，基金统一纳入同级财政专户统管。

广东省各项社会保险参保人次，从 2009 年 10784 万人次逐年递增到 2017 年 19116 万人次，年均增长率 7.4%；基金征缴收入从 2009 年 1225 亿元逐年递增到 2017 年 4522 亿元，年均增长率 17.7%（见图 9-3、图 9-4）。

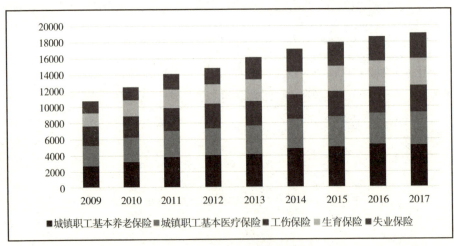

图 9-3 2009—2017 年广东省社会保险参保人次数（单位：万人次）

然而，不管广东省社保费征缴模式如何调整，人社行政部门及社保经办机构扩面征缴管理责任始终没有放松。

为切实使广大人民群众分享改革发展成果，2000 年以来，特别是党的十八大以来，以习近平同志为核心的党中央把民生福祉摆在十分重要的位

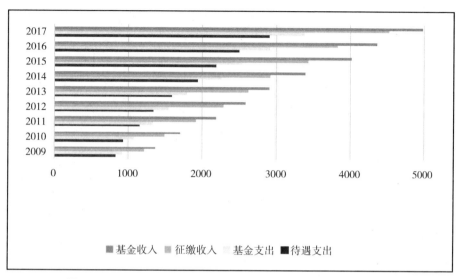

图 9-4 2009—2017 年社会保险基金收支情况（单位：亿元）

置。为确保广大人民群众都能分享改革发展成果，广东省社保扩面征缴任务持续加大。国家人力资源和社会保障部每年根据广东省户籍人口状况，下达扩面征缴任务指标；广东省政府又给各地级市下达扩面征缴指标；地级市再层层分解到县（区）。同时省委、省政府还将社保费扩面征缴任务完成情况，作为对各地级市党委和政府科学发展观考核的重要内容，并逐年签订责任状。全省人社部门、社保经办机构为完成年度扩面征缴任务，想方设法，不遗余力，动员一切力量确保任务完成。主要做法如下：

一是利用多种宣传媒介，加大政策宣传力度，不断增强广大企业和职工的参保积极性。二是任务层层分解到基层，责任到人，做到一级抓一级，层层抓考核落实。三是抓典型引路，培育先进典型和示范标杆，以点带面，推动扩面征缴工作的开展。四是加大社保经办服务管理质量提升，不断提高经办服务能力和水平。五是各级政府加大对老、弱、病、残等家庭生活困难的群体的财政支持力度，由财政出资助其缴纳社保费。在经济欠发达地区，如梅州、清远等市还组织大型公益活动，筹集资金为困难群众办理参保。六是按照国家人社部全民参保登记计划的要求，从 2015 年开始，将全民参保工作列入省委常委会工作要点任务和纳入省政府《政府工作报告》重点督查内容，并在全省开始试点推动。为确保登记工作扎实有效，明确了信息系统、数据管理、清理规则、工作步骤"四个统一"的工作思路，全面推开全民参保登记工作，取得明显成效，多次得到人社部领导的充分肯定。至 2017 年年底，全省登记入库人数已达 9705 万。

通过上述措施，截至 2017 年年底，广东省五大险种（含城乡居民养老和城乡居民医疗）参保人数达 28105 万人次，基金滚存结余 13349 亿元，连续 10 多年参保人数及其金滚存结余位居全国首位；城乡居保、基本医保覆盖率分别达 99% 和 98%，成为全国名副其实的社保大省。

二、基金财务管理

社保基金是广大老百姓的养命钱，也是社会保险管理的重中之重，加强基金的安全有效管理是党和政府赋予财政、人社部门和社保经办机构的重要管理职责。对此，广东省历来高度重视。

（一）建章立制，强化管理

早在 1984 年 11 月，广东省政府发布《广东省全民所有制单位退休基金统筹试行办法》，对基金筹集、统筹发放标准及基金的开户、会计核算、监管等提出了具体要求。

1985 年 2 月，为了规范全省社保基金会计管理，广东省劳动局印发《广东省社会劳动保险公司会计制度（试行草案）》，对社保基金会计核算方法及核算体系、会计科目、收付记账办法、会计凭证、账簿、报表和决算、会计档案管理等进行了统一规定。这是广东省较早颁布的规范社保基金财务核算管理的重要规范性文件，为加强和规范全省社保基金财务核算管理打下了较好的基础。

1991 年 3 月，广东省劳动保险公司印发《广东省企业职工养老保险一体化会计账务处理办法》，对固定工、合同工、临时工养老保险基金合并管理使用后的资金来源及资金运用共 30 项一级科目及下属的二级科目核算进行规范。

1997 年 8 月，广东省社保管理局印发《广东省社会保险会计基础规范》。

1999 年 6 月，财政部、劳动和社会保障部印发《社会保险基金财务制度》和《社会保险基金会计制度》，随着国家和省基金财务会计制度的出台，广东省基金财务管理及会计核算迈入了全面规范化管理的新阶段。进入 2000 年以后，广东省社会保险多险种统筹全面推进，基金财务核算管理也从起初的手工记账，逐渐发展到全面会计电算化管理，对基金财务管理精细化、规范化的要求也越来越高。

2015年,广东省社保基金管理局在通过一年多时间对基层调查研究的基础上,结合工作实际修订印发了《广东社会保险基金会计核算基础工作规范》,进一步明确了各险种基金财务原始凭证归档原则、会计凭证的基本要素,对基金支付审批程序、会计与出纳分管、会计档案归档等进行了全面规范,使全省基金财务管理做到有据可依。在此基础上,组织对全省地级以上市及部分县(区)落实国家和省的各项财务管理制度进行了专项检查,有效促进了全省社保基金的规范化管理。

此外,为推动全省社保基金财务会计电算化的进程,实现全省会计核算的标准化和加强省级对市、县财务业务的有效管控,广东省社保基金管理局从2012年起,着手利用用友财务软件建设全省统一的会计电算化管理平台,通过政府专网将网络联通至全省地级以上市社保经办机构财务部门,市级财务部门可直接通过省级集中式会计电算化管理平台进行基金财务会计核算。会计数据可直接在省社保局管理端调阅,并可直接汇总形成全省基金会计报表。全省电算平台建成后,从2013年开始试运行,2014年在全省推行应用。不仅提升了全省基金财务管理监控手段,同时也极大提高了基金财务管理质量和效率。

一些市在加强基金财务管理方面也进行了卓有成效的探索。广州市社保中心从2005年起,先后对基金财务系统进行了多次升级,在实现基金财务电算化的基础上,着手研发"智慧社保"财会管控系统建设,通过数据标准化技术,实现了从业务系统到财务系统的紧密耦合,使财务和业务系统的数据在标准化准则下实现互联互通,使数据完全共享和高度统一,有效地促进了业务经办走向精准化服务。同时通过财务对业务数据的监控,实现财务由后台核算往前台业务监控的倒逼机制,通过数据检查推动业务经办系统及时查缺补漏,杜绝业务或财务人为后台修正数据而导致的数据失真等问题。在网络运行环境下,财务系统不再是一个封闭的信息孤岛,而是与业务系统有着"血缘关系"的耦合系统,财务与业务一体化奠定了财务从后端走向前端的管理定位,化被动核算为主动管控,实现了业务与财务的一体化对接,从而大大提高了基金管理质量和水平。

(二)严格落实基金收支两条线管理规定

1998年1月,财政部、劳动部、中国人民银行、国家税务总局印发《企业职工基本养老保险基金实行收支两条线管理暂行规定》。1998年4月,广东省政府印发《关于贯彻〈国务院关于建立统一的企业职工基本养老保险制度的决定〉的通知》，决定从当年7月1日起，全省社会保险基金按国家统一规定实行收支两条线和财政专户管理，社保经办机构的行政及业务运行经费由财政统一划拨，不得从养老保险基金中提取管理费。1998年8月，广东省财政厅、省劳动厅、省地税局、省社保管理局、中国人民银行广东省分行印发《广东省社保基金实行收支两条线管理办法》，明确全省各统筹地区各险种基金统一按照要求纳入统筹地区同级财政专户管理，专款专用，不得挤占挪用。按照上述文件精神，全省各级社保经办机构每月核定所需的养老、医疗、工伤、生育、失业待遇资金，按月向同级财政部门请拨，退休人员养老金由统筹地区确定的代发银行发放到待遇领取人指定账户；异地转出资金则拨入参保人转入地社保经办机构基金转移指定账户。这一制度的实施改变了过去社保经办机构既管事又管钱的问题，有效加强了社保基金的安全管理，对防范和化解基金管理风险发挥了重要作用。

深圳市在落实基金收支两条线工作中，结合实际建立"一级核算、三级管理"及"三统一"的基金财务管理模式。严格执行社保基金收支两条线管理，征收金额全额进入财政专户，各级经办机构严格执行法律法规，依法落实社保待遇偿付；同时建立由市局统一管理为主、各分局和管理站分级管理为辅的基金财务"三级管理"管理体系，实现财务账户、信息系统、基金结算"三统一"。该管理模式理顺了基金财务运作体系，健全了基金财务内控机制，有效避免了分级支付和多口操作风险。

（三）基金保值增值

做好基金保值增值工作，确保基金安全完整，维护参保人合法权益，是社保经办机构的重要职责。早在1987年12月，广东省劳动局与中国工商银行广东省分行联合下发《关于社会养老保险基金专款专用有关问题的规定》，明确了养老保险基金的开支范围、社保机构在银行开设专户、基金投资渠道为购买国债及国家发行的各种债券等事项。1989年9月，广东省劳动局印发《广东省社会养老保险基金运营暂行规定》，明确"开展养老保险基金营运业务，须逐级审批同意方可营运，必须留足周转和储备金，营运资金总额不得超过基金结存的30%，保险金不宜用于办实业，放款期限以一年为主，不能超过三年，放款额度不超过100万元"。该政策出台后，全省各市社保基金投资营运量大增，当年就有70个市、县（区）和3个省属单位，开展投资营运业务，全省营运投资从1987年的142万元，增加到1989年的33160万元。1993年3月，广东省社保事业局完成对1992年度广东社会保险基金投资营运情况的分析。分析显示，到1992年年底，全省有63个市、县（区）开展基金营运，占全省138个市、县（区）的45.6%，历年累计投资5.568亿元（其中深圳1.55亿元、广州1.2亿元），占基金总结余的19.2%；至1992年年底，收回1.913亿元，占总营运资金的34%；历年基金营运收益，扣除银行同期利率后，增值4165.8万元。

1993年6月，广东省政府颁布《广东省职工社会养老保险暂行规定》，对全省职工社会养老保险基金管理做出具体规范，明确养老保险基金专款专用，任何单位和个人不得挪用；在保障支付的前提下，根据安全、保值的原则，运用养老保险资金开展投资运营，运营收入全部转入养老保险基金账户；社会保险事业局可按所征收社会保险基金总额提取2%～5%的管理费，作为业务管理专项资金，不得挪作他用。

1998年7月1日以后，随着基金收支两条线规定的实行，基金统一由各级社保部门在同级财政部门分险种开立的基金专户进行双重管理，地税、财政、社保三部门按月对账。基金的保值增值工作全省除深圳等少数地级市由社保和财政双方共同确定投资事宜外，大部分地市（含省直）均由财政部门根据基金结存情况，将部分资金购买国债或办理银行定期存款。同时财政部、人民银行也先后发文提高基金存款利率。但由于银行利率调整频繁，加之基金保值增值责任不明确，广东省社保基金收益率长期保持在2%～3%的低收益水平。由于基金收益率与个人账户记账利率存在差异，个人账户记账利率大于实际收益率，从而带来了统筹基金的隐性支出。为提高基金收益率，2012年，广东省委托全国社保基金理事会对1000亿元养老保险基金进行投资运营（其中，省直150亿元、深圳400亿元、广州110亿元、珠海40亿元、惠州30亿元、东莞140亿元、中山40亿元、佛山90亿元），至2017年年底，累计投资收益达417亿元，年均收益率8%。

（四）扎实开展基金会计统计工作

社会保险基金会计统计工作是反映社会保险基金管理运行的晴雨表，是领导和部门决策的重要依据。1986年3月，《广东省一九八五年社会劳动保险情况统计（养老保险）》汇编完成，标志着广东省实行社会保险制度改革后首份统一指标口径、统一上报时间的全省劳动社会保险基金汇总报表正式产生。

1994年11月，广东省社保事业局下发《关于修订〈广东省社会保险会计制度和统计制度〉的通知》，明确了全省各级社会保险经办机构统计工作任务、报表格式、上报时间,标志着广东省社会保险会计、统计工作朝着规范化目标迈进。

2001年3月,广东省社会保险基金管理局印发关于《广东省社会保险会计、统计报表考评办法》的通知,对全省地级以上市年度会计、统计报表进行考评制度,对促进和提高全省会计、统计工作质量起到了重要作用,也为各级政府和领导开展社会保险政策的制定提供了重要数据支撑。

由于广东省高度重视会计、统计工作,2007年以来,本省上报人社部的会计、统计报表多次获得通报表彰与肯定,会计报表先后获得全国年度评审6次一等奖和3次二等奖;统计报表先后获2次一等奖、6次二等奖、2次三等奖。2000—2017年广东社会保险运行情况见表9-1。

表9-1 2000—2017年广东社会保险运行情况(单位:万人次、亿元)

年度	参保人次	基金收入	征缴收入	基金支出	待遇支出	累计结余
2000	3425	217	189	136	131	263
2001	3975	284	268	175	166	313
2002	4322	350	330	226	214	497
2003	4764	465	422	290	272	668
2004	5221	560	519	352	331	876
2005	6187	681	633	419	398	1138
2006	6940	838	781	468	445	1506
2007	8330	981	902	574	548	1916
2008	10751	1234	1135	704	669	2447
2009	12796	1395	1253	938	851	2905
2010	15113	1807	1560	1128	988	3646
2011	18939	2397	2054	1432	1260	4579
2012	22186	2866	2490	1733	1537	5744
2013	24188	3300	2917	2079	1872	6985
2014	25781	3852	3261	2618	2273	8217
2015	26857	4573	3829	2959	2603	9831
2016	27467	4963	4267	3432	2973	11343
2017	28105	5899	4967	3935	3432	13349

备注:含城乡居民养老保险和城乡居民医疗保险

表9-2　2017年年底全省社会保险总参保扩面情况（单位：万人）

	职工养老	企业	缴费人数	机关事业	居民养老	职工医疗	居民医疗	失业	工伤	生育
参保人数	5287	5075	3122	212	2587	3963	6402	3164	3402	3301
同比增长率	-2.0%	-3.3%	4.8%	—	1.7%	3.9%	1.0%	4.8%	4.8%	4.4%

2017年全省社会保险基金总收入5899亿元，与2016年同比增长18.9%，其中征缴收入4967亿元，增长16.4%。企业职工养老保险征缴收入2802亿元，增长12.8%。居民养老和居民医疗保险参保人数比较稳定，征缴收入分别增长2.5%和3.1%。失业保险由于从2016年5月起阶段性降低费率，征缴收入同比增长6.3%。

基金总支出3935亿元，与2016年同比增长14.7%，其中待遇支出3432亿元，增长15.4%。企业养老保险离退休人数增长4.8%，待遇支出增长8.7%；职工医疗、居民医疗保险由于就医人次特别是门诊大病就医人次增幅较大，待遇支出分别增长19.4%和10.7%；生育保险受"二孩"政策影响，女职工生育人数同比增长50.5%，待遇支出大幅增长79.5%，超出预算15.7%。

基金当期结余1964亿元，同比增长28.2%。企业养老保险基金当期结余1358亿元，其中，珠三角地区企业养老保险基金当期结余1372亿元，同比增长27.7%；粤东西北地区上半年赤字50亿元，下半年通过积极扩面和省级统筹资金调拨弥补缺口，将全年赤字缩减到14亿元。生育保险受阶段性降费率和"二孩"政策双重影响，当期赤字23.5亿元。

截至2017年年底，全省社会保险基金累计滚存结余13349亿元，与2016年同比增长17.7%。企业职工养老保险基金累计结余8650亿元，可支付月数为50个月。职工医疗保险基金累计结余2282亿元，其中统筹基金累计结余1505亿元，可支付月数为34个月。生育保险基金累计结余93亿元，可支付月数10个月，较2016年减少13个月。

第二节　社会保险基金监督管理

加强社保基金监督，是确保基金安全完整和制度稳定运行的重要措施。广东社会保险改革起步初期，就把加强和做好基金的安全管理列入重要议事日程。2011 年 7 月《社会保险法》颁布实施后，加强社保基金监督管理提到了空前的高度。从广东省社会保险监督管理的发展历程来看，在监督机构的设立上，经历了从无到有、从非专业过渡到专业管理；在监督手段上，从简单手工查账到电子信息比对；在监督形式上，从内部监督扩展到外部监督。概括起来可分为社保内部监督、人大预算监督、审计及行政监督 3 种监督形式。

一、社保内部监督

（一）健全内部监督制度体系

1991 年 3 月，广东省劳动局印发《关于加强财务管理、监督、审计工作的暂行规定》，明确规定了各单位职责，对财务管理提出了要求，强调成立审计机构，并对审计工作任务、职责做了规定。同年 7 月，为了加强对全省社保经办机构财务收支和经济活动的内部审计监督，确保基金安全，广东省劳动局印发了《广东省社会保险机构内部审计暂行规定》的通知，对审计人员职责、审计程序、审计档案管理做出了具体的规定。

1993 年 9 月，为加强社会保险机构内部管理，广东省社保事业局印发《广东省社会保险内部审计暂行规定》。

2003 年 2 月，劳动保障部颁布《社会保险稽核办法》；同年 3 月印发《社会保险基金现场监督规则》，对加强和做好基金监督进行了进一步规范。

随着广东省社会保险的不断发展，基金风险防控管理制度不断加强。一是为贯彻落实国家上位法，紧密结合广东社保事业发展，总结监督工作经验，明确监督主体和内容，着眼构建基金监督体系，完善监督预防机制，规范监督检查程序，强化法律责任，使监督工作更加有法可依，及时修订了《广东省社会保险基金监督条例》；二是完善全省社保稽核内控制度。制定了《广东省社会保险经办机构内部控制实施细则》《广东省社会保险稽核业务管理规范》等制度规定，规范全省社保稽核内控工作。珠海市 2006 年颁布施行《珠海市社会保险反欺诈办法》,这是广东省首部专门针对社保反欺诈的地方性政府规章,后历经多次修订完善,对遏制社保欺诈行为发挥了重要作用。

(二)完善内部监督方式

(1)开展基金运行评估分析研判。一是开展社保基金安全评估工作。构建"可采集、可量化、可纵横比对"的社保基金安全指标体系,加强对全省社保基金安全状况监测,增强政策制定、经办管理和基金监督的预见性和针对性,更好地防范和化解基金风险,提高监督效能。2011年,广东省针对全国社会保险经办风险评估缺失的情况,与科研机构合作,在人社部社保中心和中欧社会保障合作项目的大力支持下,完成了《社会保险经办风险评估及应对》课题研究。课题借鉴国内外风险评估和控制理论与实践,以社会保险经办流程及社会保险数据项为基础,通过分析影响社会保险经办风险的各种要素,利用定量分析,找出较为切合社会保险经办实际的风险等级评估办法。在此基础上,从内部控制及保障措施两个方面对社会保险经办风险提出了应对措施。该课题的研究弥补了社保经办机构内部控制建设有关风险管理的空白,将对推动全系统内控工作开展发挥积极的推动和促进作用。二是实行社保基金运行分析研判。制定《建立健全社保基金运行分析研判机制工作方案》,成立社会保险基金运行分析研判工作领导小组。选取参保人数等9个基础指标、参保缴费比等8个分析指标作为内部指标,选取国内生产总值(GDP)等10个宏观数据作为外部指标,综合分析研判社会保险基金运行状况和发展变化态势,扩展分析广度与深度,提升分析质量,提高社保基金管理水平。

(2)建立基金支付风险防控工作机制。一是建立联合反欺诈工作机制。广东省人社厅与省公安厅联合发文加强社会保险欺诈案件查处和移送,并联合成立"广东省社会保险反欺诈领导小组",积极推动"协作查处、案件移交、信息共享、机制建设"等合作机制。二是建立数据共享比对机制。地税、工商、公安、民政、卫生、医疗、社保行政及经办等部门加强协调,定期核实各类涉及社保基金收支的信息。三是建立大数据分析核查机制。省级社保经办机构利用社保大数据管理优势,集中全省社保数据进行综合分析比对核查,堵塞数据条块分割造成的收支漏洞。

(3)提升基金支付风险防控工作手段。一是提高风险防控信息化水平。开发使用医疗保险智能监控及稽核内控、异地就医即时结算、社保待遇领取资格认证跨地区协作、社保关系转移接续等系统，与邮储银行合作利用人脸识别、指纹认证等技术强化资格认证工作，自动核查社保数据变化异常，加强异地核查，重点防控经办风险，减少社保欺诈。二是丰富社保稽核工作方式。对高龄领取养老、工伤长期待遇人员等特殊待遇群体定期进行实地稽核或探访，对异地需核查人员则加强社保机构间异地协查支持，对专业性要求强的稽核内容则通过购买服务委托会计师事务所等专业中介服务机构核查。

（4）强化医疗保险异地就医监管措施。一是三级联网实现智能结算。搭建省、市级社保机构和医疗机构三级联网构架，实现就医数据多向互联互通，促进就医费用准确审核，减少零星报销。二是组织异地就医联网专项检查。广东省社会保险基金管理局从2013年起，连续4年委托会计师事务所及聘请医疗专家，对全省各地进行异地就医联网结算检查，并延伸检查医疗机构。三是开发应用全省医保智能监控系统。广东省社会保险基金管理局开发了医疗保险智能监控系统，对各市医疗保险数据进行核查，及时发现和纠正不合理的医疗费用支出，切实保障基金安全。大部分市也开发运用医保智能监控系统对本地医保结算数据进行核查。四是强化异地就医零星报销数据共享比对。广东省社会保险基金管理局统一收集2015年、2016年全省各地异地零星报销住院数据，统一发送相关医疗机构进行数据比对，核实各地零星报销骗保情况。

（5）加强社会保险内控监督检查。一是开展广东省社会保险经办风险管理3年专项行动。广东省2015年在全国率先组织开展社保经办风险管理专项行动，督促全省各地制定完善风险管理制度，梳理经办风险，编制风险防范手册，全面提升各地风险管理工作。二是连续组织全省社保专项检查。自2013年以来，广东省人社厅每年一个主题，连续开展8个社保专项检查。从2007年至今，广东省社会保险基金管理局已连续12年组织全省内控监督检查工作，并对县（区）级社保机构进行实地抽查达226个（次）。三是强化内部防控管理。配套社保经办"综合柜员制"改革，评估社保业务风险等级，对高风险业务提高检查频率、规范经办操作、防范经办风险。强化权限管理，业务权限实行流程化、程序化、信息化配置。

（6）开展业务专业培训，促人员素质提升。一直以来，广东省社会保险基金管理局每年均组织举办全省社保机构稽核内控业务培训班，并将培训对象延伸到县（区）一级稽核内审人员。培训内容包括社会保险稽核内控基础知识、各险种经办风险防控要点、稽核内控检查软件使用、风险防控手册的编制等,通过培训全面提高稽核内控人员的素质。

(7) 加强基金反欺诈冒领宣传。广东省社会保险基金管理局于2016年制作社会保险基金反欺诈冒领动漫视频,连续在地铁、公交车站、社保经办服务大厅播放,形成人人知法、懂法、守法的氛围,提升广大参保人的反社保欺诈意识,震慑欺诈冒领和骗保犯罪行为。

二、人大预算监督

2010年1月,国务院颁布《关于试行社会保险基金预算的意见》,明确要求对包括城镇职工5项社会保险基金、城乡居民基本养老保险和医疗保险基金统一编制社会保险基金预算。广东省社保费由地税部门征收,社保基金收入预算由各地级市社保经办机构会同地税部门按险种编制预算草案,支出预算由社保经办机构提出,各地级市社保经办机构年度基金收支预算编制完成后,由同级人社部门审核汇总和财政部门审核确认,报经市政府审批,然后上报省社保基金管理局进行草案汇总;全省汇总草案经省人社厅、财政厅会审后,报经省人大常委会审议通过,以省政府文件批复下达各地执行。从2013年起,审议流程调整为省人大全会审议通过后,以省政府文件批复下达各地执行,并强调预算一经下达,不得随意调整。为确保全省预算的有效执行,省人大每年组织对地级市进行调研,了解各市预算执行情况,发现并指出存在的问题,提出整改意见。

此外,广东省人大常委会从2014年起,不断提升监督手段,在全省推动省人大与社保信息联网监督,将监督内容扩展到政策实施、基金管理、参保扩面、待遇支付、基金保值增值等各项业务。通过数据联网,省人大可直接从社保业务系统中调阅审查各类业务信息,实施动态监督,从而进一步发挥了其对社保业务监督力度。

三、审计及行政监督

1992年2月,广东省劳动局转发劳动部《关于落实养老保险基金管理措施的通知》,要求各地认真贯彻执行国家和省的相关规定,明确将养老保险基金的管理、使用列入国家财务检查和审计项目之中。1992年10月,广东省审计局向省政府报告全省各级审计机构对当地1990—1991年退休养老保险基金和待业保险基金财务收支及管理的审计情况报告,报告提出了部分企业拖欠缴纳养老保险费、挤占挪用社保基金等5类存在的问题。从当时起，广东省社会保险基金的收支及一切经济活动，均每年一次接受审计部门的审计监督。对审计提出的问题，按照职责划分，分别由行政和社保经办机构逐项进行整改完善。尤其是随着社保业务的不断扩大和基金收支数额的增加，进入2000年以后，审计的力度不断加大，由原来每年的定期审计，扩大到各险种基金的专项审计。尤其是对全省社保机构统收统支期间，开展社保基金投资运中出现的问题进行了重点审计，摸清了全省在开展基金投资运营中存在的问题，查处了一批违法违规案件，依法核销了部分因投资无法收回的基金，为有效加强全省基金规范化管理、维护基金安全打下了良好的管理基础。

除审计部门开展定期审计外，政府部门也十分重视加强社保基金监管。2004年3月，广东省人大常委会通过《广东社会保险基金监督条例》，明确从当年7月1日起实施。条例明确了社保基金监督范围、内容以及相关部门职责分工等。条例的出台，对开展基金监督提供了重要政策依据。

2004年12月，广东省正式成立省社会保险基金监督委员会，由省政府分管人社及社保工作的副省长任主任委员；监委会成员由省政府、省人大、省政协、省纪委、审计、财政、地税、人社，以及大专院校专家和国有企业代表组成，具有广泛的代表性。监委会按照条例要求，定期组织开展对全省贯彻落实各项社会保险政策、法规，基金安全管理等进行调查研究，及时发现和纠正存在的问题。

此外，2007年6月，劳动和社会保障部印发《关于建立社会保险信息披露制度的指导意见》，广东省按照相关要求建立了每年定期向社会公布社会保险相关信息的制度，推进政务公开，接受社会广泛监督。

四、监管成效

由于广东省全面构建了社保基金全方位的安全监管体系，对促进和规范全省各险种基金的安全运行管理起到了保驾护航的作用。近年来，通过构建全方位的基金监督，及时发现和查处了多起社保基金重大案件，取消或暂停了一批严重违规的定点医药机构服务资格。仅2013年以来，5年间挽回基金损失约1300万元；利用信息化手段打击查处重复领取养老金和疑似死亡领取养老金问题，停发待遇约1992万元，追回基金约6389万元。

同时，反欺诈工作成效显著。2015年以来，全省社保经办机构配合公安部门立案147起，破案103起，涉案金额超过1亿元。2017年，全省人社部门查处的社会保险基金欺诈案件65例，移送公安司法部门立案的社会保险基金案件36例，及时整改追回基金405.66万元；查处违法违规人员779人，较好地维护了社保基金安全完整。

第三节　社保经办服务管理标准化建设

一、建设背景

改革开放40年来，广东省社会保险基金统筹和经办服务管理经历了不寻常的低水平起步和逐步发展完善的过程。在广东省社保经办机构设立初期，全省社保经办业务管理就确定了适合广东改革发展特色的"五险合一"经办的综合管理体制，这种体制体现了"管理集约、办事高效、服务便捷"的管理内涵。但在管理要求上，对全省各级社保经办机构所带来的挑战也是空前的。在制度起步之初，全省经办服务管理基本处于"三无"状态（一无经办服务场所、二无信息化手段、三无管理服务标准），社保经办服务管理基本无标准化可言。随着业务的不断发展，珠三角有条件的地区，政府及时完善了机构，配备了相应的社保经办服务场所，在全省率先积极推动开展社保经办业务服务管理，但服务内容与手段也非常有限。而经济欠发达的县（区）级基层社保经办机构，有的由于政府一时不能提供固定的社保经办服务场所，只能在居民区临时租用居民住房开展经办服务。这种状况有的一直延续了相当长的时间。加之基层普遍存在人员编制少、管理服务经费保障不足的问题，业务开展异常艰难。

2009年7月，经国家标准化管理委员会批准设立的"全国社会保险标准化技术委员会"在北京成立，主要负责五大社会保险服务、评价、管理等领域的标准化工作。国家从2010年5月启动标准化以来，人力资源和社会保障部制定了《人力资源和社会保障标准化规划（2011—2015）》，发布了《社会保险服务总则》《社会保障服务设施设备要求》《社会保险视觉识别系统》《社会保险服务术语》《社会保险档案管理规范》《社会保险核心业务数据质量规范》《社会保险经办服务流程总则》等标准，标志着我国社会保险事业迈入了标准化建设的新阶段。

二、做法与成效

（一）结合社保服务大厅建设，促进政府公共服务均等化

早在 2002 年，广东省政府就提出："社会保障服务群众的硬件设施建设，要着眼长远，循序渐进加强重点推进。"2003 年开始，广东省政府大力推动全省劳动保障"五个一工程"（一楼、一校、一所、一场、一网）建设，下大力气改善劳动保障部门服务群众的硬件设施，其中将社保经办服务大厅标准化建设纳入其中，并将其作为"省政府十件民生实事"重点工作。2006 年 1 月，广东省劳动保障厅下发《关于开展社会保险业务建设"旭日工程"活动的通知》，大力推动人社和社保业务管理基础建设，举全省之力积极协调推动，主动争取省级财政投入。2002—2006 年，省级财政共投入经费 20 多亿元，至 2006 年，全省有 14 个市、县新建劳动保障综合服务大楼，18 个市新建扩建技工学校，全省所有街道和 98.9% 的乡镇建立了劳动保障事务所，建成劳动力市场 19 万平方米，广东劳动保障基础建设进一步夯实，劳动力市场"三化"水平显著提高，公共就业服务逐步完善，以人为本的服务理念普遍得到加强。

全省各地级市在贯彻社会保障"五个一工程"方面，结合自身实际，扎实稳妥推进，成效显著。例如，惠州市十分注重基层社保经办能力建设。2009 年 5 月，惠州市政府决定将原由卫生部门负责的新型农村合作医疗并入社保部门管理，由社保经办机构负责办理基金征收和待遇发放业务。随着"新农合"业务的调整，以及 2009 年年底"新农保"试点工作的开始，市、县两级经办机构在服务、管理上面临着巨大的压力。为应对这一工作任务的变化，完成好基层服务保障工作任务，在市委、市政府的关心和支持下，该市在全市 75 个乡、镇（街道）设立社会保险管理所，并增配乡、镇人员编制 226 名，充实基层经办管理队伍；统一配置业务经办管理所需的办公设备、设施，为参保群众缴费和待遇申领提供优质、高效、便捷的服务。再如，广州市通过"智慧社保"信息系统的建设实施，将全市社保业务管理上提至市社保中心，业务经办服务下沉到街道，打通服务群众"最后一公里"。

党的十八大以来，广东省把大力发展和改善民生摆在政府工作的突出重要地位，持续加大财政对社保业务建设的投入，仅 2016 以来，先后投入

省级财政专项资金近3亿元，重点支持59个欠发达县（区），完成约7万平方米的服务大厅及业务支持区的标准化建设。通过省级支持和地方配套加大投入，上下联动，至2017年年末，广东省已基本完成省、市、县（区）三级社会保险经办服务大厅标准化建设。其中部分地级市还把人社及社保办事大厅统筹纳入政府政务办事大厅建设范围，打造一体化、一站式社会服务体系，方便群众办理社保等业务。

此外，根据《社会保障服务中心设施设备要求》国家标准，强调全省社保经办机构需在服务办事大厅分设6类功能区，配置自助机、叫号机等设施设备，设置宣传栏、引导牌等服务标识。全省各级社保经办机构还通过建立"综合柜员制""首问责任制""一站式服务"等多种便民服务措施，有效树立了全省社保业务经办标准统一、服务高效的管理形象，为参保群众创造了整洁、便捷的办事环境，有效促进了政府基本公共服务均等化。

（二）结合社保业务信息化建设，打造网厅一体化服务体系

一是以国家标准为基础开展系统建设。结合全省集中式人力资源和社会保障一体化信息系统建设，将国家标准应用到全省统一业务规程和系统中，规范各项术语及流程，将风险防控标准的理念和要求融入系统建设当中；上线省业务系统电子监察功能，实行业务和财务双层监控。二是优化线下服务。在全省21个地级市、120个县（区）和1103个乡镇人社服务平台铺设"广东省社会保险自助服务终端"，开展参保人人脸、指纹和指静脉等生物特征信息采集应用，为全省城乡居保待遇领取人员提供多样化的认证服务。深圳市在汇编10大类共600项经办业务的基础上，以业务协作平台为依托，启动一窗式受理，实现从"属地化服务"到"全市通办"模式的转变。还引入32项邮政代办业务，通过网上预约、邮政上门收件，拓展服务渠道。同时大力推动实施社保费征缴网上参保申报、银行联网托收，由单位登录服务网页为员工参保，极大方便了群众。三是构建网厅一体化服务体系。坚持国家标准为指引，推广应用互联网办事大厅、移动门户网站、手机APP等新兴服务手段，让参保单位和参保人少走马路、多走网路，构建多渠道、全方位、全天候的社保公共服务新格局。

（三）加强业务规范，夯实经办管理基础

一是规范全省经办管理业务。依据国家标准，先后制定《全省城乡居民基本养老保险经办规程》《机关事业单位工作人员基本养老保险经办规

程》等，形成覆盖业务类别齐全、经办流程清晰完整、表单术语统一规范的全省业务规程体系。2017年，广东省启动实施企业职工养老保险省级统筹改革，以此为契机，将统一基本养老保险业务规程列为省级统筹"六个统一"任务之一，同时还编制了省级统筹管理规程，提升业务经办标准。二是参与国家标准的制定。在总结业务实践经验的基础上，广东省社会保险基金管理局和肇庆市参与《社会保险关系转移接续》第一部分"企业职工基本养老保险"、东莞市参加《养老保险个人账户管理规范》、广州市参加《社会保险视觉识别系统》和《社会保险经办绩效评价规范》等标准的制定。三是编制经办服务标准。广州市汇总228份政策法规、编撰47个管理制度、汇编163项经办业务标准，形成工作标准化体系，被国家标准化管理委员会评为首家社保经办领域的"AAAA标准良好行为机构"。其他地级以上社保经办机构，严格按照国家和省的规定和标准，结合自身实际，积极开展经办服务管理标准化建设工作。

第四节 社保业务信息及档案标准化建设

一、社保业务信息化建设

（一）现状及背景

广东省社会保险起步阶段，社保经办业务管理基本处在原始的手工状态，除早期经济较发达的珠三角地区购有单机版电脑外，粤东西北经济欠发达地区基本无信息化可言，所有业务均由社保经办机构通过手工完成，管理手段极其落后，工作效率十分低下，从而给各级社保经办服务管理带来严重挑战。2000年以后，随着广东省基金市级统筹工作的全面实施，全省各地级市社保经办机构相继建立了统筹区内社保经办局域网，提供统筹区内业务经办和管理服务。但系统建设要求、业务要素、数据管理等均没有统一标准，成为各自的信息孤岛，不能实现全省业务数据共享。为彻底改变这种局面，2002年劳动和社会保障部下发了《关于进一步加快劳动保障信息系统建设的通知》，广东省劳动和社会保障厅下发了《关于加快养老保险全国联网数据上报工作的通知》。按照上述文件精神，并根据国家金保工程总体建设部署要求，广东省社会保险基金管理局着手启动组织养老保险信息系统全省联网实施工作。

第九章 社会保障的监管与服务

（二）科学筹划、重点实施

组织开展养老保险信息系统全省联网，是广东省落实国家金保工程的重要举措，是社会保险信息化建设的重大跨越。国家金保工程确定养老保险信息系统全国联网总的目标是：从2005年起，计划用两年时间基本建立起全国养老保险信息网络，实现市—省—中央三级联网构架，具备业务经办、公共服务、基金监管和决策支持等功能。按照"统一规划、分步实施"的原则，实现中央数据中心与省级数据中心全国联网，以实现网上数据传输、信息采集，并支持宏观分析与决策。按照这个要求，广东省政府决定2006年3月前实现全省养老保险信息系统初步联网。广东省社会保险基金管理局在组织具体实施中，将全省养老保险信息系统联网的具体时间确定为：2005年12月30日前实现全省养老保险信息系统的物理联通和数据上传，2006年3月31日前实现网上数据的初步运用。在具体实施上，采取了三步走的战略：

一是项目采购和设备分配。项目总预算资金1150万元，主要用于省本级及全省经济欠发达地区购置硬件设备和软件开发费用（广州、深圳、珠海、佛山、东莞、中山6市除联网软件外其他费用自负）。硬件设备包括15个市（14个财政转移支付地区和江门市）的前置系统设备和补助手工操作县（区）电脑等联网设备；软件包括开发16个地级以上市（含省本级）业务系统数据转化软件及21个地级市联网软件。为确保资金专款专用及争取时间，项目资金不分配各市，由省统一采购下发设备。由于省安排的项目预算资金有限，各地级市劳动保障行政及社保经办机构想方设法筹集资金重点推动落实缺口资金，搭建全省社保数据省、市联网平台，为整个社保数据实现全省互联互通奠定了基础。

二是网络运用和软件开发。实现全省社保数据省、市物理联网后，如何统一规范全省系统业务数据项，事关联网工作的重中之重。按照国家金保工程建设总体要求，一方面，汇集全省参保单位、参保缴费人员和离退休人员等80个必备的联网数据项，作为全省各市社保联网上线的必备指标。另一方面，系统联网实施后，按国家联网总体要求需提供并具备业务经办、公共服务、基金监管和决策支持等功能。在此基础上进一步开展联网数据的开发利用，通过省社保局网站向全省提供参保信息查询、统计分析的宏观决策服务，同时逐步开展保险关系转移、退休人员异地生存认证、养老金异地发放，以及防止重复参保等跨地区业务协作功能的开发。充分发挥联网大数据的应用管理服务作用。

三是开展联网数据清理。开展社保数据的清理，事关联网能否实现的关键，为此，广东省社保基金管理局制定数据清理工作方案，加强对各市数据清理工作的指导和督促，重点抓好手工操作转向计算机处理地区、补录历史数据地区、80个联网数据项不全地区的数据清理工作，确保80个数据指标项目齐全、准确无误和覆盖全部参保人员。

（三）实施成效

实施全省数据联网后，一是实现了全省从信息分割到信息共享的重大跨越，为宏观管理、跨地区业务合作和发展社会保险公共服务创造了条件；二是解决了部分地区长期手工办理业务的问题，使全省各级社会保险经办机构全部实现了业务处理信息化，经办工作向信息化迈进了一大步；三是联网的过程也是业务数据清理的过程，各级养老保险业务数据经过清理质量得到明显提高，进一步夯实了全省社保业务管理基础。

2009年，广东省劳动和社会保障厅调整省本级信息化建设工作职能，明确原由省社保基金管理局负责建设管理的全省社保数据联网交换系统移交省劳动保障信息中心负责。随后为扩展联网业务数据，在养老保险80个数据项全省联网的基础上，按照国家要求又扩充为180个数据项，并相继开展医疗保险、工伤保险、失业保险、生育保险、城乡养老和城乡医保等联网数据交换工作。

二、社保业务档案标准化建设

（一）建设背景

社保业务档案，是社保经办机构实现为参保人"记录一生、跟踪一生、管理一生、服务一生"的重要载体，是参保管理记录的原始资料，是社保经办机构的核心资产，加强做好档案管理是社保经办机构的重要职责，必须加强规范化管理。然而长期以来，由于社保经办机构人员编制少、业务经费保障不足、信息化水平低、管理能力水平弱，在开展大规模的扩面征缴后，各级均无力顾及业务档案的管理，使档案管理工作基本处在"无专用库房、无专人管理、无清理归档"的"三无"状态。有的还把历史档案到处堆放，部分已造成损毁和丢失，情况十分严重，若不及时抢救性地加以整体归档，将会给社保业务管理带来严重后果。

(二) 工作推进

2005年7月，广东省档案局与省社保基金管理局联合下发了《广东省社会保险业务档案管理暂行办法》，对社保档案机构与职责、立卷与归档、管理与保护、利用与保密、鉴定销毁与奖惩等内容进行了明确规定，开创了全国社保档案规范化管理建设先河。从此，全省社保业务档案管理工作开始有章可循。《办法》制定下发后，全省各级社保经办机构开始高度重视社保档案管理工作，各市、县（区）社保经办机构积极筹措资金、调整人员岗位设置，结合硬件、软件建设和清理归档工作同步推进，取得了较好的成效。2006年，劳动和社会保障部、国家档案局专门到广东省调研《办法》的制定和执行情况，并给予了充分肯定。

2008年7月，在《办法》实施3周年之际，广东省档案局与省社保基金管理局联合开展对全省社保档案工作的专题调研。通过调研，进一步摸清了现状，发现了问题，理清了工作思路，在此基础上印发了《社保业务档案调研情况通报》，下发全省社保经办机构和档案管理部门，在各级社保经办机构和档案管理部门中产生了很大反响，达到了激励先进、鞭策后进的目的。在此基础上，为有效推动全省社保业务档案工作的全面开展，2010年10月，广东省社保基金管理局和省档案局在阳江联合召开全省社会保险业务档案管理达标验收启动会，部署全省社会保险业务档案管理达标验收工作。2011年3月，广东省社保基金管理局和省档案局联合印发《关于开展全省社会保险业务档案管理达标验收工作的通知》，成立省验收领导小组，共同组织开展全省社会保险业务档案管理达标验收工作。

(三) 工作成效

2011年6月，全国社会保险业务档案管理达标验收组对广东省社会保险业务档案管理工作进行达标验收。验收组首先对省社保局进行了检查，并抽查了广州市医保局、珠海市社保中心、中山市社保局。广东省社保局顺利通过验收，获得"全国社会保险业务档案管理优秀单位"称号。

2012年10月，完成全省所有地级以上市社会保险经办机构的社会保险业务档案管理达标验收，合格率100%，其中，优秀单位19个，合格单位4个，优秀率83%。

2013年7月，广东省社保基金管理局新版基金核算系统上线，全面推行"一站式"业务办理模式,档案管理模式变更为业务窗口事前扫描模式,实现业务办理过程纸质材料不落地,全程无纸化办公,大大提升了业务经办工作效率。

2014年5月,完成全省县级以上社会保险经办机构的社会保险业务档案管理达标验收,其中优秀单位157个,合格单位32个,优秀率83%。

2016年12月,江门、潮州、揭阳、深圳4个市全部通过省验收组的业务档案达标验收复查。至此,全省地级以上市社会保险经办机构社保业务档案管理全部达到优秀等级。

第五节 创新社保服务管理

一、异地就医基金联网结算取得新成效

（一）现状与背景

长期以来,广东省异地就医基金结算主要采取的方式,一是由各参保地社保经办机构直接与就医地医疗机构签订异地就医结算协议,参保地根据协议,定期向医疗机构结算支付医疗费用;二是由参保地确定异地就医定点医院,参保人向参保地社保经办机构申请异地就医报备后,自行选择医疗机构就医,就医费用先由个人全额垫付,出院后凭医院出具的收款凭证回参保地社保经办机构报销。

这两种管理方式由于缺乏全省统一的管理,实施过程中存在诸多管理与服务方面的矛盾和问题：一是存在全省各地社保经办机构多头与就医地医疗机构签订协议。由于各地存在政策差异,给就医地医疗机构带来管理上的困难。二是参保地社保经办机构与医疗机构费用结算不及时,医疗机构不堪重负,反映强烈。三是参保人异地就医费用审核报销难。由于社保经办机构受人少事多的困扰,一般审核报销要1～2个月,个别需3个月才能报销,参保人意见很大。四是医疗骗保事件时有发生,给社保基金安全带来风险,同时也给社保经办机构带来了管理难度。

面对异地就医难的现实,在省委、省政府的领导下,广东省人力资源和社会保障厅认真贯彻党的十八大精神,坚持以问题为导向,顺应民意、主动作为,积极推进社会保障服务提质增效。在2010年全省21个地级市全面实现医疗保险市级统筹,参保人在统筹县（区）间的就医实现异地直接

结算的基础上，2014年开始筹划建设全省异地就医直接结算平台（以下简称"省平台"），2015年，省政府将实现省内异地就医直接结算平台建设列入解决十大民生重点工程。为把这项惠民工程落实好，广东省人社厅将此项工作列入厅一把手重点督办事项，并组织专题小组开展业务调研论证，同时对平台建设进行可行性研究并组织系统前期开发，取得了阶段性的重要成果。

（二）创新引领、统筹谋划

"省平台"的建设按照服务、管理、决策3个层级规划部署，以"三统一"为目标：一是实现信息流和资金流省级管理统一。全省异地就医定点医疗机构发生的医疗费用力求通过统筹区的市级异地就医结算平台（以下简称"市平台"）向省平台实时传输数据，实行专网管理和多向传输，改变过去医疗保险市级统筹期间一个地级市与多家医院联网结算，或一家医院与21个地市联网结算的局面。同时通过省社保基金管理局在银行开设省级异地就医结算专户，建立预付款管理制度，各地级市按照上年度异地就医费用总额，定期向省异地就医结算专户拨付相应的异地就医预付资金，保证全省21个统筹区省内异地就医医疗费用由省社保局业务部门直接与各医疗机构结算，缩小医保基金的结算周期，充分调动医疗机构的积极性，降低社保经办机构管理成本和零星报销的基金管理风险。二是实现全省系统数据接口规范和标准的统一。根据国家关于异地就医系统接口规范，结合广东省实际，制定省平台和市平台系统的接口规范和数据管理标准，实现省平台与市平台的"一张网管理"，为加强省平台大数据管理提供技术支撑。三是实现全省医保经办服务管理统一。统一全省省内异地就医经办服务流程，规范社保、财政、卫生、医疗机构、银行等多个部门的工作职责和行为准则，全省实现"一门式经办"的标准化服务。通过实现"三个统一"，解决了参保人异地就医垫资报销难等问题，提升了广东省异地就医管理水平和基金风险管理能力，实现了全省异地就医大数据管理格局，并为部门管理和领导决策提供基础数据支撑。

（三）实施与成效

2015年年初，广东省人力资源和社会保障厅（以下简称"人社厅"）将"省平台"建设工作移交省社保基金管理局，并将省厅"省平台"建设专题小组与省社保局合署办公，共同推进。省社保基金管理局从医保、信息、计财、金融机构等相关部门抽出专人，会同厅专题小组对"省平台"建设中遇到的各种矛盾和问题进行逐项研究，重大事项厅、局主要领导亲自出面协调督办。通过不懈努力，"省平台"于2015年10月28日正式上线运行，全省首批上线医院66家，实现全省21个统筹区省内异地就医的直接结算，提前一年完成李克强总理在2016年全国"两会"期间记者见面会上提出的"要在今年基本解决省内就医异地直接结算"目标任务。2016年4月，人力资源和社会保障部（以下简称"人社部"）时任人社部部长尹蔚民在广东省人社厅报送的《关于广东省医疗保险异地就医直接结算工作情况的报告》上做出"可借鉴广东等地经验，尽快形成全国医保异地就医直接结算工作方案，按时限扎实有序推进，确保两年内实现"的批示，对广东省率先在全国启动省内异地就医直接结算工作给予充分肯定。

2016年12月20日，人社部将广东列入全国首批启动基本医疗保险全国联网和跨省异地就医直接结算工作试点省份，要求在2017年2月底前建成省级跨省异地就医直接结算系统，并对接国家平台上线试运行。在时间紧、任务重的情况下，通过引入"政银合作"社会资金支持，在省平台加建跨省异地就医直接结算系统，实现了2月底广东省以广州市为试点城市、连同广东省人民医院等5家公立医疗机构成功与国家平台对接，正式拉开广东省跨省异地就医直接结算工作的帷幕。

2017年7月至9月，人社部打响全国跨省异地就医"百日攻坚战"，全省人社系统齐心协力，勇于担当，攻坚克难。同年7月24日，全省21个统筹区全部通过省平台与国家平台实现对接，提前68天完成国家"百日攻坚战"考核的各项任务。同时，积极与省财政厅研究财政专户结算办法和建立预付金管理制度，保证广东省跨省异地就医结算业务的顺利开展。

截至2017年年底，广东通过联网结算系统办理省内异地就医直接结算99.8万人次，结算金额243亿元（其中，记账金额130亿元，个人自负113亿元），省内异地就医直接结算总人次、金额均位居全国各省、市前列；跨省联网医疗机构达684家，位居全国第一；跨省结算1.5万人次，结算费用3.5亿元，结算人次和金额均位列全国第三位，取得了突出成绩。

二、社会化服务助力广东城乡居保服务管理提升

（一）现状与背景

2009年，广东省启动新型农村社会养老保险试点，广大农民翘首以盼。

但在启动实施之初,工作开展却遇到了"两头热、中梗阻"的状况。据统计,当年广东农村应参保的人员3200万人,60岁以上老人585万人,城镇居民应参保600万人。由于基层社保经办机构存在人力、网点、资金、技术等软硬件不足,新政落地面临"服务需求大,而经办能力不足;管理成本高,而县级财力弱;信息化要求高,而农村普及低;基金管理严,而分散经办难控"的四大矛盾。试点之初,由于基层社保经办机构原有的机构和人员配置与新增的新农保业务不相适应,面临服务管理的巨大压力,参保扩面和待遇发放信息基本处于手工和半手工状态,基金及业务开展存在较大的管理风险。

(二)大胆创新,稳妥推进社会化服务管理

(1)科学筹划,稳妥推进。如何化解上述矛盾,是全省各级政府,尤其是基层政府面临的现实问题。对此,广东省人社厅和省社保基金管理局按照省委、省政府"关于创新社会管理方式、提高科学管理水平"的要求,带着问题大胆创新。确定城乡居民养老保险经办服务管理,实行以社保经办机构为主,购买社会化服务为辅的方式,解决广东省基层社保经办短板。新政试点之初,广东省率先在梅州市平远县开展新型农村社会养老保险社会化服务管理试点,探索试点工作经验。2010年,在试点基础上,将试点经验扩大应用到全省,并明确全省集中统一购买,发挥集约效应,使服务外包系统化、规模化、规范化;在管理方式上,实行"省级业务统管、社银合作经办,业务管理上提、经办服务下沉";在服务机构的选择上,实行省级集中统一公开招标。按照这个思路,2009年年末,首先启动社会化服务机构招标。通过招投标,邮政储蓄银行广东省分行以省域结算系统强、农村基层网点多的优势中标,成为全省新型农村社会养老保险服务管理的合作机构。

为确保此项工作落到实处,广东省社保基金管理局及时调整内设机构和人员配置,以局原"企业年金管理中心"人员为基础成立"新型农村社会养老保险基金结算办公室"(以下简称"新农保办"),主要职能是:加强对全省新型农村社会保险经办工作的管理指导、业务培训、社银工作协调,以及信息系统的需求编写和协助信息部门对系统的维护管理。"新农保办"成立后,为确保加强对全省业务的管理指导,对下业务管理实行专管员制,每个专管员对口分管若干个市、县农保业务,及时掌握基层一手情况,发现问题及时研究解决,从而确保了全省上下业务管理高效、工作规范有序,受到了基层社保部门的一致好评。

（2）社银合作的主要做法。具体合作方式：一是广东省社保基金管理局与邮储银行广东省分行签订合作协议，业务实行协议管理，明确各自的权利与义务，省人社厅及省社保基金管理局依据协议履行监管职能。二是明确全省县、区级社保经办机构统一在当地邮储银行开设新农保基金财政专户，在确保参保人个人账户利益的前提下，以资金沉淀体现购买，各级社保经办机构不需支付合作银行任何服务费用。三是省社保基金管理局在邮储银行广东省分行金融信息管理平台中，搭建"广东省新型农村养老保险经办服务管理信息系统平台"，由省社保基金管理局"新农保办"为业务主管部门，信息技术部与合作银行公司业务部及信息中心为信息技术维护管理部门，共同对整个信息管理平台提供技术及业务支撑。系统平台建成后，制定全省统一的管理服务标准，在此基础上将系统联通至省、市、县（区）、镇、村五级，以及邮储银行遍布全省的银行和邮政网点。从省到县（区）的社保经办机构，可按业务管理权限监管所辖区域内的参保缴费情况和待遇发放数据，实施线上线下管控。而邮储银行各网点经办人员通过省级社保业务集中培训考核后，采取持证上岗，邮储银行遍布全省基层网点均为社保业务的代办点。参保人可就近办理参保缴费和待遇申领业务。四是省级统一制定下发全省业务管理规范，明确省、市、县（区）各级社保经办工作职责分工，做到一级抓一级，分工抓落实。五是2012年广东省启动城镇居民养老保险，同时将各地原按照有关政策自行开展的失地农民养老保险业务也一并纳入新农保业务统一管理。此时广东省新农保业务及信息系统升级为"广东省新型农村和城镇居民养老保险（以下简称"城乡居保"）管理系统"，不少县（区）还将原由财政预算支付的其他民生代发资金也一并纳入省级城乡居保信息系统平台统一发放，极大发挥了该平台的管理服务作用。至2017年年末，全省除广州、深圳、珠海、佛山、东莞、惠州市已将城乡居保业务纳入当地社保一体化管理外，其余地级市基本纳入全省统一管理。

（三）取得的成效

这一管理模式的创新，开创了广东省社会保险经办业务管理全省性集中购买社会化管理服务的先河。这种模式不仅方便参保群众办事，而且大大提高了广东省城乡居保经办管理效率和质量，取得了极大成效。至2012年9月末，全省提前完成了城乡居民养老保险3年全覆盖的目标工作任务。

至 2013 年 8 月，全省参保总人数 2297.35 万人，680.50 万老人按月领取城乡居保养老金，支付金额达 162.69 亿元，基金总结余 211.45 亿元。由于在新型农村和城镇居民社会养老保险工作中成绩显著，2013 年，广东省有惠州市社会保险基金管理局等 13 个基层单位被国务院授予"全国新型农村和城镇居民社会养老保险工作先进单位"称号；广东省人社厅农村社会保险处处长阙广长、省财政厅社会保险基金财务管理办公室副主任陈蔚兰、省社保局新型农村社会养老保险基金结算办公室副主任杨扬、邮储银行广东省分行公司业务部副总经理李钢等全省 17 名同志被国务院授予"全国新型农村和城镇居民社会养老保险工作先进个人"称号。广东省人社厅农村社会保险处、省社保局新型农村社会养老保险基金结算办公室等单位还被广东省政府授予"新型农村和城镇居民社会养老保险工作先进单位"称号。

三、网办使社保经办实现便民新突破

为认真贯彻落实党的十八大精神，广东省第十二次党代会确定，在"十二五"期间建设省、市两级统一的集信息公开、网上办理、便民服务、电子监察于一体的网上办事大厅，推动实现政务信息公开、投资项目网上审批、社会事务网上办理、公共决策网上互动、政府效能网上监察目标。为此，广东省政府下发了《关于做好全省网上办事大厅建设相关筹备工作的通知》，要求项目建设力求重点突破申报材料和证照电子化等瓶颈问题，有效整合跨部门网上办理事项，优化办事流程，推进全流程网上业务办理和各级实体性行政办事大厅功能向网上办事大厅迁移。并明确要在 2015 年实现地级以上市行政许可事项网上办理率达 90% 以上，非行政许可事项网上办理率达 80% 以上。

自 2013 年起，按照省政府网上办事大厅建设要求，广东省人社厅信息及社保经办机构，认真梳理省本级社会保险公共服务事项，并根据社会保险业务发展变化，不断规范优化各事项网上办事流程，推动社会保险公共服务事项进驻网上办事大厅，实现集约化管理。至 2013 年年底，配套省本级三版基金核算系统启用上线，32 项社会保险公共服务事项进驻省网上办事大厅。2017 年年底，通过"放管服"改革，将原已上线的 32 项网办业务，精减至 28 项。社保网上办事大厅的开通，开创了广东省社保经办业务管理新时代，参保人足不出户就可办理社保业务。同时，不少市还利用全省联网平台打造"互联网＋社保"应用，开展待遇领取资格协助认证、社保短信服务、社银联网待遇发放、网上业务咨询等诸多服务内容。

在加大网上办事大厅建设的同时，全省大力推动社会保障卡的发放与应用，逐步推动实现全省社会保障一卡通。截至2017年年末，全省社会保障卡常住人口发卡数为10105万张，常住人口持卡率为95.3%。社会保障卡在人社业务项目计划应用项目为102项全部开通，应用率为100%。从而大大提升了广东省社会保障信息化管理水平和经办服务能力。

第六节 退休人员社会化管理服务

一、社会化管理服务背景

2001年，广州市退休职工管理委员会、广州市劳动和社会保障局印发《广州市退休人员社会化管理方案》和《广州市退休人员社会化管理暂行办法》，明确了退休职工社会化管理工作的指导思想、目标任务、服务内容、组织措施等重大事项，率先在全省启动实施了企业退休人员社会化管理服务工作。

2003年，中共中央、国务院转发劳动和社会保障部等部门《关于积极推进企业退休人员社会化管理服务工作的意见的通知》，明确指出企业退休人员实行社会化管理服务，是建立独立于企业事业单位之外的社会保障体系的重要内容，也是深化国有企业改革、解决企业办社会问题的重要措施。

2003年10月，广东省委、省政府联合转发了《省劳动和社会保障厅关于积极推进我省企业退休人员社会化管理服务工作的意见》，明确了目标任务，要求在实现基本养老金社会化发放的基础上，将企业退休人员的日常管理服务工作按照就近、方便的原则，从单位管理转入户籍所在地或常住地社区管理，实行社会化管理服务，并强调2003年年底80%以上的企业退休人员实行社会化管理，并力争在2004年年底全省企业退休人员基本实行社会化管理服务。同时，还对完善管理运作机制、落实工作条件、加大社会化服务基础设施建设等提出了具体要求。为进一步推进工作的实施，广东省劳动和社会保障厅下发《推进企业退休人员社会化管理服务工作实施方案》，进一步明确了加快推进全省企业退休人员社会化管理服务的任务和措施。为加强工作的组织领导，决定在省劳动和社会保障厅设立"社会化管理工作领导小组"，领导小组办公室设在省社保基金管理局，负责统筹协调全省社会化管理服务工作的指导与实施。

为加快工作的推进和后续业务的管理，2004年广东省编办同意省劳动和社会保障厅增设企业退休人员社会化管理服务处，明确了该处主要职责，核定机关事业编制6名。省社保基金管理局将相关职能移交该处管理。至此，广东在全省层面的企业退休人员社会化管理服务工作全面启动。

二、社会化管理服务主要内容

退休人员社会化管理服务是指职工办理退休手续后，其管理服务工作与原企业分离，人员移交城市街道和社区实行属地管理，由社区服务组织提供相应的管理服务，养老金实行社会化发放。街道和社区的社会化管理服务工作主要包括：配合社会保险经办机构做好确保养老金按时足额发放工作，保障退休人员的基本生活；为退休人员提供社会保险政策咨询和各项查询服务；跟踪了解退休人员生存状况，协助社会保险经办机构进行领取养老金资格认证；帮助死亡退休人员的家属申请丧葬补助金和遗属津贴；集中管理退休人员的人事档案；组织退休人员中的党员经常开展组织活动，加强退休人员的思想政治工作；建立退休人员健康档案，有计划地开展健康教育、疾病预防控制和保健工作，提供方便的医疗、护理和康复服务；组织退休人员开展文化体育健身活动，指导和帮助他们通过各种形式的社会公益活动发挥余热，开展自我管理和互助服务。

三、做法及成效

（一）完善管理制度

广东省退管部门着眼于规范管理，以破解工作难点、维护退休人员权益为目标，同时为配合全省深化国有企业改革，切实减轻企业负担，保障退休人员安享晚年，维护社会和谐稳定，先后出台了一系列政策文件，加强规范管理。2005年出台了《关于加快企业退休人员社会化管理服务示范点建设工作的通知》；2006年下发了《关于贯彻省委省政府关于深化国有企业改革的决定、大力推进企业退休人员社会化管理服务的意见》，印发了《广东省企业退休人员社会化管理服务示范点标准》（见表9-3）。

表9-3 广东省企业退休人员社会化管理服务示范点标准

序号	项目		内容
1	基本要求	建立地点	示范点设在街道一级
		管理规模	管理退休人员在500人以上
		机构人员	按照管理退休人员每1000人配一名工作人员的标准,街道配备了专职工作人员,社区有专职或兼职工作人员
		工作经费	落实了人员经费、工作经费和退休人员活动经费
		场地建设	有固定的办公场所、服务场所;有由街道退管所直接管理的活动场所(含资源共享的活动场所),其中室内活动场地在500平方米以上,具有学习、娱乐、健身、保健等功能
2	工作进度	社区管理率	社区管理率达到90%
3	制度建设	工作制度	建立健全工作平台制度体系,包括服务承诺制度、岗位责任制度、统计报告制度等;工作职责明确,延伸到位,操作程序规范,办事须知、工作流程、服务指南等制作统一规格的公示牌,并上墙公示
4	管理服务内容	基本信息库	建立基本信息库,退休人员基本信息入库率达到100%,全部实现计算机管理
		基础台账	建立健全各类基础台账;编制的统计台账和报表科学、实用,数字真实、准确,无错漏、重复、虚假统计数据
		发放联系卡	向退休人员发放联系卡比例达到100%
		领取养老金资格认证	开展领取养老金资格认证比例达到100%,并协助做好异地认证工作
		建立自管组织	纳入自管组织退休人员比例达到90%以上
		为9类人员提供服务	对孤寡、精神病、特困、伤残、劳模、新中国成立前工作老工人、重病及住院、高龄、独居等重点服务对象进行分类登记,定期进行探访慰问并提供有关服务,有探访慰问记录

(续上表)

序号	项目		内容
4	管理服务内容	建立健康档案	建立退休人员健康档案比例达到100%，组织开展健康教育、疾病预防控制保健等项工作
		其他服务	帮助死亡退休人员的家属申请丧葬补助金和遗属津贴，开展政策咨询、业务查询等
		组织开展各类活动	接收党员组织关系并经常开展组织活动，重大节日组织开展形式多样的慰问活动，平时组织开展文化体育健身等活动。有开展活动情况记录
		特色与创新	结合本地实际开展特色服务，有创新精神，积极探索不同的服务形式，管理服务水平较高

同时，为加强退管各项基础工作，还制定下发了《关于进一步加强退休人员社会化管理服务基础工作的通知》《关于印发广东省企业退休人员人事档案管理办法的通知》《关于做好企业退休人员社会化管理服务移交工作的通知》，明确退休人员以户籍所在地或常住地为基础，移交街道、社区管理，不与养老待遇发放机构一致。按每人一次性600~3000元的标准，由企业向街道、社区支付退管活动经费。社会申办退休人员、无力交纳资金的困难企业，由财政解决资金。

（二）健全工作协调机制

经过10多年的工作开展，广东省目前已建立了比较健全的退管工作体系。省直建立了由省委组织部、省发改委等14个部门为成员单位的省企业退休人员社会化管理服务工作联席会议制度，理顺了工作机制。各市均成立了专门或兼职的退管机构，大部分市完善了县（区）、街道、社区的社会化管理服务机构建设。

（三）搭建退休人员管理服务平台

广东省退管部门充分利用城镇社区资源，协调各有关单位搭建退休人员活动平台，实现"老有所养、老有所医、老有所教、老有所学、老有所为、老有所乐"的目标，使他们共享经济和社会发展的成果。一是各地为纳入社区管理的退休人员普遍开展了领取养老金资格认证和社会保险政策咨询工作，让退休人员及时领到养老保险待遇。二是全省各级退管机构积极关心退休人员身体健康,对纳入社区管理的人员完善健康档案,大力宣传和普及健康知识,部分地区还联合卫生部门推出了为退休人员进行免费健康体检的制度,做到小病不出门,大病早就医。三是根据退休人员特点爱好和本地实际情况,建立自管互助组织,广泛开展各类文体活动,丰富退休人员生活,营造和谐氛围。四是部分地区充分发挥退休人员关心教育下一代的作用,动员退休人员参与"老少共建文明社区"活动。五是全省广泛开展了春节、中秋、重阳等节假日的慰问助老和文娱表演等活动,让退休人员充分享受经济社会的发展成果。

（四）管理服务成效

截至 2017 年年底,全省退休老年人口近 1300 万人,占户籍人口 14.2%,其中已纳入社区管理人口的服务率为 86.3%,高出全国平均水平 4 个百分点;积极开展退休人员社会化管理服务工作,对促进广东省社会和谐稳定起到越来越重要的作用。通过多年的实践表明,凡是退管工作做得好的地区,退休群众上访、闹访情况就少,退休人员发挥的社会作用就越大。部分地市在两委选举中,充分发挥退休人员中老党员熟悉情况,热心街道社区事务的特点,由退休党员担任兼职社区副书记,积极引导并支持基层两委选举,对推进基层建设、促进社会和谐起到了意想不到的良好效果。此外,退休人员自管互助组织以及退休人员中的热心志愿者,已经成为社区和谐稳定的定海神针,为经济社会的发展稳定做出了积极的贡献。

第七节 存在的问题及解决途径

一、存在的主要问题

广东社会保险虽然在参保人数和基金累计结余一直位列全国榜首,属于名副其实的社保大省,但在参保人群及基金结构、经办能力建设、待遇水平等方面,与社保强省还有较大距离。虽然广东社会保险经过几十年的改革探索和艰苦努力,取得了举世瞩目的成就,人民群众分享了广东改革发展的成果,获得感明显增强,但也还存在一些不容忽视和有待进一步研究解决的矛盾和问题。

（一）地区发展水平极不平衡，基金运行风险显现

2017年统计数据显示，2017年全省社保参保人次2.81亿（含城乡居保、医保）。其中，参保人数珠三角地区占67.3%，粤东西北地区仅占32.7%。与此同时，全省基金累计结余13349亿，其中珠三角地区累计结余12233亿元，占全省总结余的91.6%；粤东西北地区累计结余1116亿元，仅占8.4%。而且至2017年年底，全省有11个市养老保险基金当期收不抵支，需要省级进行调剂才能确保待遇发放。这种状况持续下去，珠三角地区现有的基金累计结余和每年扩面基金的增长值，能否保持现行制度持续健康运行，值得引起政府和部门的高度关注。

（二）医疗与生育保险基金出现负增长

医疗保险方面，随着经济社会的发展，医疗技术水平的进步以及人口老龄化的出现，参保人医疗需求进一步释放，在住院率逐年上升的同时，在职与退休比却逐年下降，而且医患、医药、医疗三者利益博弈难以平衡。在医疗费用的管理控制上，目前全省分级诊疗制度仍不健全，基层医疗监管机制不完善等原因，导致医疗费用居高不下。2011年以来，次均住院费用年均增长3.7%，次均住院药品费年均增长4.5%，次均住院检查治疗费年均增长10.8%，全省医保基金平稳运行的压力有所加大。

生育保险方面，受全面"二孩"政策和生育保险待遇提高双重效应影响，2017年，参保女职工生育率达48.2‰，明显高于政策实施前的平均水平（约24‰），待遇支出109亿元，同比增长79.5%。全省待遇支出增幅高出征缴收入增幅63.6个百分点，当期赤字23亿元，基金累计结余93亿元，比2016年末减少21.0%，可支付月数10个月，比2016年减少13个月。生育保险基金结余快速消耗，平稳运行面临较大挑战。

（三）基金保值增值措施仍需加大

广东省社保基金结余一直位居全国首位，到2017年年末累计结余13349亿元，而这些资金除其中1000亿元委托全国社保基金理事会投资运营外，其余基金全部存放在各家银行。据统计，基金平均收益率均在2%～3%，与广东省委托全国社保基金理事会投资运营收益平均8%比，低出5～6个百分点，广东有抱着"金饭碗"找饭吃的问题。

(四) 经办能力建设与全民社保服务管理需求不匹配

一是基层社保经办机构级次低且管理不统一，基层社保工作难度大，难以吸引更优秀的年轻管理人才进入社保队伍，而且近年来还出现不少社保业务骨干人才外流现象。二是人员编制不足，给社保经办业务管理带来严重挑战。据2017年数据统计，全省参保总人次2.81亿，社保经办机构人员总编制8714人，实有人数12154人，人均年服务量2.31万人次，高于全国人均年平均1.0390万人次的120%，社保经办机构不得不从社会上招聘大量非编人员充实社保业务队伍，社保服务管理质量和效率难以得到有效提升。

二、解决问题途径

(一) 深入推进基金省级统筹，加大基金管理改革力度

一是强化扩面目标责任考核机制。明确地方各级政府和部门扩面征缴主体责任，在做好巩固参保缴费人数的同时，切实提高参保缴费率，实现基金的稳步增长。二是健全完善与地区经济发展水平相适应的待遇增长机制，充分调动各级政府和部门的工作积极性。三是在进一步加大委托全国社保基金理事会投资运营规模的基础上，结合和借鉴机关事业单位职业年金投资运营办法，积极探索、稳妥推进广东省社保基金保值增值工作，确保基金在安全保值的前提下，获取最大的投资收益，从而有效弥补全省基金缺口。同时在此基础上，建立省级统筹储备金制度，防范基金支付风险。四是强化各级财政加大对社保的持续资金投入力度，调整财政支出结构向民生倾斜，逐步弥补社保历史欠账，确保广东省社会保险持续稳健运行。

(二) 积极推进医保与生育保险机制体制改革

医保方面，需结合国家整体医疗管理体制改革，加快推进全省医保城乡一体化，充分发挥大数法则作用；创新医保经办管理体制，加强医保基金预算管理，全面推行以按病种分值付费为主的多元复合式医保支付方式；深入开展医疗费用智能监控工作，严格控制医疗费用不合理增长；发挥医保对医疗、医药改革的撬动作用，推动"三医联动"改革，促进优质医疗资源向基层倾斜。生育保险方面，要加强对政策的研判和基金运行分析，

适时调整相关政策,确保生育保险基金平稳持续运行。

(三) 进一步加强基金风险防控

一是进一步加大开展社会保险基金专项检查力度,提升基金监管手段,严肃查处骗保、欺诈、冒领社保基金行为;二是以基金省级统筹为契机,加快全省社会保险集中式信息系统建设应用,实现全省基金财务与业务一体化管理,强化基金数据统一汇总、统一核算、统一管控;三是建立社保基金运行评价体系,加强数据分析和政策运行评估,防范基金风险,切实维护基金安全完整。

(四) 加强社保经办队伍建设

一是统一全省地级市社保经办机构名称,调整统一级次,营造干事创业、拴心留人的用人环境,打造一批业务精良、爱岗敬业、服务高效的经办管理队伍;二是要重点研究解决长期困扰社保经办机构人员编制与服务量不相配比的问题,探索多途径和动态配比的人员增长机制,确保广东省社会保险经办业务运转正常。

第十章 社会保障制度改革启示与展望

改革开放40年来，广东省社会保障制度进行了创造性的改革探索，积累了大量的经验，取得了伟大成就，生动展现了党和国家的伟大力量，展现了广东省改革开放的伟大成果。但是，与党的十九大提出的"全面建成覆盖全民、城乡统筹、权责清晰、保障适度、可持续的多层次社会保障体系"的目标要求相比，广东的社会保障制度尚有差距。在中国特色社会主义进入新时代的新历史起点上继续推进改革开放的伟大事业，社会保障肩负着更加重要的使命。

展望未来，我国社会保障体系建设将面临新的挑战，工业化加速发展，城乡结构急剧变化，人口老龄化来势迅猛，构成了未来社会保障发展的客观背景；人口众多、体制转轨遗留的诸多问题，发展不平衡不充分，特别是巨大的地区差别、城乡差别和不同群体间的利益差别，是以追求公平为要旨的社会保障体系无法回避的巨大挑战。同时，社会保障事业发展也面临着难得的机遇。从现在起到2020年，是全面建成小康社会的决胜期；2020—2035年，在全面建成小康社会的基础上，基本实现社会主义现代化，全面建成覆盖全民、城乡统筹、权责清晰、保障适度、可持续的多层次社会保障体系，是一个伟大的目标，也是一项更加艰巨的历史使命。

第一节 广东省社会保障发展的经验启示

纵观广东省社会保障制度改革40年的发展历程，我们可以从积累的主要经验中得到如下一些重要启示。

一、必须正确处理社会保障与经济发展的关系

经济发展在任何时候都是社会保障制度发展的前提，社会保障制度只能建立在经济发展的基础上，而不可能超越经济发展阶段。这是一个基本规律，两者之间的关系，可以从4个方面把握：

一是必须坚持顶层设计，逐步推进。回顾40年来广东省养老保险制度

改革历程，凡是按国家统一部署、全省统筹推进的改革事项，进展一般都比较顺利；而一些允许各地自行探索的改革，往往效果不如预期，最后整改的成本比较高。在坚持顶层设计的同时，必须坚持渐进式改革，避免颠覆性改革。40年来，广东省历次养老保险制度改革，总是要设定过渡措施。如果过渡措施得当，改革将会顺利进行。如果过渡措施不当，往往会导致不良后果，甚至引发社会不稳定。

二是只有保持经济持续发展，社会保障才能根基牢靠，发展强劲。社会保障从无到有、从弱到强，与广东经济发展紧密相关。正是在经济持续高速增长发展的基础上，广东省社会保障制度获得长足发展：初步形成多层次社会保障体系的框架；覆盖范围不断扩大，实现了从国有企业职工向全民拓展；建立健全城市居民最低生活保障制度，等等。2017年，广东省仅养老、失业、医疗、工伤、生育等5项社会保险待遇每年支出就达3432亿元。这在改革开放初期是不可想象的。

三是社会保障水平必须与现实的经济发展水平相适应。我国仍是发展中国家，人均经济实力仍然很弱，广东的GDP虽然位居全国前列，但区域发展不平衡的问题严重：在珠三角地区经济高速发展的同时，粤东西北大部分地区的人均GDP仍低于全国平均水平；广东省有28个贫困县，其中国家级贫困县就有3个。所以社会保障的目标是保障居民的基本生活，保障范围和水平必须随着经济发展而扩大提高，不能提出脱离实际的过高目标。

四是社会保障制度应该也可以为经济发展创造稳定的社会环境。经济和社会发展是互相依存、彼此促进的。根据国际经验，在人均GDP为1000~4000美元的发展阶段，收入分配差距拉大，是各种社会矛盾暴露最充分的时期。如果把握不好，片面强调经济发展而忽略社会关系的调整，就可能损害社会稳定与和谐，导致社会动荡，反过来影响经济发展。因此，要坚持以人为本，统筹兼顾，实现经济社会全面协调可持续发展，在抓好经济的同时，不断推动包括社会保障在内的各项社会保障事业的发展，促进社会文明和进步。

二、必须正确处理好当前与长远的关系

我国社会保障制度建设与经济体制转轨和经济结构调整的过程相互促进，广东省也不例外。在制度建立以来，改革的重点放在解决当期突出矛盾方面，如在制度建立初期，我们对不同的劳动者实行不同模式的社会保

险,后来又通过"两个确保"集中解决国有企业下岗职工的生活保障和再就业问题,保证企业退休人员的基本养老金按时足额发放,维护了社会稳定,支持了经济体制改革和结构调整。这是一个伟大的成就,是社会保障体系从计划经济向市场经济体制过渡的伟大跨越。但我们必须清醒地认识到,面对人口老龄化、城镇化、就业方式多样化等新情况,许多深层的矛盾还有待解决,特别是养老保险,可以预见到未来二三十年可能出现的潜在的危机和风险,建立起可持续发展的长效机制,包括资金的长期支撑能力、制度覆盖范围的可延展性、公平与效率的平衡机制等,显得很有必要。

三、必须正确处理政策制定与加强管理的关系

政策反映着一项社会保障改革进程或一个社会保障体系建设的基本导向。正确的模式选择、合理的制度设计和切合实际的政策措施,是推动社会保障体系长期稳定运行并对经济和社会发展起到积极推动作用的保证。改革开放40年来,广东社会保障领域各项改革的注意力主要集中在对旧制度的改革、对新模式的探索上,经历了大量的考察、研究、论辩、批判、设计、试点、总结,最后形成了现在基本的制度模式和政策框架。改革方向明确后,我们积极稳健地向既定目标推进,同时要把尽快提高管理水平摆到重要位置。社会保障管理的最终目的,是在规定的时间、规定的地点,按照规定的标准,把社会保障待遇支付给规定的人。这4个"规定"看似简单,真正做到不易。一要规范管理制度和流程,准确记录每一个参保人员的和保障对象的基本信息。二要进一步提高管理服务水平,其要义就是以人为本,实施各项人性化管理服务措施。三要加快建设全省集中式信息系统,实际全省乃至全国社保系统和政府部门的信息互联互通,不断提升管理手段,为科学的宏观决策提供技术支持。四要大力加强能力建设,提升各级社会保障管理机构工作人员的职业素养和管理水平。

四、正确处理依法行政与改革创新的关系

法律制度是人民意志的体现,是全社会的行动准则。本质上讲,违反法律制度的举措,往往也违反经济社会发展规律,要么是短期行为,要么局限于狭隘的局部利益。因此,应处理好依法行政与改革创新的关系,做到既坚持依法行政,又推动改革创新。一是社会保障改革创新在法律框架

内进行。改革措施都是符合宪法与法律的制度创新，是对既有社会保障规则的完善和发展。二是依法行政应考虑实际情况和实践需要。社会保障法律的滞后性与社会保障管理服务的灵活多变，使社会保险经办管理机构在实践中需要依据法律规定进行改革创新。这是确保为人民群众提供更优服务的需要。三是改革创新要坚持依法、科学、民主决策。社会保障属公共事务，涉及公众利益，牵涉复杂利益关系。因此，改革创新还应兼顾公平和效率，准确把握各方利益，通过依法、科学、民主决策来制定改革措施。

第二节 完善社会保障制度面临的挑战和机遇

我国已进入全面建成小康社会的决胜期，党的十九大对加强新时代社会保障体系建设做出了新部署，各项改革正向深水区迈进。站在新的历史起点上，从全局的角度来分析，广东省社会保障改革面临着一些新的挑战，也遇到一些难得的发展机遇。

一、面临的挑战

（一）工业化加快，扩大了社会保险风险程

随着工业化的加快，进入工业社会的人群规模迅速扩大，加之多种经济成分和多种所有制格局形成，职业风险的范围较之单纯国有经济时期要大大扩展。特别是随着产业结构调整，社会结构和利益格局发生变化，社会风险也在加大。公众对利益诉求趋于多元化，并对社会保障水平和公平性提出了更高的要求。一是各类无社会保障的群体诉求增加，新老问题交错，解决体制转轨遗留问题的任务更加急迫。二是已经有了基本保障的群体，由待遇差别而产生的攀比现象日趋普遍，调整的难度加大。三是公众对社会保障管理服务的方式和效率提出了新的要求。

工业化加快，也使地区之间发展的不平衡状态凸显。受此影响，社保体系发展不平衡不充分问题严重。一是区域间发展不平衡。粤东西北地区五大险种基金累计结余仅占全省8.7%；企业养老保险抚养比仅2∶1，远低于珠三角7.8∶1的水平。二是各险种统筹层次不平衡。企业职工基本养老保险已实现省级统筹，但其他险种仍为市级统筹。三是基本保险和补充保险发展不平衡，补充保险发展滞后，不能满足人民群众多层次的社会保障需求。

(二)城镇化提速,凸显了对农民社会保障供给不足

近年来,广东省政府不断加大财政对农村社会保障领域的资金投入,大力推进新型农村养老保险,并在城乡一体化建设中形成城乡居民社会保险制度,取得了显著的成效。截至2017年,全省2543万农村居民参加城乡居民养老保险,6336万农村居民参加城乡医疗保险,说明广大农村居民从几千年来的养儿防老、土地保障走向社会保险,养老观念和经济来源都发生了巨大的变化。但整体上农村居民的保障水平较低,2017年,广东省企业退休人员养老金达2533元/月,但城乡居民基本养老金人均仅156元/月。随着农村土地保障减弱,社会保障如何更好地实现公平普惠、统筹城乡发展成为我们面临的新课题。

(三)老龄化迅猛发展,加大了社会保障长期资金平衡的压力

据广东省社会科学院、广东省省情调查研究中心联合发布的《广东省人口与人力资源发展研究报告》显示,广东省人口年龄结构老化程度日趋严重,2015年年末,全省常住人口中,65岁及以上人口为920.28万人,占8.48%。当前,广东省人口结构正呈现出家庭小型化、人口老龄化、人口高龄化和家庭空巢化的"四化叠加"现象,人口结构性矛盾凸现。人口老龄化对社会保障资金的长期平衡构成巨大压力。由于是未富先老,我们应对人口老龄化的经济实力还比较薄弱。人社部副部长游钧2018年2月在国新办新闻发布会上坦承,2017年全国企业养老保险基金收入是3.27万亿元,支出2.86万亿元,当期结余是4187亿元,累计结余是4.12万亿元,累计结余资金可以支付17.3个月,所以确保发放是没有问题的。但是随着人口老龄化的加快,确实对整个保险制度可持续发展带来了重大挑战。广东省虽然是社会保险基金结余大省,但由于地区经济发展不平衡,部分地区当期基金收不抵支问题严重,个别地区已出现累计结余基金"穿窿"现象。预测分析显示,人口老龄化已成为养老保险基金长期运行的主要风险。除此以外,经验数据表明,老年人的平均医疗费是中、青年人平均医疗费的3倍以上,人口老龄化还将对医疗保障等提出新的挑战。

(四)市场化程度加深,对社会保障管理水平和服务能力提出新要求

随着市场化程度加深,现行的社会保障制度安排、管理体制、经办方

式方面存在的问题逐渐显露出来。一是市场化带来就业方式的多样化。灵活就业群体的数量和比例呈明显上升趋势，其主要特征是劳动关系不确定、就业岗位不确定、工作时间不确定、工资收入不确定。而传统的社会保障管理是以稳定就业群体为对象、以几十万个用人单位为依托的，如今要面对数以千万计、时常变动的个体参保者，还要保证终身准确记录和结算、支付、管理，服务手段和能力都需要大大提升。二是社保基金安全监管存在风险。社保基金收支环节多、链条长，监管难度大，见诸报端的骗保案件多发，基金风险点不断增多。加之基金监管力量、监督手段和监督能力不足，目前大多数地方仍是现场检查，尚未能有效通过信息系统开展非现场监督，监管效率不高。三是信息系统建设不适应事业发展要求。广东省虽是社保大省，但信息系统建设相对滞后。全省社保信息仍以市级集中为主，省市数据不贯通，业务数据条块分割、横向共享融合不够、业务技术融合不够、流程不统一不规范。部门间数据互联共享有待加强，人社、地税、财政、卫计、公安、工商等部门信息系统条块分割，数据无法共享，业务协同较慢，导致企业养老保险应参保人数等数据指标难以核清。四是社保经办管理服务队伍建设弱化，人才外流，基层人才短缺，长期使用临时工，严重影响到服务水平与效率的提升。

二、面临的机遇

（一）广东经济快速发展为完善社会保障制度奠定了坚实的物质基础

广东省是我国改革开放最早的地方，也一直是经济最发达的省份，全省 GDP 连续 29 年排在全国各省份 GDP 榜首。2017 年，广东省的 GDP 为 8.99 万亿元，财政收入 11315 亿元。不断增长的社会财富，特别是政府财政收入，为社会保障进一步扩大范围、提高水平和深化改革，提供了坚实的物质基础。一些过去想办而难以办到的事情，现在有可能办到、办好了；一些过去只能在有条件的地区办的事情，现在可以普及推广了。这是有利的一面，为健全社会保障体系奠定了坚实基础。

（二）党中央重大决策为完善社会保障制度指明了方向

党的十八大以来，党中央坚持实行全覆盖、保基本、多层次、可持续方针，不断深化社会保障制度改革，使我国社会保障制度更加成熟定型、公平性、可持续性进一步增强。特别是党的十九大对加强社会保障体系建设做出新的全面部署，提出按照"兜底线、织密网、建机制"的要求，全面建成覆盖全民、城乡统筹、权责清晰、保障适度、可持续的多层次社会保障体系。这不仅体现了党中央坚持推进社会保障制度改革的决心，也为全面深化社会保障制度改革指明了方向。

（三）社会保险法的颁布为进一步完善社会保障制度奠定了坚实的法律基础

2010年10月，全国人大常委会颁布了《中华人民共和国社会保险法》，明确规定：国家建立基本养老保险、基本医疗保险、工伤保险、失业保险、生育保险等社会保险制度，保障公民在年老、疾病、工伤、失业、生育等情况下依法从国家和社会获得物质帮助的权利。该法还规定"社会保险制度坚持广覆盖、保基本、多层次、可持续的方针"。这部着力保障和改善民生的法规，是我国社会保障法制建设的一个重要里程碑，对于今后进一步建立和规范覆盖城乡居民的社会保障体系，全面建成小康社会，提供了坚实的法律保障，具有十分重大的指导意义。

（四）经济全球化为广东社会保障国际交流合作搭建了更大平台

经济全球化为广东经济发展提供了机遇，扩大了国际市场，增加了就业容量，从而推动社会保障参保面的扩大、覆盖人数的增加、基金收入的增长。改革开放以来，我国社会保障的改革和发展，都是在广泛了解、深入研究国际经验的基础上做出的符合国情的选择；经济全球化程度加深，各种信息更广泛、更迅速地交流，有助于我们进一步及时把握世界社会保障发展趋势和最新动向，为广东创新发展社会保障提供提多的借鉴。

第三节 进一步完善社会保障制度的展望

党的十九大报告强调，保障和改善民生要抓住人民最关心最直接最现实的利益问题，既尽力而为，又量力而行，一件事情接着一件事情办，一年接着一年干。坚持人人尽责、人人享有，坚守底线、突出重点、完善制度、引导预期，完善公共服务体系，保障群众基本生活，不断满足人民日益增长的美好生活需要，不断促进社会公平正义，形成有效的社会治理、良好的社会秩序，使人民获得感、幸福感、安全感更加充实、更有保障、更可持续。我们相信，党中央提出的改革目标和任务是能够实现的。

一、明确社会保障制度的总体目标

党的十九大报告指出，要全面实施全民参保计划，完善城镇职工基本养老保险和城乡居民基本养老保险制度，尽快实现养老保险全国统筹、完善统一的城乡居民基本医疗保险制度和大病保险制度，完善失业、工伤保险制度，建立全国统一的社会保险公共服务平台，统筹城乡社会救助体系，完善最低生活保障制度。这是新时代我国社会保障体系建设的奋斗目标，也是社会保障体系自身发展完善的必然要求，与全面建成小康社会目标相契合。社会保障制度建设必须适应我国社会主要矛盾已经转化为人民日益增长的美好生活需要和不平衡不充分的发展之间的矛盾这一客观要求，在覆盖城乡居民的社会保障体系基本建立的基础上提出新的奋斗目标。

从现在起到2020年，社会保障改革和发展的目标是：依法建立有中国特色、全民共享的社会保障制度及与之相适应的运行机制和管理体制，实现保障对象全民化、保障方式多样化、筹资渠道多元化、管理服务社会化，为全面实现小康社会提供和谐、稳定的保障网。到2030年，在基本社会保障体系全面覆盖的基础上，保障水平与2020年相比力争翻一番，实现全民高水平社会保障模式。

全面建成多层次社会保障体系，就是要在保障项目上，坚持以社会保险为主体，社会救助保底层，积极完善社会福利、慈善事业、优抚安置等制度；在组织方式上，坚持以政府为主体，积极发挥市场作用，促进社会保险与补充保险、商业保险相衔接。积极构建基本养老保险、职业（企业）年金与个人储蓄性养老保险、商业保险相衔接的养老保险体系，协同推进基本医疗保险、大病保险、补充医疗保险、商业健康保险，在保基本基础上满足人民群众多样化多层次的保障需求。

二、全面深化社会保障制度的基本任务和举措

展望未来，广东省要围绕全面建成多层次社会保障体系的基本要求和奋斗目标，重点推进以下改革：

一是全面实施全民参保计划。党的十九大报告提出，要全面实施全民参保计划。社会保障覆盖率是衡量全面建成小康社会的基本指标之一。全面实施全民参保计划，是实现覆盖全民目标、促进人人享有基本社会保障最重要的举措。当前，扩大参保覆盖范围的重点是中小微企业和广大农民工、灵活就业人员、新就业形态人员、未参保居民等群体。通过全面实施全民参保计划，对各类人员参加社会保险情况进行登记补充完善，建立全面完整准确的社会保险参保基础数据库，形成每个人唯一的社保标识，并尽快实现全省和全国联网和实时更新。社会保险参保基础数据库应实行动态管理，打破部门间的信息壁垒，真正进入大数据时代。公安部门的人口变动信息、工商部门的登记单位信息、民政部门的低保人员和殡葬信息、法院的收监人员信息、残联的残疾人员信息及时录入数据库进行数据共享。同时，采取积极有效措施，促进中小微企业和重点群体积极参保、持续缴费，指导和引导各类单位和符合条件的人员长期持续参保。

二是完善城镇职工基本养老保险和城乡居民基本养老保险制度，尽快实现养老保险全国统筹。今后一个时期，为积极应对人口老龄化，必须全面推进养老保险制度，进一步规范职工和城乡居民基本养老保险缴费政策，健全参保缴费激励约束机制。推进养老保险基金投资运营，努力实现基金保值增值。积极稳妥推进划转部门国有资本充实社保基金，进一步夯实制度可持续运行的特质基础。进一步巩固企业职工养老保险省级统筹，并加强对接养老保险全国统筹，提高基金使用效率，均衡地区间和企业、个人负担，促进劳动力合理流动。

三是完善统一的城乡居民基本医疗保险制度和大病保险制度。医疗保险对保障群众就医需求、减轻群众医药费用负担、提高群众健康水平有着重要作用。今后一个时期，为协同助推医改、促进全民健康，必须持续深化医保制度改革。全面统一城乡居民基本医保制度和管理体制，实现经办服务一体化。深化支付方式改革，建立完善适应不同人群、疾病、服务特点的多元复合支付方式。完善国家异地就医管理和费用结算平台，为群众提供高效便利服务。探索建立长期护理保险制度，不断完善政策体系，缓解长期失能人员的家庭经济负担。鼓励发展补充医疗保险、商业健康保险，努力满足人民群众多样化医疗保障需求。全面实施城乡居民大病保险制度，有利于拓展基本医保的功能，放大保障效应，夯实医保托底保障和精准扶贫的制度基础。要不断巩固完善大病保险制度，对贫困人员通过降低起付线、提高报销比例和封顶线等倾斜政策，实行精准支付。通过加强基本医保、大病保险和医疗救助的有效衔接，实施综合保障，切实提高医疗保障水平，缓解困难人群的重特大疾病风险。

四是完善失业、工伤保险制度。失业保险、工伤保险制度对维护失业人员和工伤人员的基本权益有着非常重要的作用。今后一个时期，要建立健全失业保险费率调整与经济社会发展的联动机制，完善失业保险金标准调整机制，放宽申领条件，落实稳岗补贴、技能提升补贴政策。积极实施工伤保险基金省级统筹，全面推进工伤预防工作，推进待遇调整机制科学化、规范化。

五是建立全国统一的社会保险公共服务平台。社会保险公共服务是联系群众的纽带，直接关系着各项社会保险政策实施效果。随着社会保障制度逐步完善，人民群众对优质高效的公共服务有着更高的期盼。要建立各项社会保险全国统一的公共服务平台，以全国一体的社会保险经办服务体系和信息系统为依托，以社会保障卡为载体，以实体窗口、互联网平台、电话咨询、自助查询等多种方式为服务手段，为参保单位和参保人员提供全网式、全流程的方便快捷服务，提高社会保险公共服务水平。继续巩固完善全国统一的五级社会保险经办管理服务体系，积极实施"互联网+社保"行动；实现跨地区、跨部门、跨层级社会保险公共服务事项的统一经办、业务协同、数据共享。构建全国一体化的社会保险公共服务信息平台，推行综合柜员制，实现"一站式"服务，充分应用互联网、大数据、移动应用等技术手段，逐步实现线上线下服务渠道的有机衔接，实现"一号"申请、"一窗"受理和"一网"通办。加快推进社保卡应用，完善社保卡持卡人员基础信息库功能，实现社会保障一卡通。实施统一的社会保险公共服务清单和业务流程，基本实现社会保险基本公共服务标准化。

六是统筹城乡社会保障体系，完善最低生活保障制度，完善社会救助、社会福利、慈善事业、优抚安置等制度。最低生活保障制度、社会救助、社会福利制度等都是解除困难群体的生存危机、维护社会底线公平的重要制度安排。今后一个时期，要强化基本民生保障，兜住民生底线，不断提升保障水平；完善最低生活保障制度，推进城乡低保统筹发展，确保动态管理下的应保尽保；建立健全残疾人基本福利制度，发展残疾人事业，完善扶残助残服务体系，健全农村留守儿童和妇女、老年人关爱服务体系；激发慈善主体发展活力，规范慈善主体行为，完善监管体系和优待、抚恤、安置等基本制度。

广东社会保障制度改革 40 年大事记

1978 年

全省开始执行《国务院关于安置老弱病残干部的暂行办法》和《国务院关于工人退休、退职的暂行办法》（国发〔1978〕104 号），在全民所有制单位中恢复退休、退职制度，建立离休制度。

1979 年

4 月 12 日，省革命委员会印发《关于集体所有制企业、事业单位实行退休、退职办法的通知》，规定县和县以上所属的集体所有制企业、事业单位原则上可以实行退休、退职办法，城镇、街道集体所有制企业、事业单位的退休、退职办法也可参照全民所有制的办法制定。

7 月 15 日，《中共中央、国务院批转广东省委、福建省委〈关于对外经济活动实行特殊政策和灵活措施〉的两个报告》（中发〔1979〕50 号），明确"允许广东在劳动工资计划管理体制上实行特殊政策和灵活措施"。

1980 年

2 月 2 日，省人大常委会通过《广东省计划生育条例》，增加终身只生一个孩子且已采取有效措施保证不再生育的女职工的产假，提高终身只生一个孩子和终身无子女的职工的退休费。

8 月 26 日，全国人大常委会批准《广东省经济特区条例》，规定特区企业实行劳动合同制，并对劳动合同制工人建立退休养老社会劳动保险制度。

1981 年

12 月 24 日，省人大常委会颁布《广东省经济特区企业劳动工资管理暂行规定》，明确规定特区企业雇用职工应按人支付劳动服务费，其中25%作为社会劳动保险和补偿国家对职工的各种津贴。

12月31日，省卫生厅、省劳动局、省人事局颁发《广东省职工因伤、病丧失劳动能力鉴定标准》。

1982 年

深圳市率先在"三资企业"进行职工劳动保险改革试点。

10月6日，省劳动局、省总工会、省财政厅印发《关于加强企业劳保医疗制度管理的意见》。

1983 年

5月25日，省政府转批省劳动局《全省劳动工作会议纪要》，提出要建立专门的社会保险机构，负责筹集、管理社保基金、支付保险待遇。这是广东社会保险改革启动的标志。

7月29日，省劳动局成立保险福利处。

7月，江门率先在企业新招收的合同制工人中实行社会保险制度，其中包含养老保险、失业保险。

11月18日，深圳市总结"三资企业"职工劳动保险改革试点经验基础上，在全省率先全面推行劳动合同制工人社会养老保险。

1984 年

1月10日，为探索解决企业、事业单位离退休费负担畸轻畸重问题，全省劳动工作会议确定东莞县、江门市为退休基金社会统筹试点。

3月22日，省政府转批省劳动局文件，要求在城镇集体经济组织中建立离退休制度，统筹退休基金。

6月18日，省劳动局、工商银行广东支行联合印发通知，要求对全民单位、集体单位退休基金由负责统筹的机构在当地的工行信托部开户，对征集的资金做到专款专用。

11月24日，省政府印发《广东省全民所有制单位退休基金统筹试行办法》，自1985年1月1日起在全省试行全民所有制企业退休基金社会统筹制度。

1985 年

1月，连山县在推行劳动合同制工人劳动保险制度的同时，试行临时工社会养老保险制度。

2月4日，省劳动局印发《广东省社会劳动保险公司会计制度（试行草案）》，各地市据此逐步建立了会计制度。

5月21日，省劳动局印发《关于在我省建立社会劳动保险公司若干问题的意见》，规定了社会劳动保险公司的性质、职能、上下级关系。

8月23日，省劳动局颁发《广东省劳动合同制工人流动暂行办法》，对合同制职工社会保险基金转移做具体规定。

1986 年

1月16日，省机构编制委员会批准成立省社会劳动保险公司，为处级事业单位，隶属省劳动局。

9月27日，省政府颁布《广东省国营企业职工待业保险实施细则》等劳动制度改革的4个实施细则，开始在全省国营企业建立待业保险制度。

11月28日，省劳动局对外国企业及华侨港澳企业在广东省设立的常驻代表机构聘请的工作人员的工资、劳动保险、福利做出暂行规定。

12月19日，省劳动局、省人事局转发劳动人事部《关于外商投资企业用人自主权和职工工资、保险福利费用的规定》，规定外商投资企业要按照所在地政府的规定缴纳中方职工退休养老基金和待业保险基金，中方职工在职期间的保险福利待遇按国营企业的有关规定执行，费用从企业成本列支。

12月30日，省劳动局发出《关于劳动合同制工人跨市县转移问题的通知》，对合同制职工养老保险基金转移办法重新做出规定。

是年，全省12个地区均成立了专门的社会保险经办管理机构。

1987 年

1月14日，广东省政府《批转省人事局关于录用新干部实行聘用制的意见的通知》，明确规定国家机关、事业单位聘用合同制工人当干部的，其养老保险金应由聘用单位负责缴纳，退休养老金由劳动保险部门按有关规定发给。

5月11日，省劳动局转发劳动人事部《关于退休养老基金和职工待业保险基金管理问题的通知》，要求退休养老金的储存管理由企业开户银行按月代扣，转入银行专门账户。

1988年

1月1日，广东执行《职业病范围和职业病患者处理办法的规定》。

1月7日，国务院在批转广东省政府《关于广东省深化改革、扩大开放、加快经济发展的请示》中提出，在所有企业职工中尽快建立和完善待业、养老、医疗、工伤等社会保险制度，各项保险费用的提取和支付标准，按以支定收、略有结余的原则由省确定。

4月22日，省政府颁布《广东省外商投资企业中方干部管理规定》，规定外商投资企业中方干部的社会保险费缴纳标准。

12月13日，为落实省七届人大一次会议第148号代表议案，省政府要求各地尽快建立统一的养老保险制度，并按照养老保险一体化的要求建立统一的管理体制。

12月20日至30日，广东省社会工伤保险制度改革座谈会在深圳市举行，会议讨论了《广东省企业职工工伤保险暂行条例》。

12月31日，广东省取消公费医疗门诊、住院个人负担部分费用。

1989年

1月25日，深圳市成为全国社会保险改革试点城市，开始对职工医疗保险制度进行改革。

1月29日，省政府颁布《广东省女职工劳动保护实施办法》，规定了对女职工的生育保护政策。

2月28日，省劳动局、省财政厅印发《广东省职工待业保险基金会计核算办法》。

3月3日，省政府颁发《广东省临时工养老保险办法》，从当年6月1日起在全省实施。

9月27日，省劳动局印发《广东省社会养老保险基金营运暂行规定》，对养老基金营运做了规定。

12月25日,东莞市在全省率先进行工伤保险制度改革试点。

1990年

2月10日,省劳动局转发东莞市的工伤保险暂行规定,鼓励有条件的市、县开展企业职工社会工伤保险制度改革试点。

2月21日,省劳动局转发劳动部《关于社会保险机构的名称和工作职责的通知》,各地劳动部门所属社会保险机构名称统一为"社会保险事业管理局"。

4月26日,省劳动局转发劳动部《私营企业劳动管理暂行规定》,明确对私营企业职工退休养老实行社会保险制度。

6月2日,为拓宽养老保险基金来源渠道,提高职工的社会保障意识,省劳动局下发通知,要求全省年内实施固定工个人缴纳养老保险费制度。

9月13日,省政府决定成立省社会保险制度改革领导小组,办公室设在省劳动局。

12月25日,省劳动局、省卫生厅印发《广东省职工因工残废评定暂行标准》,规定了劳动者因工残废后劳动能力鉴定和支付待遇的标准。

1991年

2月12日,经省政府同意,省劳动局、省财政厅印发《广东省省属驻穗企业单位职工社会工伤保险实施办法》,从4月1日开始实施。

2月22日,省劳动局下发通知,要求强化养老保险基金收缴,建立困难企业缓交申报制度。

4月8日,省劳动局、省对外经济贸易委员会发出《关于外商投资企业中方职工有关社会养老保险的通知》,明确规定外商投资企业的全部中方职工实行社会养老保险制度的具体办法。

6月26日,国务院发布《关于企业职工养老保险制度改革的决定》,要求建立基本养老保险与企业补充养老保险和职工个人储蓄性养老保险相结合的制度。

7月19日,省劳动局印发《广东省社会保险机构内部审计暂行规定》,对内审工作进行规范。

10月10日，省劳动局成立广东省社会保险机构内部审计领导小组，开展对全省各地市内审工作。

1992年

1月17日，省政府颁布《广东省企业职工社会工伤保险规定》，自3月1日起施行。广东因此成为全国第一个由省级政府颁布规章开展工伤保险的省份。

1月27日，省政府颁布《广东省全民所有制企业临时工管理实施细则》，明确规定企业从城镇和农村招用的临时工都必须实行社会养老保险和社会工伤保险。

2月14日，省劳动局下发《广东省社会保险统计制度》。

3月20日，省劳动局、省经委发出通知，规定对关停企业被精简职工实行待业保险。

4月2日，省劳动局印发《企业补充养老保险实施意见》，要求各市、县和主管部门选择一些效益好的大中型企业或外商投资企业试行，通过总结经验，逐步推广和完善。

4月3日，省劳动局印发《广东省企业职工社会工伤保险规定实施意见》，对社会工伤保险的若干具体问题做了补充规定。

5月13日，省劳动局、省卫生厅印发《广东省职工外伤、职业中毒医疗终结鉴定标准》。

7月24日，省政府决定成立广东省社会保险事业局，为副厅级事业单位，由广东省人民政府直接领导。

7月31日，省政府决定成立广东省社会保险委员会，同时撤销省社会保险制度改革领导小组。

9月14日，广东省人民政府批转《广东省社会养老保险制度改革方案》，计划用8~10年建立城镇统一的社会养老保险制度。

11月28日，省社会保险事业局正式挂牌。

1993年

3月1日，省人事局退休干部工作处成建制划归新组建的省社保事业局。

6月7日，省政府颁布《广东省职工社会养老保险暂行规定》，要求建立社会统筹与个人账户相结合的统一基本养老保险制度。事业单位、党政机关、社会团体中的国家干部、固定职工社会养老保险具体实施办法另行规定。

11月16日，省人大常委会通过《广东省珠海经济特区职工社会保险条例》，对珠海特区职工的计划生育保险、养老保险、医疗保险、工伤保险、失业保险制度做了具体规定，是全国第一部社会保险地方性法规。

1994年

2月2日，省人大常委会公布《广东省企业职工劳动权益保障规定》，明确要求企业必须按规定参加职工养老、待业、工伤等项目的社会保险，并按规定的办法和标准，向社会保险机构缴纳各项保险费。

6月28日，省政府批转《广东省直属单位及广州市公费医疗制度改革方案》。

7月1日，全省各地按《广东省职工社会养老保险暂行规定》所建立的养老金正常调整机制给企业离退休人员增发养老金。

7月27日，省政府发布《关于实行机关事业单位工作人员个人缴纳养老保险费制度的通知》，标志着广东省迈开全省机关事业单位养老保险制度改革的第一步。

11月8日，省政府下发《关于加强社会保险基金营运管理工作的通知》，要求社保基金不得用于对项目直接投资、对企业直接放款和从事股票、期货交易。

12月23日，韶关市社会保险康复中心正式挂牌成立，该中心是广东省第一所定点共建的康复医疗中心。

1995年

1月1日，全省贯彻实施《中华人民共和国劳动法》。

3月22日，省政府下发《关于加强社会保险结存基金管理的规定》，明确规定结存基金除留足两个月周转基金外，全部实行财政专户储存管理。

4月20日，省劳动厅将失业保险业务移交给省社保事业局。省劳动服务公司失业保险科工作人员一并调入。

5月10日至12日，省劳动、社会保险部门在佛山三水召开第一次工伤认定案件分析会，以案例形式统一各市在工伤认定上的裁量尺度。

7月1日，失业保险实施范围从国营企业、机关、团体、事业单位的劳动合同制工人扩大到所有企业、个体经济组织、企业化管理的事业单位及其职工。

8月2日，省政府转发《国务院关于深化企业职工养老保险制度改革的通知》，指出我省职工养老保险制度设计符合国务院通知精神，应继续贯彻执行。

1996 年

1月31日，省政府决定将省社会保险事业局更名为社会保险管理局（以下简称"社保管理局"），赋予其行政管理职能，统一负责全省社会保险行政及基金管理工作。

3月18日，省社保管理局制定个人养老专户具体计息办法。

3月19日，省社保管理局印发《广东省社会保险业务管理规范（试行）》。

5月7日，省政府办公厅印发《广东省机关单位工作人员社会养老保险试行方案》。

5月14日，省政府颁布《广东省职工失业保险暂行规定》，自7月1日起施行，对全省失业保险制度作了重大改革。

8月12日，劳动部发布《企业职工工伤保险试行办法》，自10月1日起试行。为避免政策变动，广东省继续执行《广东省企业职工社会工伤保险规定》。

9月13日，省医疗保障改革领导小组成立，办公室设在卫生厅。

10月9日，省劳动厅、省卫生厅、省社会保险管理局转发劳动部《职工工伤与职业病致残程度鉴定》国家标准（GB/T16180—1996），并规定自10月1日起按国家标准评定工伤和职业病致残等级，1990年颁发的《广东省职工因工残废评定暂行标准》同时停止使用。

1997 年

1月17日，省社保管理局、省工商局下发通知，推进私营企业、城镇个体工商户及其职工参加社会养老保险。

3月28日，省社保管理局下发通知，规定职工跨市、县工作变换工作单位时，可以转移失业保险关系，但是失业保险基金不能转移。

7月16日，国务院颁布《国务院关于建立统一的企业职工基本养老保险制度的决定》，要求加快建立统一的企业职工基本养老保险制度。

8月26日，省社保管理局印发《广东省社会保险会计基础工作规范》。

9月22日，广东省劳动鉴定委员会成立，办公室设在省劳动厅。

10月17日，省社保管理局下发通知，调整参加养老保险的企业离退休人员死亡待遇计发标准。

1998年

4月21日，省政府下发《关于贯彻〈国务院关于建立统一的企业职工基本养老保险制度的决定〉的通知》，决定从当年7月1日起对全省企业职工养老保险制度作适当调整。撤销社会保险委员会，成立社会保险监督委员会，由政府代表、企业代表和职工代表组成。

5月18日，省政府发出《关于加快失业保险移交工作的通知》，就进一步理顺广东省失业保险管理体制，加快失业保险移交工作提出要求。

7月1日，全省基本养老保险基金按照国家统一规定实行收支两条线和财政专户管理，社会保险机构经费由财政拨款，不再从养老基金提取管理费。

7月6日，省委、省政府颁布《关于进一步做好国有企业下岗职工基本生活保障和再就业工作的决定》，要求深化社会保障制度改革，完善社会保障体系。

8月26日，根据中央统一部署，原实行基本养老保险行业统筹的中央驻粤企业的养老保险业务，全部移交给省社保管理局统一管理。

8月27日，省财政厅等五部门印发《广东省社保基金实行收支两条线管理暂行办法》。

9月1日，省社保管理局颁发《失业保险基金用于国有企业下岗职工基本生活保障基金的划拨办法》。

10月15日，省人大常委会公布《广东省社会养老保险条例》，自同年11月1日起施行。

10月18日，省人大常委会公布《广东省社会工伤保险条例》，自同年

11月1日起施行。12月10日，省政府颁布《广东省失业保险规定》，自1999年1月1日起施行。

1999 年

1月19日，广东省城镇职工基本医疗保险制度改革工作领导小组成立，省医疗保障制度改革领导小组同时撤销，办公室设在省社保管理局。

1月22日，国务院发布《失业保险条例》和《社会保险费征缴暂行条例》。

4月2日，省政府印发《全省城镇职工基本医疗保险制度改革规划方案》，全面铺开全省的医疗保险制度改革。

6月11日，根据国务院《失业保险条例》，省政府调整《广东省失业保险规定》，实施范围扩大到本省行政区域内所有事业单位、民办非企业单位及其职工。城镇职工和农民工失业保险实施"双轨制"。

6月29日，省社保管理局、省财政厅印发《原行业统筹驻粤企业社会养老保险过渡管理方案》。

7月1日，全省开始执行财政部、劳动和社会保障部印发的《社会保险基金财务制度》和财政部印发的《社会保险基金会计制度》。

10月28日，省社保管理局下发通知，要求各地加快推行社会化发放养老金。

11月15日，省政府决定从2000年1月起，全省各级社会保险费统一由地方税务机关征收。

2000 年

1月1日，全省社会保险费开始改由地方税务机关征收（深圳市仍由社会保险经办机构征收）。

2月17日，省机构编制委员会颁发《广东省人民政府机构改革方案实施意见》，决定组建省劳动和社会保障厅，设立省社会保险基金管理局。

3月30日，省政府发布《广东省社会养老保险实施细则》。

4月5日，省政府发布《广东省社会工伤保险条例实施细则》。

4月27日，省政府将农村合作医疗管理职能从省卫生厅划转到省农业厅，并设立专门管理办公室。

10月31日，广东省158万名企业离退休人员养老金全部实行社会化发放。

2001年

1月8日，省政府印发《广东省社会保险征缴办法》，从当年4月1日起施行。

3月12日，省劳动保障厅、省财政厅印发《广东省省级社会保险调剂金管理办法》，对省级社会保险调剂金的筹集、申请、分配、管理与监督做出规定。

6月14日，省劳动能力鉴定委员会成立，原省劳动鉴定委员会撤销。

8月20日，省劳动能力鉴定委员会印发《广东省职工劳动能力鉴定规程》。

2002年

5月1日，全省开始实施《职业病防治法》《职业病诊断与鉴定管理办法》《职业病目录》。

6月24日，广东省确定农村合作医疗以个人投入为主，集体扶持，国家适当支持，多渠道筹集资金，提倡以镇办为主，允许村办、镇村联办，有条件可以县办。

8月23日，省人大常委会公布《广东省失业保险条例》。

11月4日，省劳动保障厅印发《广东省社会保险基金监督举报案件处理办法》。

2003年

3月31日，广东省建立新农村医疗合作项目，整合有关农村生育待遇的规定。

4月1日，省人大常委会通过《广东省社会保险基金监督条例》。

5月7日，为抗击非典，省劳动保障厅规定，凡与医疗机构形成劳动关系，并参加社会工伤保险的护理工人，在救治"非典型性肺炎"患者过程中被感染导致死亡的，可以比照"因工死亡"，享受工伤保险待遇。

7月21日，省政府办公厅印发《广东省养老保险市级统筹工作指导方案》。

8月18日，省劳动保障厅印发《关于加快生育保险工作的通知》。

8月，新型农村合作医疗管理职能从省农业厅划归省卫生厅。

12月15日，省劳动保障厅发出通知，明确2004年1月1日开始执行国务院《工伤保险条例》，也执行《广东省社会工伤保险条例》，但其中不一致的以国务院条例为准。

2004年

1月14日，省人大常委会修订《广东省工伤保险条例》，条例明确规定工伤认定由统筹地区劳动保障行政部门负责。

2月11日，省政府办公厅转发卫生厅《关于建立和完善新型农村合作医疗的意见》。

8月，全省开始执行劳动保障部办公厅印发的《工伤保险经办业务管理规程（试行）》，对各统筹地区社会保险经办机构经办工伤保险的具体流程进行了规范。

9月1日，省劳动保障厅发文要求通过建立统筹基金和参加大额医疗费用补助办法，将混合所有制企业和非公有制经济组织从业人员纳入医疗保险范围。

2005年

6月3日，省劳动保障厅、省财政厅印发《广东省工伤保险专项经费管理暂行办法》。

8月1日，省政府同意成立省企业年金管理中心。

8月4日，省劳动保障厅印发《广东省企业年金实施意见》和《广东省企业年金合同备案与信息报告制度》。

9月14日，省劳动保障厅建立广东省省级劳动能力鉴定诊断医疗卫生专家库。

11月，广州市社会劳动康复中心移交省劳动保障厅管理，更名为广东省工伤康复中心。

12月7日，省财政厅、省劳动保障厅、省地税局联合下发通知，明确提出从 2006 年开始，全省建立社会保险基金预算制度。

2006 年

1 月 4 日，省劳动保障厅设立农村社会保险处。

1 月 23 日，省劳动能力鉴定委员会下发《广东省劳动能力鉴定（确认）暂行办法》，自 3 月 1 日起实施，2001 年印发的《广东省劳动能力鉴定规程》同时废止。

3 月，广东省被劳动和社会保障部纳入扩大失业保险支出范围试点地区之一。

11 月 8 日，省劳动保障厅印发《关于工伤康复管理的暂行办法》。

11 月 27 日，省劳动保障厅印发《广东省基本医疗保险制度运行质量评价指标体系》。

12 月 13 日，省劳动保障厅印发《广东省工伤康复服务项目及支付标准（试行）》。

2007 年

3 月 16 日，省劳动保障厅印发《关于建立健全农村社会保险制度探索制定适合我省农民工特点的养老医疗工伤保险办法的实施意见》，提出按照低水平、广覆盖原则，建立新型农村养老保险制度。

6 月 1 日，省劳动保障厅成立广东省工伤康复专家委员会。

6 月 18 日，省劳动保障厅印发《关于贯彻粤府〔2006〕96 号文有关问题处理意见的通知》。

8 月 30 日，省委、省政府下发《关于解决社会保障若干问题的意见》，决定全省建立城镇居民基本医疗保险制度，解决困难企业退休人员基本医疗保险问题。

9 月 10 日，省劳动保障厅、省建设厅转发劳动和社会保障部、建设部《关于做好建筑施工企业农民工参加工伤保险有关工作的通知》。

9 月 14 日，省政府办公厅转发省劳动保障厅、省财政厅《关于建立城镇居民基本医疗保险制度的实施意见》，选择梅州、湛江等 6 个地市作为第一批试点。

9 月 20 日，省劳动保障厅印发《广东省社会保险经办机构内部控制实施细则》。

2008 年

1月24日，省劳动保障厅印发《广东省工伤康复服务项目及支付标准（试行）》。

4月18日，韶关市和阿里巴巴签订医疗保险网上缴费平台协议，成为全国首个利用第三方支付平台进行社保网络缴费的城市。

8月26日，省劳动保障厅、省财政厅、省卫生厅、省物价局下发《关于开展城镇基本医疗保险普通门诊医疗费用统筹的指导意见》，要求广东省逐步开展城镇基本医疗保险普通门诊医疗费统筹。

10月1日，佛山市全面实施职工门诊基本医疗保险制度，在省内率先跨入职工医疗保险和城乡居民从住院到普通门诊报销的全面医疗保险时代。

11月19日，省劳动保障厅、省地税局印发《广东省社会保险地税全责征收实施办法》，从2009年1月1日起，实行社会保险费地税全责征收模式。

12月12日，省委、省政府发文，要求完善新型农村合作医疗和城镇居民医疗保险制度，加快实现全民医保。

12月23日，省政府办公厅印发《广东省基本养老保险关系省内转移接续暂行办法》。

2009 年

1月24日，省劳动保障厅、省财政厅、省地税局印发《关于发挥社会保险功能扶持企业发展积极应对国际金融危机有关问题的通知》，规定在确保待遇水平不降低和基金不出现缺口的前提下，可以适当降低缴费比例。

2月23日，省劳动保障厅印发《关于进一步完善基本医疗保险政策和规范管理有关问题的意见》，规范了医疗保险相关政策。

2月25日，省政府办公厅印发《广东省企业职工基本养老保险省级统筹实施方案》，全省基本养老保险实行预算管理与省级调剂相结合的省级统筹模式。

8月14日，省政府办公厅印发《关于将在广东省就读的大学生以及中等职业技术学校和技工学校学生纳入城镇居民基本医疗保险试点范围的通知》，将大中专学生纳入城镇居民基本医疗保险试点范围。

9月25日，省劳动保障厅、省财政厅、省卫生厅转发《人力资源和社会保障部　财政部　卫生部关于开展城镇居民基本医疗保险门诊统筹指导的意见》，要求有条件的地区开展城镇居民基本医疗保险门诊统筹。

10月10日，省人力资源和社会保障厅（以下简称"社保厅"）正式挂牌成立。

11月2日，省政府印发《广东省新型农村社会养老保险试点实施办法》，在全省正式建立新型农村养老保险制度。

12月30日，省财政厅、省人社厅、省地税局印发《广东省企业职工基本养老保险省级统筹基金预算管理办法》。

2010 年

1月1日，广东开始执行全国统一的养老保险跨省转移政策开始实施新修订的《工伤保险条例》和《工伤认定办法》。

3月26日，医疗保险省内异地就医联网结算系统正式启动。佛山市社保基金和珠江医院成为先行试点单位。

4月20日，省政府要求各地确保2010年城镇职工基本医疗保险和城镇居民基本医疗保险实现市级统筹，加快建立医疗保险异地就医结算平台。

2011 年

4月8日，省人社厅、省财政厅印发《关于解决离开机关事业单位人员养老保险有关问题的通知》。

6月23日，省人社厅转发《人力资源和社会保障部关于普遍开展城镇居民基本医疗保险门诊统筹有关问题的意见》。

7月1日，全省开始实施《社会保险法》。

8月29日，省人社厅、省地税局印发《关于妥善解决企业未参保人员纳入企业职工基本养老保险问题的通知》。

9月29日，省人大常委会修订《广东省工伤保险条例》，自2012年1月1日起施行。

10月20日，省人社厅印发《广东省基本医疗保险定点医疗机构分级管理实施办法（试行）》，明确全省定点医疗机构管理办法。

10月24日，省政府印发《广东省城镇居民社会养老保险试点实施办法》，全省正式建立城镇居民社会养老保险制度。

2012 年

2月24日，省民族宗教委等五部门转发国家五部门《关于妥善解决宗教教职人员社会保障问题的意见》。

3月14日，省人社厅、省民政厅、省财政厅、省卫生厅、省地税局印发《关于切实解决早期下乡知青社会保障问题的通知》。

3月16日，省政府办公厅印发《广东省深化城乡医疗保障制度改革方案》，全面部署全省医疗保障体制改革工作。

3月30日，省人社厅印发《广东省工伤康复诊疗项目（试行）》。

4月6日，省社保基金局转发人力资源和社会保障部社保中心《关于建立基本医疗保险基金风险预报报告制度的通知》。

4月19日，省政府办公厅印发《广东省城乡居民医疗保险引入市场机制扩大试点方案》，要求通过引入市场机制，发挥商业保险的技术、服务和管理优势，创新城乡居民医疗保险制度。

7月26日，省人社厅印发《广东省基本医疗异地就医即时结算工作方案》，要求在2012年年底前实现全省范围内异地就医多项联网即时结算。

8月，广州市将城镇居民社会养老保险和新型农村社会养老保险合并实施，实现了居民社会养老保险城乡一体化的目标。

12月29日，省政府印发《广东省"十二五"期间深化医疗卫生体制改革实施方案》。

2013 年

1月16日，省政府公布《广东省老年人优待办法》。

1月22日，省民政厅转发民政部《关于印发〈最低生活保障审核审批办法（试行）〉的通知》。

3月26日，省政府办公厅印发《广东省开展城乡居民大病保险工作实施方案（试行）》，要求全省开展城乡居民大病医疗保险。

3月27日，省人社厅、省财政厅、省卫生厅转发人力资源和社会保障部、财政部、卫生部《关于开展基本医疗保险付费总额控制的意见》。

4月2日，省人社厅印发《广东省流动就业人员基本医疗保险关系转移接续暂行办法》。

6月28日，省政府决定成立省社会保险监督委员会。

7月31日，省人大常委会批准《广州市社会医疗保险条例》。

8月29日，省人社厅、省财政厅转发人力资源和社会保障部、财政部、总参谋部、总政治部、总后勤部《关于退役军人失业保险有关问题的通知》。

9月，省政府印发《广东省城乡居民社会养老保险实施办法》，建立统一的城乡居民社会养老保险制度。

11月14日，省政府印发《关于提高我省底线民生保障水平的实施方案》。

11月21日，省人大常委会修订通过《广东省失业保险条例》，自2014年7月1日起施行。

2014年

1月10日，省人社厅、省财政厅下发《关于建立企业职工养老保险缴费年限津贴完善基本养老金计发办法的通知》。

5月26日，省社保基金管理局印发《广东省失业保险业务经办风险防控指南》，指出失业保险经办风险点，明确防范措施。

6月18日，广东省实现全省所有地市与全省异地就医联网结算平台顺利对接并启动正式联网结算（其中广州地区由省社保管理局代替与广州市医保局医院联网对接）。

7月1日，省政府修订《广东省城乡居民社会养老保险实施办法》，并更名为《广东省城乡居民基本养老保险实施办法》。同日，印发《广东省人民政府关于一次性失业保险金计发标准的通知》。

7月7日，省财政厅、省民政厅印发《广东省优抚抚恤补助资金管理办法》。

8月13日，省人社厅印发《广东省社会保险信息公开暂行办法》。

7月14日，针对广东省清远、潮州等地相继出现了民营医院骗取基本医疗保险基金的案件，在社会上造成了恶劣的影响。为防止类似案件再次发生，向全省各地市印发《关于进一步加强基本医疗保险监督管理工作的意见》。

8月21日，省人社厅、省财政厅印发《关于广东省企业职工基本养老保险视同缴费账户记账有关问题的通知》。

8月25日，省人社厅、省财政厅转发人力资源和社会保障部财政部《城乡养老保险制度衔接暂行办法》。

9月9日，省人社厅印发《关于提高我省基本社会保险覆盖率的工作方案》。

10月1日，全省启用省内转移平台办理省内城乡居民养老保险与城镇职工养老保险制度衔接、城乡居民养老保险制度内转移以及失业保险关系转移等业务。

11月6日，省政府修订颁布《广东省职工生育保险规定》，自2015年1月1日起施行。

11月14日，省政府办公厅印发《关于建立广东省疾病应急救助制度的实施意见》。

12月31日，省人社厅印发《关于职工生育保险产前检查项目的通知》。

2015年

3月26日，省人社厅、省财政厅、省卫计委印发《关于进一步做好我省医疗保险省内异地就医直接结算服务工作的通知》。

3月31日，省人社厅印发《广东省医疗保险省内异地就医直接结算经办规程（暂行）》。

4月13日，省人社厅、省财政厅、省发改委、省经信委印发《关于失业保险支持企业稳定岗位的实施意见》。

6月20日，省人社厅印发《广东省社会保险基金安全评估试点工作实施方案》。

7月15日，省人社厅、省住建厅、省地税局、省安监局、省总工会印发《关于进一步做好广东省建筑业工伤保险工作的实施意见》。

9月29日，省社保厅与省地税局联合发文《关于规范我省建筑业工伤保险参保缴费经办管理工作的通知》，规范全省建筑业工伤保险经办业务工作并建立月调度机制。

11月24日，全省21个地市全部成功上线省异地就医直接结算新平台。

12月24日，省人社厅、省卫计委印发《关于劳动能力鉴定医疗卫生专家管理的工作规则》。

12月28日，省政府印发《关于贯彻落实〈国务院关于机关事业单位工作人员养老保险制度改革的决定〉的通知》。按国务院统一规定，全省机关事业单位工作人员从2014年10月1日起参加基本养老保险和职业年金。

2016年

1月6日，省人社厅、省财政厅、省地税局印发《关于加快规范工伤保险基金市级统收统支管理有关问题的通知》。

1月13日，省人社厅印发《广东省人力资源和社会保障厅城乡居民基本养老保险经办规程》，推动全省城乡居保经办管理工作的规范化、专业化和信息化。

1月27日，省人社厅印发《广东省医疗保险异地就医直接结算业务操作指引》，规范和指导省内异地就医直接结算业务操作流程。

2月1日，省人社厅等四部门转发人力资源和社会保障部等四部门印发的《关于做好进城落户农民参加基本医疗保险和关系转移接续工作的办法》。

3月31日，省人大常委会修订公布《广东省社会保险基金监督条例》自2016年7月1日起施行。

4月19日，省人社厅、省财政厅、省地税局印发《关于完善灵活就业人员参加企业职工基本养老保险有关规定的通知》。

9月8日，全省异地就医直接结算平台以广州市为试点，与新疆实现了跨省联网结算，首先解决新疆参保人在广东省人民医院异地就医问题。

11月11日，省人社厅、省财政厅、省地税局印发《广东省机关事业单位基本养老保险费征收暂行办法》。

11月15日，省人社厅印发《广东省人力资源和社会保障厅关于社会保障卡业务的经办规程》。

2017年

2月24日，省人社厅、省财政厅印发《广东省工伤保险专项经费管理办法》。

3月1日，广东省中医院、南方医科大学珠江医院等已完成3例来自海南省的医保参保人出院直接联网结算，标志着广东省跨省异地就医系统与国家跨省异地就医平台成功对接，实现跨省医保结算服务。

3月28日，为全面深化医药卫生体制改革，促进基本医疗卫生服务公平可及，使人民群众的健康得到有效保障，省政府印发《广东省深化医药卫生体制综合改革实施方案》。

6月30日，省政府印发《广东省完善企业职工基本养老保险省级统筹实施方案》，从7月1日起全省实施统收统支模式的省级统筹。

9月，广东省集中式人社一体化信息系统社会保险板块正式在清远市上线试点，标志着广东"智慧人社"建设取得初步成效，在推进"省级集中"上迈出了实质性的一步。

11月17日，省政府办公厅印发《广东省进一步深化基本医疗保险支付方式改革实施方案》。

12月25日，省人社厅、省财政厅转发《人力资源社会保障部 财政部关于机关事业单位基本养老保险关系和职业年金转移接续有关问题的通知》。

2018年

8月30日，省社保基金局在广州召开全省社会保险局长座谈会，会议以习近平新时代中国特色社会主义思想为统领，全面贯彻落实党的十九大和十九届二中、三中全会和省委第十二届四次全会精神，总结今年以来社会保险经办工作，深入分析形势，研究部署下阶段工作任务。

10月29日下午，省人社厅学习习近平总书记视察广东重要讲话精神，传达省委《关于认真学习宣传贯彻习近平总书记视察广东重要讲话精神的通知》精神。

参考文献

[1] 黄小玲. 广东省新型农村合作医疗制度建设研究 [M]. 广州：广东人民出版社，2008.

[2] 赵斌，尹纪成，刘璐. 我国基本医疗保险制度发展历程 [J]. 中国人力资源社会保障，2018（1）.

[3] 汤晓峰，陈刚. 补充医疗保险的改革探索 [J]. 中国电力企业管理，2002（9）.

[4] 中国经济体制改革研究会公共政策研究中心长策智库课题组. 湛江模式的启示：探索社会医疗保险与商业健康保险的合作伙伴关系 [J]. 中国市场，2011（3）：36.

[5] 刘玉娟. 商业保险与社会医疗保险合作的实践——基于湛江模式和番禺模式的比较分析 [J]. 卫生经济研究，2016（6）：42.

[6] 刘海兰. 商业保险参与社会医疗保险的实践——番禺模式与湛江模式的比较研究 [J]. 卫生经济研究，2017（6）：42.

[7] 丘军敏. 广东省医疗保障制度改革的路径与经验研究 [J]. 当代经济，2017（12）：126.

[8] 王东进. 广东之路：基本医保城乡统筹的经验值得重视 [J]. 中国医疗保险，2013（2）：7.

[9] 胡晓义. 安国之策——实现人人享有基本社会保障 [M]. 北京：中国人力资源和社会保障出版集团，2011.

[10] 杨宜勇. 中国转轨时期的就业问题 [M]. 北京：中国劳动社会保障出版社，2002.

[11] 徐加佳. 我国失业保险制度存在问题及改进措施的思考 [D]. 重庆：西南政法大学，2009.

[12] 王喜霞. 关于再就业工程的几点思考 [J]. 学理论，1998（4）：21-22.

[13] 何长洋. 实施再就业工程需要全社会共同努力 [J]. 劳动理论与实践，1996（6）：27-28.

[14] 林白桦. 广东社会保险30年纪事 [M]. 广州：广东人民出版社，2014.

[15] 李珍. 社会保障理论［M］. 4版. 北京：中国劳动社会保障出版社，2018.

[16] 宋士云. 新中国社会福利制度发展的历史考察［J］，中国经济史研究，2009（3）.

[17] 王振耀. 社会福利和慈善事业［M］. 北京：中国社会出版社，2009.

[18] 郑功成. 社会保障学——理论、制度、实践与思辨［M］. 北京：商务印书馆，2000.

[19] 刘喜堂. 建国60年来我国社会救助发展历程与制度变迁［J］. 华中师范大学学报（人文社会科学版），2010，49（4）：19-26.

[20] 成海军. 三十年来中国社会福利改革与转型［J］. 马克思主义与现实，2011（1）：180-185.

[21] Handel, Gerald. Social Welfare in Western Society, New York：West Publishing Company，1992.

[22] 黄黎若莲. 中国社会主义的社会福利——民政福利工作研究［M］. 北京：中国社会科学出版社，1995.

[23] 郑功成. 中国社会保障30年［M］. 北京：人民出版社，2008.

[24] 于凌云. 社会保障：理论　制度　实践［M］. 北京：中国财政经济出版社，2008.

后　记

今年是中国改革开放 40 周年。我国各个领域都在回顾总结改革开放带来的巨大变化。作为关系广大劳动者切身利益的社会保障制度，其改革所取得的巨大成就，更是值得回顾总结。为了认真回顾广东社会保障制度改革发展历程，总结经验，展示成就，展望未来，推动广东社会保障事业不断向前发展，2018 年 6 月，广东社会保险学会委托广东省体制改革研究会组织专家撰写《广东社会保障制度改革 40 年》一书。经过几个月的共同努力，此书终于付梓了。对此，我们感到由衷的高兴。

40 年来，广东社会保障制度改革走过了艰难的发展历程。如何全面、客观地反映改革过程，记述这一辉煌的历史巨变。经过专家、实际工作者和写作人员的多次讨论，我们确定以改革过程为主线，以改革内容为横切面，构思全书的基本框架，将全书共分为 10 章，以"全景式"与"主题式"相结合的方式进行编写，力求全面介绍社会保障制度改革背景、发展历程、主要内容和成就经验等；力求分别介绍养老保险、医疗保险、工伤保险、失业保险、生育保险、社会救济与社会福利制度改革政策的具体演变情况和社保基金管理与服务情况；力求坚持理论知识、政策法律、业务操作三方面并重原则，既注重介绍改革政策法律的演变和发展过程，又注意对社会保障制度改革过程中遇到的重点、热点、难点问题进行聚焦研究，有总结、有分析、有预测、有对策，比较全面阐述改革后的业务流程，使读者对 40 年来广东社会保障制度改革发展现状有比较全面的了解。

为了保证顺利完成编写工作，本书成立了编写委员会。在编写过程中，得到了广东省人力资源和社会保障厅副厅长、省社会保险基金管理局局长阚广长同志，省体制改革研究会会长周林生

后记

同志的大力支持和指导，得到了省社会保险基金管理局党委副书记郭伍毅、副局长陈少霖，广东社会保险学会会长张端成等领导的支持和帮助，使本书编撰工作得以顺利完成。在此，我们谨表示衷心感谢。

本书由陈斯毅同志负责主编。本书的编写分工如下：陈斯毅（第一章）、易东峰（第二章）、戴由武（第三章）、齐暄（第四章）、孙朋朋（第五章）、戴由武（第六章）、张燕（第七章）、彭澎和周胜兰（第八章）、丁三保（第九章）、陈斯毅和易东峰（第十章）、孙朋朋（大事记）。全书由陈斯毅、张端成、周林生负责组织撰稿；陈斯毅、戴由武同志负责统稿和审核定稿；罗明忠、彭澎、丁三保、张长生等专家参与审读，并提出了宝贵的修改意见；方国能、孙静同志负责具体编务和出版联络等工作。

本书在编写过程中，还得到了广东社会保险学会会长张端成，副会长陈廷银、秘书长方国能等以及广州市人社局、深圳市人社局、珠海市人社局、汕头市人社局、惠州市人社局、清远市人社局等领导同志的大力支持，他们对本书的编写工作提出了不少宝贵意见，在此一并表示衷心感谢！

值此本书即将出版之际，我们还要衷心感谢广东省社会保险基金管理局、广东社会保险学会对广东省体制改革研究会的信任与支持，感谢中山大学出版社各位编审人员的辛勤劳动，感谢为本书提供各方面帮助的领导和朋友们！

由于编写时间仓促，难免会有纰漏，敬请读者不吝指正。

编　者

2018 年 12 月